Lucy Maud Montgomery

Jane auf Lantern Hill

Lucy Maud Montgomery

Jane auf Lantern Hill

ROMAN

VERLAG 28 EICHEN
BARNSTORF

Aus dem Englischen übersetzt von Nadine Erler.

Das Original erschien 1937 unter dem Titel
Jane of Lantern Hill
bei McClelland & Stewart, Toronto,
und liegt hier in der deutschen Erstausgabe vor.

Zur Erinnerung an Lucky,
der vierzehn Jahre lang
ein wunderbarer Kamerad war.

Die Deutsche Bibliothek verzeichnet diese Publikation
in der Deutschen Nationalbibliographie.
Detaillierte bibliographische Daten sind im Internet über
http://dnb.ddb.de abrufbar.

ISBN 978-3-940597-77-9

Cover unter Verwendung der des Gemäldes
„Mademoiselle Demarsy“ (1882) von Pierre-Auguste Renoir,
Privatsammlung,

Inhalt

1. Die Gay Street

Die Gay Street trug ihren Namen zu Unrecht, fand Jane. Sie war sicher, daß es die tristeste Straße in ganz Toronto war – obwohl sie in ihren elf Jahren noch nicht viele von Torontos Straßen gesehen hatte.

Die Gay Street sollte eine fröhliche Straße sein, fand Jane, mit einladenden, freundlichen Häusern zwischen Blumengärten, die dem Passanten „Guten Tag" zuriefen, mit Bäumen, die winkten, und Fenstern, die in der Abenddämmerung blinzelten. Stattdessen war die Gay Street finster und schmuddelig, gesäumt von grimmigen, altmodischen Backsteinhäusern, die im Laufe der Jahre rußig geworden waren und deren hohe, vergitterte, blinde Fenster nicht im Traum daran dachten, irgendwem freundlich zuzublinzeln. Die Bäume am Straßenrand waren so alt und riesig und majestätisch, daß man sie kaum als Bäume erkannte, ebensowenig wie die kleinen Jammergestalten in den grünen Kübeln vor der Tankstelle an der Ecke gegenüber. Großmutter war außer sich gewesen, als man das alte Haus der Familie Adams abgerissen und dort die neue weiß-rote Tankstelle gebaut hatte. Sie hatte Frank nie erlaubt, dort zu tanken. Aber es war der einzige fröhliche Farbklecks im Grau in Grau der Straße.

Jane wohnte in der Gay Street 60 in einer riesigen, schloßähnlichen Backsteinvilla mit Säulen links und rechts von der Eingangstür, hohen, gewölbten Fenstern im georgianischen Stil und Türmen und Türmchen, wo auch immer Platz für Türme und Türmchen war. Es war umgeben von einem hohen schmiedeeisernen Zaun mit Pforten, wie sie einst in Toronto berühmt gewesen waren. Die Pforten wurden jeden Abend von Frank zugemacht und abgeschlossen, und das gab Jane das ungute Gefühl, daß sie eine Gefangene war, die eingesperrt wurde.

Das Haus Nr. 60 lag auf einem größeren Grundstück als die meisten anderen Häuser der Straße. Vor dem Haus befand sich ein großer Rasen, aber das Gras wuchs nicht richtig, weil es im Schatten der alten Bäume lag. Der Abstand zur Bloor Street war groß, aber nicht groß genug, um den endlosen Krach von Bloor zu dämpfen, der ausgerechnet an der Kreuzung zur Gay Street am schlimmsten war. Die Leute fragten sich, warum die alte Mrs. Robert Kennedy dort wohnen blieb, obwohl sie Geld wie Heu hatte und eines der schönen neuen Häuser in Forest Hill oder in Kingsway hätte kaufen können. Die Steuern für ein so großes Grundstück wie Gay 60 mußten ein Vermögen verschlingen, und das Haus war hoffnungslos altmodisch. Aber Mrs. Kennedy lächelte nur spöttisch, wenn man ihr so etwas sagte, sogar wenn es von ihrem Sohn William Anderson kam, dem einzigen Mitglied ihrer ersten Familie, vor dem sie Achtung hatte, weil er ein erfolgreicher Geschäftsmann war und sich sein Vermögen selbst erarbeitet hatte. Sie hatte ihn nie geliebt, aber er nötigte ihr Respekt ab.

Für Mrs. Kennedy war das Haus der Himmel auf Erden. Sie hatte es als Braut von Robert Kennedy betreten, als die Gay Street *die* Straße schlechthin war und Nr. 60, erbaut von Roberts Vater, eine der vornehmsten Villen in Toronto. In ihren Augen hatte sich das nie geändert. Sie wohnte seit vierundvierzig Jahren dort und würde den Rest ihres Lebens dort verbringen. Wem es nicht gefiel, der konnte ja wegziehen. Das sagte sie mit einem schadenfrohen Blick auf Jane, die nie gesagt hatte, daß es ihr nicht gefiel. Aber Jane hatte schon vor langer Zeit herausgefunden, daß Großmutter die unheimliche Fähigkeit hatte, Gedanken zu lesen.

An einem dunklen Morgen in einer verschneiten Welt hatte Jane in dem alten Cadillac gesessen und gewartet, daß Frank sie wie jeden Tag zu St. Agatha's brachte. Dabei hatte sie zwei Frauen an der Straßenecke über das Haus reden hören.

„Hast du jemals so ein totes Haus gesehen?“ sagte die jüngere. „Es sieht aus, als sei es schon ewig tot.“

„Es ist vor dreißig Jahren gestorben – gemeinsam mit Robert Kennedy“, sagte die ältere Frau. „Davor war es ein Ort, an dem reges Leben herrschte. Nirgendwo in Toronto gingen mehr Besucher ein und aus. Robert Kennedy hatte gern Gäste. Er war ein gutaussehender, liebenswürdiger Mann. Niemand konnte verstehen, was ihn dazu bewogen hat, Mrs. James Anderson zu heiraten ... eine Witwe mit drei Kindern. Sie war eine geborene Victoria Moore, die Tochter des alten Colonel Moore ... eine sehr feine Familie. Aber sie war damals bildschön und sehr verliebt in ihn! Sie vergötterte ihn. Angeblich konnte sie ihn keinen Moment aus den Augen lassen. Und es hieß, sie habe sich aus ihrem ersten Mann nicht das geringste gemacht. Robert Kennedy starb nach fünfzehn Jahren Ehe – kurz nachdem ihr erstes Kind geboren wurde, habe ich gehört.“

„Wohnt sie ganz allein in diesem Schloß?“

„O nein, ihre beiden Töchter leben bei ihr. Eine von ihnen ist Witwe oder so ähnlich ... und es gibt auch noch eine Enkelin, glaube ich. Es heißt, die alte Mrs. Kennedy sei eine schreckliche Tyrannin, aber die jüngere Tochter … die Witwe … ist immer bester Laune und geht zu allen Veranstaltungen, die im *Saturday Evening* angekündigt werden. Sehr hübsch … und sie hat so einen guten Geschmack, was Kleidung betrifft! Sie ist eine echte Kennedy und kommt nach ihrem Vater. Es muß ihr zuwider gewesen sein, ihre vornehmen Freunde in der Gay Street zu empfangen. Die Straße ist schlimmer als tot – sie ist heruntergekommen. Aber ich kann mich noch an eine Zeit erinnern, in der die Gay Street eine der besten Adressen der Stadt war. Sieh dir nur an, wie es hier jetzt aussieht!"

„Schäbige Eleganz."

„Eigentlich nicht einmal das! Nr. 58 ist eine Fremdenpension. Aber die alte Mrs. Kennedy hält Nr. 60 gut in Schuß, obwohl die Farbe von den Balkonen abblättert, wie du siehst."

„Also, ich bin froh, daß ich nicht hier wohne", kicherte die andere, als sie zum Taxi eilten.

Dazu hast du auch allen Grund, dachte Jane. Aber wenn man sie gefragt hätte, wo sie leben wollte, wenn nicht in der Gay Street 60, hätte sie kaum eine Antwort gewußt. Die meisten Straßen, durch die sie auf dem Weg zu St. Agatha's fuhr, waren häßlich und abweisend, denn auch St. Agatha's, die teure, exklusive Privatschule, die Großmutter für Jane ausgesucht hatte, lag in einer Gegend, die mittlerweile nicht mehr modern war. Aber das störte St. Agatha's nicht. St. Agatha's war und blieb St. Agatha's, auch wenn man es in die Sahara verlegt hätte.

Onkel William Andersons Haus in Forest Hill war sehr schön mit seinem prächtigen Garten, aber sie wollte nicht dort wohnen. Man traute sich kaum, Onkel Williams geliebten Rasen zu betreten, weil man befürchten mußte, einen Grashalm zu zertreten. Man mußte auf dem Kiesweg bleiben. Und Jane hatte Lust zu Rennen. In der Schule konnte man auch nicht rennen, außer im Sportunterricht. Aber Jane war nicht gut in Sport. Sie kam sich dabei ungelenk vor. Mit elf war sie so groß wie die meisten Mädchen mit dreizehn und überragte die anderen in ihrer Klasse. Sie störten sich daran und gaben Jane das Gefühl, nirgendwo dazuzugehören.

Und rennen im Haus Nr. 60 … War jemals jemand in der Gay Street 60 gerannt? Jane glaubte, daß ihre Mutter es getan hatte, denn Mutter hatte einen so leichten, fröhlichen Gang, als habe sie Flügel an den Füßen. Aber einmal hatte Jane es gewagt, von der Vordertür bis zur Hintertür zu rennen, durch das ganze Haus, das fast halb so lang war wie ein Häuserblock, und dabei aus voller Kehle zu singen. Sie hatte gedacht, Großmutter sei nicht zu Hause, aber sie hatte sich geirrt. Großmutter war aus dem Eßzimmer gekommen und hatte sie angesehen, mit dem Lächeln auf ihrem totenbleichen Gesicht, das Jane so zuwider war.

„Was“, sagte sie in dem sanften Ton, den Jane noch mehr verabscheute, „ist der Grund für diesen Ausbruch, Victoria?“

„Ich bin nur gerannt, weil es Spaß macht“, erklärte Jane. Es schien so einfach.

Aber Großmutter hatte nur gelächelt und gesagt, wie nur sie es konnte: „An deiner Stelle würde ich das nicht wieder tun, Victoria.“

Jane tat es nie wieder. Einen solchen Einfluß hatte ihre Großmutter auf jeden, obwohl sie so klein und runzelig war … so klein, daß die schlaksige Jane mit ihren langen Beinen schon fast so groß war wie sie.

Jane konnte es nicht ausstehen, Victoria genannt zu werden. Aber alle nannten sie so, bis auf Mutter, die Jane Victoria zu ihr sagte. Jane begriff, daß das ihrer Großmutter ein Dorn im Auge war. Die alte Dame haßte den Namen Jane, das wußte Jane, ohne den Grund zu kennen. Ihr war klar, daß sie nach ihrer Großmutter Victoria hieß, aber sie ahnte nicht, woher Jane kam. Bei den Kennedys gab es keine Janes – und auch nicht bei den Andersons. Mit zehn Jahren war ihr der Verdacht gekommen, daß der Name von den Stuarts kam. Und das gefiel Jane nicht, denn sie wollte nicht wahrhaben, daß sie ihren Lieblingsnamen ihrem Vater verdankte. Jane haßte ihren Vater, soweit Haß in ihrem kleinen Herzen Platz finden konnte, das nicht dafür geschaffen war, jemanden zu hassen, nicht einmal Großmutter. Manchmal fürchtete Jane, daß sie Großmutter wirklich haßte, und das war furchtbar, denn Großmutter gab ihr Essen und Kleidung und sorgte für ihre Erziehung. Jane wußte, daß sie Großmutter lieben sollte, aber sie fand es schwierig. Offenbar fiel es Mutter leicht, aber Großmutter liebte Mutter auch, und das machte viel aus. Großmutter liebte Mutter mehr als irgend jemanden sonst. Und Großmutter liebte Jane nicht. Das hatte Jane immer gewußt, und es kam ihr so vor – auch wenn sie noch nicht sicher war –, als störe es ihre Großmutter, daß ihre Mutter sie so sehr liebte.

„Du machst viel zuviel Theater um sie“, hatte Großmutter einmal abfällig gesagt, als Mutter sich Sorgen wegen Janes Halsschmerzen gemacht hatte.

„Sie ist doch alles, was ich habe“, sagte Mutter.

Großmutter war eine zornige Röte in ihr blasses, faltiges Gesicht gestiegen. „Ich bin wohl nichts, nehme ich an!“ sagte sie.

„Oh, Mutter, du weißt, daß ich es nicht so gemeint habe!“ hatte Mutter klagend gesagt und die Hände auf eine Art gerungen, bei der Jane immer an zwei kleine weiße, flatternde Schmetterlinge denken mußte. „Ich meinte … ich meinte … sie ist mein einziges Kind…“

„Und du liebst dieses Kind … *sein* Kind … mehr als mich!“

„Nicht *mehr* ... nur auf eine andere Art“, sagte Mutter bittend.

„Undank!“ sagte Großmutter. Es war nur ein Wort, aber wieviel Gift schwang darin mit. Dann hatte sie das Zimmer verlassen, immer noch mit rotem Gesicht und blaßblauen Augen, die unter dem schneeweißen Haar funkelten.

2. Großmutter

„Mummy“, sagte Jane, so gut es mit ihren geschwollenen Mandeln ging, „warum stört es Großmutter so, daß du mich liebhast?“

„Liebling, so ist es nicht“, sagte Mutter und beugte sich über Jane. Ihr Gesicht sah im Licht der Lampe mit dem rosa Schirm wie eine Rose aus.

Aber Jane wußte, daß es so war. Sie wußte, daß Mutter ihr nur selten einen Kuß gab oder sie in den Arm nahm, wenn Großmutter dabei war, weil Großmutter dann wütend wurde. Es war eine stille, kalte, schreckliche Wut, die die Luft um sie herum gefrieren ließ. Jane war froh, daß Mutter es nicht oft tat. Sie entschädigte sie reichlich, wenn sie allein waren … aber das waren sie nur selten. Nicht einmal jetzt würden sie viel gemeinsame Zeit haben, denn Mutter war heute zum Abendessen eingeladen. Mutter ging fast jeden Abend und fast jeden Nachmittag aus. Jane freute sich immer, wenn sie sie vorher noch kurz zu sehen bekam. Mutter wußte das und schaute meistens noch vorher bei ihr vorbei. Sie trug immer so hübsche Kleider und sah so wunderbar aus. Jane war sicher, daß sie die schönste Mutter der Welt hatte. Sie fragte sich mittlerweile, wie eine so schöne Frau eine Tochter haben konnte, die so unscheinbar und unbeholfen war wie sie.

„Du wirst niemals hübsch – dein Mund ist viel zu groß!" hatte eine Mitschülerin zu ihr gesagt.

Mutters Mund sah aus wie eine Rosenknospe, klein und rot, und sie hatte Grübchen in den Wangen. Ihre Augen waren blau … aber nicht eisblau wie die von Großmutter. Blaue Augen konnten so verschieden sein. Mutters Augen waren blau wie der Himmel an einem Sommermorgen. Ihr welliges Haar hatte einen warmen Goldton, und heute abend war es zurückgekämmt und ringelte sich in kleinen Löckchen um ihren weißen Nacken. Sie trug ein Kleid aus hellgelbem Taft mit einer großen dunkelgelben Rose an einer Schulter. Sogar ihre Schultern waren wunderschön. Jane fand, daß sie mit ihrem funkelnden Diamantarmband aussah wie eine goldene Prinzessin. Das Armband hatte Großmutter ihr letztes Jahr zum Geburtstag geschenkt. Großmutter machte Mutter immer solche herrlichen Geschenke. Und sie suchte alle Kleider für sie aus … wundervolle Kleider und Hüte und Mäntel. Jane ahnte nicht, daß die Leute sagten, Mrs. Stuart sei immer viel zu fein angezogen, aber sie hatte das Gefühl, daß Mutter eigentlich lieber schlichtere Kleider gehabt hätte und nur so tat, als gefielen ihr die prächtigen Sachen, die sie von Großmutter bekam, weil sie fürchtete, Großmutters Gefühle zu verletzen.

Jane war sehr stolz auf ihre schöne Mutter. Sie freute sich, wenn die Leute flüsterten „Ist sie nicht hübsch?" Sie vergaß beinahe ihre Halsschmerzen, als sie sah, wie Mutter ihren in Brokat gefaßten Mantel, der genauso blau wie ihre Augen war, mit dem großen grauen Polarfuchskragen umlegte.

„Oh, wie schön du bist, Mummy“, sagte sie und strich Mutter über die Wange, als sie ihren Gutenachtkuß bekam. Mutters Wangen war zart wie Rosenblätter und ihre Wimpern seidig. Manche Leute sahen von weitem besser aus, das wußte Jane, aber Mutter war um so schöner, je näher man ihr war.

„Liebling, geht es dir sehr schlecht? Ich lasse dich nur ungern allein, aber …“

Mutter sprach den Satz nicht zu Ende, aber Jane hätte es für sie tun können: „Großmutter würde es übelnehmen, wenn ich nicht ginge.“

„Ich fühle mich gar nicht sehr krank“, sagte Jane tapfer. „Mary kümmert sich schon um mich.“

Aber als Mutter in ihrem wehenden Taftkleid hinausgerauscht war, spürte Jane einen schrecklichen Kloß im Hals, der nichts mit ihren Mandeln zu tun hatte. Es wäre leicht, zu weinen … aber Jane wollte nicht weinen. Vor Jahren, als sie erst fünf gewesen war, hatte sie gehört, wie ihre Mutter voller Stolz sagte: „Jane weint nie. Sie hat nicht einmal geweint, als sie noch ein Baby war.“ Da hatte sich Jane fest vorgenommen, niemals zu weinen, nicht einmal, wenn sie nachts allein im Bett lag. Mutter hatte so wenig Grund, stolz auf sie zu sein, sie durfte sie bei den wenigen Dingen nicht enttäuschen. Aber sie fühlte sich furchtbar einsam. Draußen heulte der Wind durch die Straßen. Die hohen Fensterläden ratterten trostlos vor sich hin, und das große Haus schien erfüllt von feindseligen Geräuschen und Geflüster. Jane wünschte, Jody könnte kommen und eine Weile bei ihr sitzen, aber sie wußte, daß ein solcher Wunsch sinnlos war. Sie vergaß nie das einzige Mal, als Jody zu Besuch gekommen war.

„Na ja“, sagte Jane und versuchte, die gute Seite von Halsschmerzen und Kopfweh zu sehen. „Wenigstens muß ich ihnen heute abend nicht aus der Bibel vorlesen."

„Sie" waren Großmutter und Tante Gertrude – Mutter war nur sehr selten dabei, weil sie fast immer außer Haus war. Aber Jane mußte jeden Abend, bevor sie zu Bett ging, Großmutter und Tante Gertrude ein Kapitel aus der Bibel vorlesen. Für Jane war das der schrecklichste Teil des Tages, und sie wußte nur zu gut, daß Großmutter es genau deshalb von ihr verlangte.

Sie gingen für die Lesung immer ins Wohnzimmer, und Jane schauderte jedesmal, wenn sie es betrat. Der riesige, prachtvoll eingerichtete Raum war so vollgestopft, daß man sich kaum rühren konnte, ohne etwas umzustoßen, und er wirkte sogar in der heißesten Sommernacht kalt. Und in Winternächten *war* es kalt. Tante Gertrude nahm die große Familienbibel mit dem schweren Silberschloß vom Marmortisch und legte sie auf einen kleinen Tisch zwischen den Fenstern. Dann setzten sie und Großmutter sich jeweils an ein Ende des Tisches, und Jane saß zwischen ihnen an der Seite. Urgroßvater Kennedy, dessen verblichenes altes Porträt in einem schweren, vergoldeten Rahmen zwischen dunkelblauen Samtgardinen hing, schaute mit finsterer Miene auf sie herab. Die Frau auf der Straße hatte gesagt, daß Großvater Kennedy ein liebenswerter Mensch gewesen sei, aber sein Vater war es sicher nicht gewesen. Janes ehrliche Meinung war, daß er aussah, als könne er mühelos einen Nagel zerbeißen.

„Schlag Exodus vierzehn auf", sagte Großmutter. Natürlich war es jeden Abend ein anderes Kapitel, aber ihr Ton blieb immer gleich.

Er verunsicherte Jane immer derart, daß sie meistens nicht die richtige Stelle fand.

Und Großmutter lächelte ihr gehässiges kleines Lächeln, das zu sagen schien „Du kannst also nicht einmal das richtig machen“, streckte ihre magere, runzlige Hand mit den prächtigen altmodischen Ringen aus und fand die richtige Seite mit einer beinahe unheimlichen Treffsicherheit.

Jane stotterte sich dann durch das Kapitel und sprach Wörter falsch aus, die sie genau kannte, nur weil sie so nervös war.

Manchmal sagte Großmutter: „Ein bißchen lauter bitte, Victoria. Als ich dich im St. Agatha’s angemeldet habe, dachte ich eigentlich, daß du dort wenigstens lernen würdest, beim Vorlesen den Mund aufzumachen, wenn sie dir schon nicht Erdkunde und Geschichte beibringen konnten.“

Und Jane hob die Stimme so plötzlich, daß Tante Gertrude zusammenfuhr.

Aber am nächsten Abend konnte es schon wieder heißen „Nicht ganz so laut bitte, Victoria. Wir sind nicht taub.“

Und dann sprach die arme Jane so leise, daß ihre Stimme nur noch ein Flüstern war.

Nach dem Vorlesen senkten Großmutter und Tante Gertrude die Köpfe und sprachen das *Lord’s Prayer*. Jane versuchte, es mitzusprechen, aber das war schwierig, denn Großmutter war meistens zwei Worte weiter als Tante Gertrude. Jane war immer erleichtert, wenn sie endlich „Amen“ sagen durfte. Das herrliche Gebet, das all die Schönheit von vielen Jahrhunderten des Glaubens aufwies, war für Jane zum Alptraum geworden.

Dann klappte Tante Gertrude die Bibel zu und legte sie haargenau an dieselbe Stelle in die Mitte des Tisches. Zuletzt mußte Jane ihr und Großmutter einen Gutenachtkuß geben. Großmutter blieb immer sitzen, und Jane beugte sich hinunter und küßte sie auf die Stirn.

„Gute Nacht, Großmutter.“

„Gute Nacht, Victoria.“

Aber Tante Gertrude blieb am Tisch stehen, und Jane mußte sich recken, denn Tante Gertrude war groß. Tante Gertrude beugte sich nur ein Stückchen hinunter, und Jane küßte ihre eingefallene graue Wange.

„Gute Nacht, Tante Gertrude.“

„Gute Nacht, Victoria“, sagte Tante Gertrude mit ihrer dünnen, kalten Stimme.

Und Jane machte, daß sie aus dem Zimmer kam. Manchmal hatte sie sogar Glück und stieß nichts um.

„Wenn ich groß bin, lese ich nie, nie die Bibel und spreche nie dieses Gebet“, flüsterte sie vor sich hin, wenn sie die lange, prächtige Treppe hinaufstieg, die einst das Gesprächsthema von Toronto gewesen war.

Eines Abends hatte Großmutter gelächelt und gefragt: „Was hältst du von der Bibel, Victoria?“

„Ich finde sie todlangweilig“, sagte Jane wahrheitsgemäß. Sie hatte ein Kapitel vorgelesen, in dem es um „gezwirnten Byssus“ gegangen war, und Jane hatte keine Ahnung, was gezwirnter Byssus war.

„Ah! Aber glaubst du wirklich, daß deine Meinung zählt?“ hatte Großmutter gesagt und schmallippig gelächelt.

„Warum fragst du mich dann danach?“ hatte Jane geantwortet – und eine eisige Zurechtweisung für ihre Unverschämtheit bekommen, obwohl sie gar nicht unverschämt hatte sein wollen.

War es ein Wunder, daß sie an diesem Abend das ganze Haus von Herzen verabscheute? Dabei wollte sie es nicht verabscheuen. Sie wollte es mögen … mit ihm befreundet sein … sich nützlich machen. Aber sie konnte es nicht lieben … es war nicht freundlich … und sie konnte sich nicht nützlich machen. Tante Gertrude, die Köchin Mary Price und Frank Davis, der Hausdiener und Chauffeur, taten alles Nötige. Tante Gertrude war dagegen, daß Großmutter eine Haushälterin einstellte, denn sie wollte den Haushalt selber führen. Tante Gertrude, die lange, schattenhafte, schweigsame Gestalt, die so wenig mit Mutter gemeinsam hatte, daß Jane kaum glauben konnte, daß sie Halbschwestern waren, führte ein strenges Regiment. In der Gay Street 60 mußte alles an einem bestimmten Tag und auf eine bestimmte Art getan werden. Das Haus war geradezu furchterregend sauber. Tante Gertrudes kalten grauen Augen duldeten kein Körnchen Staub. Sie war immer im Haus unterwegs, um Dinge an ihren Platz zu stellen, und kümmerte sich um alles. Sogar Mutter tat nichts weiter, als die Blumen auf dem Tisch zu arrangieren und die Kerzen für das Abendessen anzuzünden, wenn sie Gäste hatten. Jane hätte das gern selbst gemacht. Und sie wollte das Silber putzen und – am allerliebsten – kochen. Ab und zu, wenn Großmutter nicht zu Hause war, saß sie in der Küche herum und sah der gutmütigen Mary Price beim Kochen zu. Es sah alles so einfach aus … Jane war sicher, daß sie eine perfekte Köchin wäre, wenn man sie nur ließe. Es machte sicher Spaß, eine Mahlzeit zuzubereiten. Der Geruch war fast so gut wie das Essen.

Aber Mary Price ließ sie nie etwas tun. Sie wußte, daß die alte Dame es nicht gern sah, wenn Miss Victoria mit den Dienstboten sprach.

„Victoria hält sich für eine kleine Hausfrau“, hatte Großmutter einmal beim Mittagessen gesagt, als – wie jeden Sonntag – Onkel William Anderson, Tante Minnie, Onkel David Coleman und Tante Sylvia Coleman und ihre Tochter Phyllis da waren. Großmutter hatte so ein Talent, einen vor allen Leuten lächerlich zu machen. Jane fragte sich, was Großmutter sagen würde, wenn sie wüßte, daß Mary Price an diesem Tag soviel um die

Ohren gehabt und deshalb Jane erlaubt hatte, den Kopfsalat zu waschen und die Blätter in der Schüssel zu arrangieren. Jane wußte, was Großmutter tun würde. Sie würde sich weigern, auch nur ein Blatt davon anzurühren.

„Nun, sollte ein Mädchen das nicht auch sein?" bemerkte Onkel William – nicht, weil er Janes Partei ergreifen wollte, sondern weil er keine Gelegenheit ungenutzt ließ, seine Meinung kundzutun, daß der Platz einer Frau zu Hause war. „Jedes Mädchen sollte kochen können."

„Ich glaube nicht, daß Victoria wirklich kochen lernen will", sagte Großmutter. „Sie lungert nur gern in Küchen und solchen Orten herum."

Großmutters Ton legte den Verdacht nahe, daß Victoria einen schlechten Geschmack habe und die Küche kein ehrenwerter Platz sei. Jane fragte sich, warum Mutter so plötzlich die Röte ins Gesicht geschossen war und warum ihre Augen einen Moment lang sonderbar rebellisch gefunkelt hatten. Aber nur einen Moment lang.

„Wie machst du dich im St. Agatha's, Victoria?" fragte Onkel William. „Schaffst du die Versetzung?"

Jane wußte nicht, ob sie die Versetzung schaffen würde oder nicht. Tag und Nacht machte sie sich deswegen Sorgen. Ihre monatlichen Zeugnisse waren nicht besonders gut gewesen … Großmutter war sehr böse gewesen, und sogar Mutter hatte sie angefleht, sich mehr anzustrengen. Jane hatte ihr Bestes getan, aber Geschichte und Erdkunde waren so schrecklich langweilig. Mathematik und Rechtschreibung waren leichter. Jane war wirklich sehr gut in Mathematik.

„Wie ich höre, schreibt Victoria großartige Aufsätze", sagte Großmutter sarkastisch. Aus irgendeinem

Grund, den Jane nicht begriff, war es Großmutter nicht recht, daß sie gute Aufsätze schrieb.

„Ts, ts", sagte Onkel William. „Victoria könnte die Versetzung mit Leichtigkeit schaffen, wenn sie nur wollte. Sie muß nur genug dafür tun. Sie ist ein großes Mädchen und sollte das wissen. Wie heißt die Hauptstadt von Kanada, Victoria?"

Jane wußte genau, wie die Hauptstadt von Kanada hieß, aber Onkel William feuerte die Frage so unerwartet auf sie ab, und alle Gäste hörten auf zu essen und lauschten … und in diesem Moment fiel ihr der Name beim besten Willen nicht ein. Sie wurde rot, stotterte und wand sich. Wenn sie ihre Mutter angeschaut hätte, hätte sie gesehen, daß Mutter das Wort lautlos mit den Lippen formte, aber sie brachte es nicht fertig, irgendwen anzusehen. Sie wäre am liebsten gestorben vor Scham.

„Phyllis", sagte Onkel William, „sag Victoria, wie die Hauptstadt von Kanada heißt."

Phyllis antwortete prompt: „Ottawa."

„O-t-t-a-w-a", sagte Onkel William zu Jane.

Jane hatte das Gefühl, daß alle außer Mutter darauf lauerten, daß sie etwas falsch machte.

Jetzt setzte Tante Sylvia Coleman eine Brille, die an einem langen schwarzen Band hing, auf und schaute Jane an, als wolle sie sich vergewissern, wie ein Mädchen aussah, das die Hauptstadt seines Landes nicht kannte.

Jane war wie gelähmt unter diesem Blick. Sie ließ ihre Gabel fallen und wand sich vor Unbehagen, als sie Großmutters Blick begegnete.

Großmutter läutete mit ihrer silbernen Klingel. „Würden Sie Miss Victoria eine neue Gabel bringen, Davis?" sagte sie, und es klang, als habe Jane schon mehrere Gabeln gehabt.

Onkel William schob das Stück weißes Hühnerfleisch, das er gerade abgeschnitten hatte, an den Rand seines Tellers. Jane hatte gehofft, er würde es ihr geben. Sie bekam nicht oft weißes Fleisch. Wenn Onkel William nicht da war und den Braten schnitt, zerlegte Mary die Hühner in der Küche und Frank reichte die Platte herum. Jane wagte es meistens nicht, sich weißes Fleisch zu nehmen, weil sie wußte, daß Großmutter sie beobachtete. Als sie sich einmal zwei winzige Stückchen Hühnerbrust genommen hatte, hatte Großmutter gesagt: „Meine liebe Victoria, vergiß nicht, daß andere vielleicht auch eine Scheibe davon möchten."

Jetzt dachte Jane, daß sie Glück hatte, eine Unterkeule zu bekommen. Onkel William würde es sehr wohl fertigbringen, ihr den Hals zu geben, zur Strafe dafür, daß sie nicht gewußt hatte, wie die Hauptstadt von Kanada hieß. Aber Tante Sylvia war so gütig, ihr eine doppelte Portion Steckrüben zu geben. Jane haßte Steckrüben.

„Du scheinst nicht viel Appetit zu haben, Victoria", sagte Tante Sylvia vorwurfsvoll, als die Steckrüben nicht weniger wurden.

„Oh, ich finde Victorias Appetit recht gut", sagte Großmutter, und es klang, als sei der Appetit das einzig Gute an Jane. Jane hatte immer den Eindruck, daß Großmutter viel mehr sagen wollte, als ihre Worte verrieten.

Jane war nahe daran, ihren eisernen Vorsatz zu brechen und doch zu weinen, denn sie fühlte sich so elend, wenn sie nicht Mutter angeschaut hätte. Und Mutter sah sie so liebevoll und verständnisvoll an, daß Janes Lebensgeister zurückkehrten und sie die Steckrüben einfach links liegenließ.

Tante Sylvias Tochter Phyllis ging nicht nach St. Agatha's, sondern nach Hillwood Hall, eine viel neuere und noch teurere Schule. Sie hätte nicht nur die Hauptstadt von Kanada, sondern die Hauptstadt jeder Provinz des Landes aufzählen können. Jane mochte Phyllis nicht. Manchmal dachte Jane mutlos, daß mit ihr etwas nicht stimmte, weil es so viele Leute gab, die sie nicht mochte. Aber Phyllis war so herablassend, so gönnerhaft … und das konnte Jane nicht leiden.

„Warum magst du Phyllis nicht?“ hatte Großmutter einmal gefragt und Jane mit diesem Blick angesehen, der einem das Gefühl gab, daß sie durch Wände, Türen und alles sehen konnte – bis in die Tiefen der Seele hinein. „Sie ist hübsch, damenhaft, manierlich, intelligent …“

Jane war sicher, daß Großmutter am liebsten hinzugefügt hätte: „… alles, was *du* nicht bist.“

„Sie sieht auf mich herab“, sagte Jane.

„Weißt du wirklich, was all die großen Worte bedeuten, die du sagst, meine liebe Victoria?“ fragte Großmutter. „Und denkst du nicht, daß du … vielleicht … ein bißchen eifersüchtig auf Phyllis bist?“

„Nein, das denke ich nicht“, sagte Janc fest. Sie wußte, daß sie nicht eifersüchtig auf Phyllis war.

„Ich muß natürlich zugeben, daß sie ganz anders ist als deine Jody“, sagte Großmutter.

Janes Augen funkelten zornig bei ihrem spöttischen Tonfall. Sie konnte es nicht ertragen, daß sich jemand über Jody lustigmachte. Aber was konnte sie schon dagegen tun?

3. Jody

Jane und Jody waren seit einem Jahr Freundinnen. Jody war auch elf Jahre alt und ebenfalls groß für ihr Alter – aber sie war nicht kräftig wie Jane. Jody war dünn wie ein Strich und sah aus, als habe sie nie im Leben genug zu essen gehabt … was sehr wahrscheinlich auch so war, obwohl sie in der Gay Street 58 wohnte. Das war einmal eine gute Adresse gewesen, aber jetzt war es nur noch ein schäbiges dreistöckiges Mietshaus.

Letztes Jahr im Frühling hatte Jane eines Abends hinten im Garten auf einer grob gezimmerten Bank in einer alten, nicht mehr genutzten Gartenlaube gesessen. Mutter und Großmutter waren nicht zu Hause, und Tante Gertrude lag mit einer schlimmen Erkältung im Bett – sonst hätte Jane nicht draußen sitzen dürfen. Sie war nach draußen geschlichen, um den Mond anzuschauen. Jane hatte ihre Gründe, gern den Mond zu betrachten … und den Kirschbaum mit seinen weißen Blüten, der drüben im Hof von Haus Nr. 58 stand. Der Kirschbaum, über dem der Mond schimmerte wie eine große Perle, war so schön, daß Jane einen sonderbaren Kloß im Hals spürte, wenn sie ihn ansah … als würde sie gleich anfangen zu weinen. Und plötzlich weinte wirklich jemand drüben im Garten von Haus Nr. 58. Die erstickten, jämmerlichen Laute durchschnitten die stille, kristallklare Luft des Frühlingsabends.

Jane stand auf, verließ die Gartenlaube und ging um die Garage herum, vorbei an der leeren Hundehütte, die nie ein Hund bewohnt hatte – jedenfalls nicht, solange Jane zurückdenken konnte – und an dem Zaun, der einmal aus Eisen gewesen war. Jetzt war er so zugewachsen, daß er eine Hecke zwischen 60 und 58 bildete. Hinter der Hundehütte hatte der Zaun ein Loch, mitten in einem Wirrwar aus Efeu war eine Latte herausgebrochen. Jane zwängte sich durch die Lücke und fand sich auf dem schmutzigen Hinterhof des Nachbarhauses wieder. Es war immer noch ziemlich hell, und Jane sah ein Mädchen, das zusammengekauert unter dem Kirschbaum saß, die Hände vors Gesicht geschlagen hatte und bitterlich weinte.

„Kann ich dir helfen?“ fragte Jane.

Ihr war nicht bewußt, was diese Worte über ihren Charakter verrieten. Jeder andere hätte wahrscheinlich gefragt „Was ist los mit dir?“ Aber Jane wollte immer helfen. Sie war noch zu jung, um zu begreifen, daß die Tragödie ihres kleinen Daseins darin bestand, daß nie jemand ihre Hilfe wollte … nicht einmal Mutter, die alles hatte, was das Herz begehrte.

Das Mädchen unter dem Kirschbaum hörte auf zu weinen und stand auf. Sie sah Jane an, und Jane sah sie an, und mit ihnen beiden geschah etwas. Lange danach sagte Jane: „Ich wußte gleich, daß wir aus dem gleichen Holz geschnitzt sind.“ Sie sah ein Mädchen in ihrem Alter. Es hatte ein sehr blasses kleines Gesicht unter einem dichten schwarzen Haarschopf mit schnurgerade geschnittenem Pony. Die Haare sahen aus, als seien sie lange nicht gewaschen worden, aber die braunen Augen waren wunderschön. Sie waren allerdings von einem ganz anderen Braun als die von Jane. Janes Augen waren goldbraun wie eine Ringelblume, und in ihnen funkelte Lachen, aber die Augen dieses Mädchens waren sehr dunkel und blickten sehr traurig … so traurig, daß ein sonderbares Gefühl in Jane aufstieg. Sie wußte genau, daß ein so junger Mensch nicht solche Augen haben sollte.

Das Mädchen trug ein häßliches, blaues altes Kleid, das mit Sicherheit nicht für sie genäht worden war. Es war viel zu lang und aufwendig geschnitten, und außerdem war es schmutzig und voller Fettflecke. Es hing über den mageren Schultern wie ein bunter Lumpen an einer Vogelscheuche. Aber Jane achtete nicht auf das Kleid. Sie sah nur die Augen und fühlte sich zu dem Mädchen hingezogen.

„Kann ich dir helfen?“ fragte sie noch einmal.

Das Mädchen schüttelte den Kopf, und ihr stiegen wieder Tränen in die Augen.

„Schau es dir an“, sagte sie und zeigte mit dem Finger.

Jane sah zwischen dem Kirschbaum und dem Zaun etwas, das aussah wie ein ungeschickt angelegtes Blumenbeet. Es war übersät mit Rosen, die jemand in die Erde getrampelt hatte.

„Das war Dick“, sagte das Mädchen. „Er hat es mit Absicht gemacht ... weil es *mein* Garten war. Miss Summers hat die Rosen letzte Woche bekommen ... zwölf große rote Rosen zu ihrem Geburtstag ... und heute morgen sagte sie, sie seien verwelkt und ich solle sie wegwerfen. Aber ich konnte nicht ... sie waren immer noch so schön. Ich bin hergekommen und habe das Beet angelegt und die Rosen hineingesteckt. Ich wußte, daß es nicht lange halten würde ... aber es sah schön aus, und ich habe mir vorgestellt, daß ich einen eigenen Garten habe ... und jetzt... Dick hat alles zertrampelt... und dabei gelacht!“

Sie schluchzte wieder auf. Jane wußte nicht, wer Dick war, aber in diesem Moment hätte sie ihm mit Vergnügen mit ihren kräftigen, geschickten kleinen Händen den Hals umgedreht. Sie legte den Arm um das Mädchen.

„Sei nicht traurig. Wein nicht mehr. Sieh mal, wir brechen ein paar kleine Kirschzweige ab und stecken sie in dein Beet. Die sind viel frischer als die Rosen ...

und stell dir vor, wie schön sie im Mondlicht aussehen!“

„Ich weiß nicht, ob ich mich das traue“, sagte das Mädchen. „Vielleicht wird Miss West dann böse!“

Wieder hatte Jane das Gefühl, eine verwandte Seele getroffen zu haben. Dieses Mädchen hatte also auch Angst vor manchen Leuten.

„Wir klettern einfach auf den großen Ast dort. Dort können wir sitzen und den Mond bewundern“, sagte Jane. „Ich denke, deswegen wird Miss West nicht böse sein, oder?“

„Ich glaube nicht, daß sie etwas dagegen hat. Aber sie ist sowieso wütend auf mich, weil ich gestolpert bin, als ich bei Tisch bedient habe. Dabei ist mir ein Tablett mit Gläsern runtergefallen, und drei sind kaputtgegangen. Sie hat gesagt, wenn ich so weitermache … gestern abend habe ich Miss Thatchers Kleid mit Suppe bekleckert … schickt sie mich weg.“

„Wo schickt sie dich denn hin?“

„Ich weiß nicht. Ich kann nirgendwo hin. Aber sie sagt, ich sei meinen Lohn nicht wert, und sie behält mich nur aus Mitleid.“

„Wie heißt du?“ fragte Jane. Sie war gewandt wie eine Katze auf den Baum geklettert, und seine duftenden weißen Blüten schirmten sie von der Außenwelt ab.

„Josephine Turner. Aber alle nennen mich Jody.“

Jody! Das gefiel Jane.

„Ich heiße Jane Stuart.“

„Ich dachte, du heißt Victoria“, sagte Jody. „Das hat Miss West gesagt.“

„Ich heiße Jane“, sagte Jane entschieden. „Oder eigentlich Jane Victoria – aber ich bin Jane. Und nun“, fügte sie energisch hinzu, „laß uns Bekanntschaft miteinander machen!“

Als Jane sich an jenem Abend durch die Lücke auf den Rückweg machte, wußte sie praktisch alles, was es über Jody zu wissen gab. Jodys Eltern waren tot … sie waren gestorben, als Jody noch ein Baby war. Eine Cousine von Jodys Mutter, die Köchin im Haus Nr. 58 gewesen war, hatte sie zu sich genommen. Das hatte die Familie ihr erlaubt, unter der Bedingung, daß Jody niemals die Küche verließ. Vor zwei Jahren war Tante Millie gestorben – und Jody war einfach „dageblieben". Sie half der neuen Köchin … sie schälte Kartoffeln, wusch das Geschirr ab, fegte, wischte Staub, machte Botengänge, säuberte Messer … und durfte seit kurzem bei Tisch bedienen. Sie schlief in einer kleinen Dachkammer, in der es im Sommer heiß und im Winter kalt war, sie trug abgelegte Sachen, die die Pansionsgäste ihr gaben, und ging zur Schule, wenn wenig zu tun war. Niemand sagte ihr je etwas Nettes oder nahm auch nur die leiseste Notiz von ihr … bis auf Dick. Dick war Miss Wests Neffe und ihr Augapfel, und er ärgerte und piesackte Jody und nannte sie „Armeleutekind". Jody verabscheute Dick. Einmal, als sie allein im Haus gewesen war, hatte sie sich ins Wohnzimmer geschlichen und eine kleine Melodie auf dem Klavier geklimpert, aber Dick hatte sie bei Miss West verpetzt, und die hatte ihr ein für allemal verboten, das Klavier auch nur anzurühren.

„Und ich würde so gern spielen können", sagte Jody traurig. „Klavierspielen und einen Garten – mehr will ich nicht. Ich wünschte, ich hätte einen Garten."

Jane fragte sich wieder einmal, warum das Leben so ungerecht war. Sie spielte nicht gern Klavier, aber Großmutter bestand darauf, daß sie Unterricht nahm, und sie übte brav, um Mutter eine Freude zu machen. Und die arme Jody wollte so gern Klavier spielen und hatte keine Möglichkeit dazu.

„Meinst du nicht, daß du einen kleinen Garten anlegen könntest?“ sagte Jane. „Hier ist viel Platz, und es ist auch nicht so schattig wie bei uns. Ich könnte dir helfen, ein Beet anzulegen, und Mutter würde uns bestimmt ein bißchen Saat geben …“

„Das hat keinen Sinn“, sagte Jody niedergeschlagen. „Den würde Dick auch zertrampeln!“

„Dann habe ich eine andere Idee“, sagte Jane entschieden, „wir besorgen einen Saatkatalog … Frank wird mir einen beschaffen … und dann können wir uns einen Garten vorstellen!“

„Du hast gute Ideen!“ sagte Jody bewundernd.

Jane empfand einen Hauch von Glück. Es war das erste Mal, daß jemand sie bewunderte.

4. Der Mond

Natürlich dauerte es nicht lange, bis Großmutter von Jody erfuhr. Sie machte viele zuckersüße, gehässige Bemerkungen über das Mädchen, aber sie verbot Jane nie ausdrücklich, mit Jody zu spielen. Den Grund dafür begriff Jane erst, als sie viel älter war. Großmutter wollte jedem zeigen, daß Jane einen schlechten Geschmack hatte und sich am liebsten mit Gesindel abgab.

„Liebling, ist diese Jody ein nettes Mädchen?“ fragte Mutter skeptisch.

„Sie ist *sehr* nett“, sagte Jane überschwenglich.

„Aber sie sieht so verwahrlost aus … sogar schmutzig …“

„Ihr Gesicht ist immer sauber, und sie vergißt auch nie, sich hinter den Ohren zu waschen, Mummy. Ich zeige ihr noch, wie man sich die Haare wäscht. Ihre

Haare wären so schön, wenn sie gewaschen wären … sie sind so fein und schwarz und seidig. Und darf ich ihr eine von meinen Cremedosen für ihre Hände geben? Ich habe ja zwei. Ihre Hände sind so rot und rissig, weil sie so hart arbeitet und soviel Geschirr spülen muß."

„Aber ihre Kleider …"

„Sie kann nichts für ihre Kleider. Sie muß anziehen, was sie bekommt, und sie hat immer nur zwei Kleider zur Zeit … eins für jeden Tag und eins für die Sonntagsschule. Sogar das für die Sonntagsschule ist nicht richtig sauber … es gehörte Mrs. Bellews Ethel und hat einen Kaffeefleck. Und sie muß so schwer arbeiten … sie ist eine richtige kleine Sklavin, sagt Mary. Ich mag Jody sehr, Mummy. Sie ist nett."

„Nun ja …" Mutter seufzte und gab nach. Mutter gab immer nach, wenn man energisch genug war, das hatte Jane längst herausgefunden. Sie betete ihre Mutter an, aber sie hatte mit sicherem Instinkt ihre Achillesferse entdeckt. Mutter konnte sich nicht gegen andere durchsetzen. Jane hatte aufgeschnappt, wie Mary das einmal zu Frank gesagt hatte, und sie wußte, daß es stimmte.

„Sie richtet sich immer nach demjenigen, der das letzte Wort hat", sagte Mary. „Und das ist immer die alte Dame."

„Nun, die alte Dame ist doch sehr gut zu ihr", sagte Frank. „Und sie ist ein lebenslustiges Ding."

„Lebenslustig, ja. Aber ob sie auch glücklich ist?" sagte Mary.

Glücklich? Natürlich ist Mummy glücklich, hatte Jane entrüstet gedacht … um so entrüsteter, weil in ihrem Hinterkopf der seltsame Verdacht lauerte, daß Mutter – trotz ihrer Tanzabende und Galadiner und Pelze und Kleider und Schmuck und Freunde – *nicht* glücklich war. Jane hatte keine Ahnung, wie sie darauf kam. Vielleicht war es ein bestimmter Blick, den Mutter manchmal hatte … als habe man sie in einen Käfig gesperrt.

Im Frühling und Sommer ging Jane nach nebenan zum Spielen – abends, wenn Jody ihre riesigen Tellerstapel abgewaschen hatte. Sie schufen ihren Phantasiegarten, fütterten die Rotkehlchen und die Streifenhörnchen, und saßen oben im Kirschbaum und sahen sich den Abendstern an. Und sie redeten! Jane, die nie wußte, worüber sie sich mit Phyllis unterhalten sollte, ging nicht der Gesprächsstoff aus, wenn sie bei Jody war.

Es war nie die Rede davon, daß Jody zum Spielen auf den Hof von Gay 60 kam. Kurz nachdem sie sich kennengelernt hatten, hatte Jane Jody einmal zu sich eingeladen. Jody hatte wieder weinend unter dem Kirschbaum gesessen – diesmal, weil Miss West darauf bestanden hatte, daß sie ihren alten Teddybären wegwarf. Er sei vollkommen abgenutzt, sagte Miss West. Er war geflickt worden, bis kein Platz mehr für Flicken da war und nicht einmal mehr Schuhknöpfe in seine ausgefransten Augenhöhlen genäht werden konnten. Außerdem sei sie zu alt, um mit Teddybären zu spielen.

„Aber ich habe doch sonst nichts“, schluchzte Jody. „Wenn ich eine Puppe hätte, wäre es nicht so schlimm. Ich habe mir immer eine Puppe gewünscht … aber jetzt muß ich allein dort oben schlafen … und es ist so einsam.“

„Komm mit zu mir, ich schenke dir eine Puppe“, sagte Jane.

Jane hatte sich nie viel aus Puppen gemacht, weil sie nicht lebendig waren. Als sie sieben war, hatte Tante Sylvia ihr eine sehr schöne Puppe zu Weihnachten geschenkt, aber die war so makellos und fein gekleidet, daß man sich gar nicht um sie kümmern mußte, und

Jane hatte sie nie gemocht. Sie hätte lieber einen Teddy gehabt, der jeden Tag einen neuen Flicken brauchte.

Sie zeigte Jody, die aus dem Staunen nicht herauskam, ihr prächtiges Zuhause und gab ihr die Puppe, die lange ungestört in der untersten Schublade von Janes großer schwarzer Kommode geschlummert hatte. Dann hatte sie Jody Mutters Zimmer und Mutters schöne Sachen gezeigt … die Bürsten mit den silbernen Griffen, die Parfümflakons mit den Glasverschlüssen, auf denen das Licht in allen Regenbogenfarben schimmerte, die wunderbaren Ringe auf der kleinen goldenen Ablage … Und hier ertappte Großmutter die beiden.

Sie stand in der Tür und sah sie an. Stille breitete sich aus wie eine eiskalte, alles verschlingende Welle.

„Was soll das bedeuten, Victoria … wenn ich fragen darf?"

„Das … das ist Jody", stammelte Jane. „Sie … sie ist hergekommen, weil ich ihr meine Puppe schenken will. Sie hat selber keine."

„Tatsächlich? Und du hast ihr die Puppe geschenkt, die du von Tante Sylvia bekommen hast?"

Jane begriff sofort, daß sie etwas Unverzeihliches getan hatte. Ihr war nie der Gedanke gekommen, daß sie ihre eigenen Sachen nicht verschenken durfte.

„Ich habe dir nicht verboten", sagte Großmutter, „mit dieser … dieser Jody zu spielen, solange ihr bei *ihr* bleibt. Was einem im Blut liegt, kommt früher oder später immer zum Vorschein. Aber wenn es dir nichts ausmacht, bring diesen Abschaum bitte nicht mit nach Hause, meine liebe Victoria."

Ihre liebe Victoria und die arme gekränkte Jody machten sich schleunigst davon und ließen die Puppe zurück. Aber diesmal hatte Großmutter ausnahmsweise nicht das letzte Wort. Jane blieb einen Moment stehen, bevor sie das Zimmer verließ, und sah Großmutter mit ihren braunen Augen anklagend an.

„Du bist nicht fair“, sagte sie. Ihre Stimme zitterte ein bißchen, als sie fand, daß sie es sagen mußte, auch wenn Großmutter sie unverschämt fand. Dann folgte sie Jody – mit einem sonderbaren Gefühl der Zufriedenheit.

„Ich bin kein Abschaum“, sagte Jody mit zitternden Lippen. „Natürlich bin ich nicht so wie du … Miss West sagt, ihr seid bessere Leute … aber meine Eltern waren anständig. Tante Millie hat es gesagt. Sie sagt, daß sie immer für ihren Unterhalt gearbeitet haben, solange sie lebten. Und ich arbeite hart genug für Miss West, um meinen Unterhalt zu verdienen.“

„Du bist kein Abschaum, und ich habe dich lieb“, sagte Jane. „Du und Mutter seid die einzigen Menschen auf der Welt, die ich liebhabe.“

Noch während sie es sagte, gab es Jane einen seltsamen kleinen Stich ins Herz. Ihr wurde plötzlich klar, daß zwei geliebte Menschen unter den vielen Millionen, die es auf der Welt gab – sie konnte sich nie merken, wieviele es genau waren, aber sie wußte, daß es unglaublich viele waren –, sehr wenig waren.

Und ich habe gern Leute lieb, dachte Jane. Es ist schön!

„Ich liebe niemanden außer dir“, sagte Jody. Sie vergaß ihre verletzten Gefühle, als Jane auf die Idee kam, eine Burg aus all den alten Dosen zu bauen, die sich in der Ecke des Hofes türmten. Miss West sammelte ihre Blechdosen für einen Cousin auf dem Land, der irgendeine geheimnisvolle Verwendung dafür hatte. Er hatte sich aber den ganzen Winter nicht sehen lassen, und es waren so viele Dosen geworden, daß man eine Burg davon bauen konnte. Natürlich brachte Dick sie am nächsten Tag mit einem Fußtritt zum Einsturz, aber das Bauen hatte trotzdem Spaß gemacht. Die beiden Mädchen erfuhren nie, daß Mr. Torrey, ein Architekt, der auch im Haus Nr. 58 wohnte, das Schloß im Mondlicht glänzen sah, als er sein Auto in der Garage abstellte. Er pfiff anerkennend.

„Das ist ein bemerkenswertes Bauwerk für zwei Kinder“, sagte er.

Jane hätte in diesem Moment schon längst schlafen sollen, aber sie war hellwach – und lebte auf dem Mond, den sie durch das Fenster sehen konnte.

Janes „Mondgeheimnis“, wie sie es nannte, war das einzige, was sie Mutter und Jody nicht erzählte. Sie brachte es aus irgendeinem Grund nicht fertig. Es gehörte nur ihr. Verrat würde es zerstören. Seit drei Jahren machte Jane in ihren Träumen Reisen zum Mond. Es war eine glitzernde Phantasiewelt, in der sie ein herrliches Leben zwischen glitzernden Silberhügeln führte und ihren Durst aus verzauberten Quellen stillte. Bevor ihr die Idee mit der Reise zum Mond gekommen war, hatte Jane sich gewünscht, durch den Spiegel zu schlüpfen, wie Alice es tat. Sie hatte so oft und lange vor ihrem Spiegel gestanden und auf das Wunder gehofft, daß Tante Gertrude sagte, Victoria sei das eitelste Kind, das sie je gesehen hatte.

„Wirklich?“ sagte Großmutter milde, als wolle sie fragen, weswegen Jane wohl eitel sein könnte.

Schließlich hatte Jane betrübt eingesehen, daß sie nie in das Spiegelland kommen würde, und eines Nachts, als sie allein in ihrem großen ungemütlichen Zimmer lag, sah sie, wie der Mond durch das Fenster zu ihr hereinschaute … der ruhige, wunderschöne Mond, der es nie eilig hatte, und sie schuf sich eine Welt auf dem Mond, wo sie die Speisen der Feen aß und mit ihren imaginären Freunden über märchenhafte Felder wanderte, auf denen seltsame weiße Mondblumen wuchsen.

Aber sogar in ihren Mondträumen konnte Jane ihre Natur nicht verleugnen. Der Mond bestand ganz aus Silber, deshalb mußte er jede Nacht poliert werden. Jane und ihre Mondfreunde vergnügten sich endlos damit, den Mond blank zu putzen, und sie hatten ein kompliziertes System mit Belohnungen für besonders gute Putzer und Strafen für Faulenzer. Die Faulen wurden meistens auf die andere Seite des Mondes verbannt – Jane hatte gelesen, daß es dort sehr dunkel und kalt war. Wenn sie zurückkehren durften, waren sie halb erfroren und dankbar, daß sie sich aufwärmen konnten, indem sie so eifrig schrubbten, wie sie nur konnten. In diesen Nächten glänzte der Mond noch heller als sonst. Oh, es machte Spaß! Jane fühlte sich abends im Bett nur noch einsam, wenn der Mond nicht zu sehen war. Jane kannte keinen schöneren Anblick als die schmale Mondsichel am westlichen Himmel, die ihr sagte, daß ihr Freund wieder da war. Die Aussicht auf eine Mondreise am Abend half ihr, viele trostlose Tage zu überstehen.

5. Agnes Ripley

Bis zum Alter von zehn Jahren hatte Jane geglaubt, ihr Vater sei tot. Sie erinnerte sich nicht, daß man es ihr je gesagt hatte, aber wenn sie überhaupt darüber nachgedacht hätte, wäre sie sicher gewesen. Sie dachte nur nicht darüber nach … denn niemand sprach von ihm. Sie wußte nichts über ihn, außer daß sein Name Andrew Stuart gewesen sein mußte, denn Mutter war Mrs. Andrew Stuart. Für Jane war es, als habe es ihn nie gegeben. Sie wußte nicht viel über Väter. Der einzige Vater, den sie wirklich kannte, war der von Phyllis – Onkel David Coleman, ein gutaussehender älterer Herr mit Tränensäcken, der sie manchmal angrunzte, wenn er sonntags zum Essen kam. Jane hatte das Gefühl, daß sein Grunzen nett gemeint war, und sie hatte nichts gegen ihn, aber er war nicht so, daß sie Phyllis um ihn beneidet hätte. Wenn man eine so liebevolle, anbetungswürdige Mutter hatte, wozu brauchte man dann noch einen Vater?

Dann kam Agnes Ripley nach St. Agatha's. Jane mochte sie anfangs, obwohl Agnes ihr bei ihrer ersten Begegnung die Zunge herausgestreckt hatte. Sie war die Tochter eines Mannes, der „der große Thomas Ripley" genannt wurde – er hatte „Eisenbahnen und solche Dinge" gebaut – und die meisten Mädchen auf St. Agatha's verehrten sie und waren stolz, wenn sie Notiz von ihnen nahm. Sie hatte eine Vorliebe für „Geheimnisse", und unter den Schülerinnen von St. Agatha's galt es als große Ehre, wenn Agnes einem ein Geheimnis verriet. Deshalb war Jane wie elektrisiert, als Agnes eines Nachmittags auf dem Schulhof auf sie zukam und verschwörerisch sagte: „Ich weiß ein Geheimnis."

„Ich weiß ein Geheimnis" ist wahrscheinlich der spannendste Satz der Welt, und Jane verfiel seinem Zauber sofort.

„Oh, erzähl es mir", bat sie. Sie wollte eine Eintrittskarte für den eingeweihten Kreis der Mädchen bekommen, denen Agnes ein Geheimnis verraten hatte, und sie wollte das Geheimnis um seiner selbst willen wissen. Ein Geheimnis mußte immer etwas Wunderbares sein.

Agnes zog ihre breite kleine Nase kraus und sagte mit wichtiger Miene: „Ach, ich erzähle es dir ein anderes Mal."

„Ich will es nicht ein anderes Mal hören. Ich will es jetzt hören", bettelte Jane, und ihre goldbraunen Augen leuchteten vor Eifer.

Agnes' kleines koboldhaftes Gesicht, eingerahmt von glattem braunem Haar, blickte ausgesprochen schelmisch drein. Sie zwinkerte mit einem ihrer grünen Augen. „Also gut. Aber gib nicht mir die Schuld, wenn es dir nicht gefällt. Hör zu!"

Jane hörte zu. Die Türme von St. Agatha's hörten zu. Jane hatte das Gefühl, daß die ganze Welt zuhörte. Sie war eine der Auserwählten ... Agnes würde ihr ein Geheimnis verraten!

„Deine Eltern leben nicht zusammen."

Jane starrte Agnes an. Was sie sagte, ergab keinen Sinn. „Natürlich leben sie nicht zusammen", sagte sie. „Mein Vater ist tot."

„O nein, das ist er nicht", sagte Agnes. „Er lebt auf Prince Edward Island. Deine Mutter hat ihn verlassen, als du drei Jahre alt warst."

Jane war es, als würde eine große kalte Hand nach ihrem Herzen greifen. „Das ... ist ... nicht wahr", keuchte sie.

„Doch! Ich habe gehört, wie Tante Dora Mutter alles darüber erzählt hat. Deine Mutter hat ihn geheiratet, als er gerade aus dem Krieg zurück war – in einem Sommer, als deine Großmutter mit ihr eine Reise in die Seeprovinzen gemacht hat. Deine Großmutter war dagegen. Tante Dora sagte, jeder wußte, daß es nicht lange gutgehen würde. Er war arm. Aber du hast den meisten Ärger gemacht. Du wärest besser nie geboren worden. Keiner der beiden wollte dich haben, sagt Tante Dora. Nach deiner Geburt waren sie wie Hund und Katze, und am Ende hat deine Mutter ihre Sachen gepackt und ihn verlassen. Tante Dora sagt, sie hätte sich von ihm scheiden lassen, wenn Scheidungen in Kanada nicht so schwer zu bekommen wären – und außerdem finden alle Kennedys, eine Scheidung sei ein Skandal."

Die kalte Hand umklammerte Janes Herz jetzt so fest, daß sie kaum noch atmen konnte. „Das … das glaube ich nicht“, sagte sie.

„Wenn das der Dank dafür ist, daß ich dir ein Geheimnis verrate, dann erzähle ich dir nie wieder eins, Miss Victoria Stuart“, sagte Agnes und wurde rot vor Zorn.

„Ich will auch gar keins mehr hören!“ sagte Jane.

Sie würde nie vergessen, was sie erfahren hatte. Es konnte nicht wahr sein … es konnte einfach nicht wahr sein. Es kam ihr vor, als würde der Nachmittag nie zu Ende gehen. St. Agatha's war ein Alptraum. Frank war noch nie so langsam nach Hause gefahren. Der Schnee auf den schmutzigen Straßen hatte noch nie so schmierig und schmutzig ausgesehen, und der Himmel war noch nie so grau gewesen. Der Mond war bleich und weiß wie Papier, aber Jane war es egal, ob er je wieder poliert werden würde.

Zu Hause war eine Teegesellschaft in vollem Gang.

Das große Wohnzimmer war verschwenderisch mit hellrosa Löwenmäulern und Tulpen und Frauenhaarfarn geschmückt und wimmelte vor Menschen.

Mutter trug ein Kleid aus orchideenfarbenem Chiffon mit weiten Spitzenärmeln, und sie lachte viel und plauderte mit den Gästen.

In Großmutters weißem Haar funkelten weiße und blaue Diamanten. Sie saß auf ihrem Lieblingsplatz, einem Stuhl mit Stickereibezug, und eine Dame sagte später: „So ein liebenswertes weißhaariges Geschöpf! Sie sah aus wie *Whistler's Mother.*“

Tante Gertrude und Tante Sylvia schenkten Tee ein. Der Tisch, an dem die Gäste saßen, war mit einem Tuch aus venezianischer Spitze gedeckt, und hohe rosa Kerzen brannten.

Jane ging schnurstracks zu ihrer Mutter. Es kümmerte sie nicht, wieviele Leute da waren … Sie hatte eine Frage und brauchte sofort eine Antwort. Sofort. Jane hätte die Ungewißheit keinen Augenblick länger ertragen.

„Mummy“, sagte sie, „ist mein Vater noch am Leben?“

Im Zimmer wurde es schlagartig still.

Großmutters blaue Augen blitzten auf wie Schwerter.

Tante Sylvia schnappte nach Luft, und Tante Gertrude stieg eine ungesunde Röte ins Gesicht. Mutter wurde schneeweiß.

„Lebt er?“ fragte Jane.

„Ja“, sagte Mutter. Mehr nicht.

Jane fragte auch nicht weiter. Sie drehte sich abrupt um, ging hinaus und stieg die Treppe hinauf wie eine Schlafwandlerin. In ihrem Zimmer machte sie die Tür hinter sich zu und ließ sich auf das große weiße Eisbärfell sinken, das vor ihrem Bett lag. Sie vergrub das Gesicht in dem weichen Pelz, und eine Woge von Schmerz überwältigte sie.

Es stimmte also. Ihr Leben lang hatte sie geglaubt, ihr Vater sei tot, und dabei lebte er … auf dem fernen Punkt auf der Landkarte, der Prince Edward Island hieß. Aber er und Mutter konnten einander nicht leiden – und sie war unerwünscht gewesen. Es war ein schreckliches Gefühl, daß ihre Eltern sie nicht gewollt hatten. Sie war sicher, daß sie für den Rest ihres Lebens Agnes' Worte hören würde: „Du wärst besser nie geboren worden!“ Sie haßte Agnes Ripley … sie würde sie immer hassen. Jane fragte sich,ob sie so alt werden würde wie Großmutter – und wie sie das ertragen sollte.

So fanden Mutter und Großmutter sie, als alle Gäste gegangen waren.

„Victoria, steh auf.“

Jane rührte sich nicht.

„Victoria, ich bin gewohnt, daß man mir gehorcht!“

Jane setzte sich auf. Sie hatte nicht geweint … hatte nicht vor einer Ewigkeit einmal jemand gesagt, daß Jane nie weinte … aber ihr Gesicht hatte einen Ausdruck, der jedem das Herz gebrochen hätte. Vielleicht rührte es sogar Großmutter, denn sie sagte ungewohnt milde: „Ich habe deiner Mutter immer gesagt, Victoria, daß sie dir die Wahrheit sagen sollte, weil es dir früher oder später irgend jemand erzählen würde. Dein Vater lebt. Deine Mutter hat ihn gegen meinen Wunsch geheiratet und es bald bereut. Ich habe ihr verziehen und sie gern wieder aufgenommen, als sie zur Besinnung gekommen war. Das ist alles. Und wenn du in Zukunft einmal wieder den unwiderstehlichen Drang verspüren solltest, eine Szene zu machen, wenn wir Besuch haben, beherrsche dich bitte, bis unsere Gäste gegangen sind.“

„Warum mochte er mich nicht?“ fragte Jane dumpf.

Alles in allem war es das, was am meisten wehtat. Mutter hatte sie vielleicht auch anfangs nicht gewollt, aber Jane wußte, daß Mutter sie jetzt liebte.

Mutter ließ ein kleines Lachen hören. Es klang so traurig, daß es Jane fast das Herz brach. „Ich glaube, er war eifersüchtig auf dich“, sagte sie.

„Er hat deiner Mutter das Leben zur Hölle gemacht“, sagte Großmutter, und ihr Ton wurde wieder hart.

„Oh, ich war auch nicht ganz unschuldig“, brachte Mutter mit erstickter Stimme hervor.

Jane blickte von einer zur anderen und sah, wie sich Großmutters Miene schlagartig änderte.

„Du wirst deinen Vater nie wieder vor mir oder deiner Mutter erwähnen“, sagte Großmutter. „Was uns betrifft – und was dich betrifft –, so *ist* er tot.“

Das Verbot war nicht nötig. Jane wollte ihren Vater gar nicht mehr erwähnen. Er hatte Mutter unglücklich gemacht, und dafür haßte Jane ihn und verbannte ihn ein für allemal aus ihren Gedanken. Es gab Dinge, an die sie nicht denken konnte, und Vater gehörte dazu. Aber am schlimmsten war, daß es nun etwas gab, über das sie nicht mit Mutter reden konnte. Jane hatte das Gefühl, daß es zwischen ihnen stand – unbestimmt, aber vorhanden. Das vollkommene Vertrauen von früher war verschwunden. Es gab ein Thema, das nicht erwähnt werden durfte, und es vergiftete alles.

Sie konnte Agnes Ripley und ihr Getue um „Geheimnisse“ nicht mehr ertragen und war froh, als Agnes die Schule verließ, weil der große Thomas beschlossen hatte, daß St. Agatha's nicht modern genug für seine Tochter war. Agnes wollte Steptanz lernen.

6. Das Kätzchen

Es war ein Jahr vergangen, seit Jane erfahren hatte, daß sie einen Vater hatte. In diesem Jahr hatte sie die Versetzung mit Ach und Krach geschafft – Phyllis hatte die Auszeichnung für besondere Leistungen bekommen und wurde Jane als leuchtendes Beispiel vorgehalten –, Jane war wie immer zur Schule und wieder nach Hause gefahren worden, hatte nach besten Kräften versucht, Phyllis zu mögen, aber keine großen Fortschritte gemacht, sich auf dem Hinterhof in der Dämmerung mit Jody getroffen und brav ihre Tonleitern geübt, als mache es ihr Spaß.

„Was für ein Jammer, daß du nicht mehr für Musik übrighast“, sagte Großmutter. „Aber natürlich – wie könntest du auch?“

Es war nicht so sehr das, *was* Großmutter sagte, sondern *wie* sie es sagte. Sie schlug Wunden, die schwärten und sich entzündeten. Und Jane hatte sehr viel für Musik übrig … sie hörte sie gern. Wenn Mr. Ransome, der musikalische Bewohner von Haus 58, abends in seinem Zimmer Violine spielte, ahnte er nicht, daß zwei begeisterte Zuhörerinnen im Kirschbaum auf dem Hinterhof saßen. Jane und Jody lauschten mit gefalteten Händen und waren überwältigt. Als es Winter wurde und das Schlafzimmerfenster nicht mehr offenstand, empfand Jane es als schmerzlichen Verlust. Der Mond war danach ihr einziger Ausweg, und sie flüchtete sich immer öfter in ihr geheimes Reich und stattete ihm lange schweigende Besuche ab, was Großmutter „Schmollen" nannte.

„Sie hat einen ausgeprägten Hang zum Schmollen", sagte Großmutter.

„O nein, das glaube ich nicht", stammelte Mutter. Wenn sie es jemals wagte, Großmutter zu widersprechen, ging es immer um Jane. „Sie ist nur ziemlich … sensibel."

„Sensibel!" Großmutter lachte.

Sie lachte nicht oft, und Jane war froh darüber. Falls Tante Gertrude jemals gelacht oder gescherzt hatte, mußte es so lange her sein, daß sich keiner mehr daran erinnerte. Mutter lachte nur, wenn sie unter Menschen war … ein klingendes Lachen, das Jane immer unecht vorkam. Nein, es gab nicht viel richtiges Lachen in der Gay Street 60. Dabei hätte Jane mit ihrem verborgenen Talent, die Dinge von der komischen Seite zu sehen, sogar dieses große Haus mit Lachen erfüllen können. Aber Jane hatte schon früh gemerkt, daß Großmutter etwas gegen Lachen hatte. Sogar Frank und Mary mußten leise und heimlich in der Küche kichern.

Jane war in diesem Jahr gewaltig in die Höhe geschossen. Sie war noch eckiger und linkischer geworden. Ihr Kinn war viereckig und zeigte eine Furche.

„Ihr Kinn bekommt immer mehr Ähnlichkeit mit *seinem* Kinn“, hörte sie einmal Großmutter vorwurfsvoll zu Tante Gertrude sagen. Jane fuhr zusammen. Dank ihrer bitteren neuen Weisheit ahnte sie, daß vom Kinn ihres Vaters die Rede war, und sofort verabscheute sie ihres. Warum konnte es nicht hübsch und rund sein wie das von Mutter?

Es war ein ereignisloses Jahr. Jane hätte es eintönig genannt, wenn sie das Wort schon gekannt hätte. Es geschahen nur drei Dinge, die Eindruck auf sie machten … die Sache mit dem Kätzchen, die geheimnisvolle Geschichte mit Kenneth Howards Foto und der unglückselige Gedichtvortrag.

Jane hatte das Kätzchen auf der Straße gefunden. Eines Nachmittags hatte es Frank sehr eilig gehabt, etwas für Großmutter und Mutter zu erledigen, und er hatte Jane am Anfang der Gay Street abgesetzt und sie das letzte Stück zu Fuß gehen lassen, nachdem er sie abgeholt hatte. Jane marschierte vergnügt drauflos und genoß diesen kostbaren Moment der Freiheit. Sie durfte nur so selten allein gehen … oder überhaupt zu Fuß gehen. Und Jane ging für ihr Leben gern zu Fuß. Sie wäre liebend gern zu Fuß zur Schule und wieder nach Hause gegangen oder – weil das wirklich zu weit war – mit der Straßenbahn gefahren. Jane fand Straßenbahnfahren herrlich. Es war spannend, sich die anderen Fahrgäste anzusehen und sich Gedanken über sie zu machen. Wer war die Dame mit dem schönen glänzenden Haar? Was murmelte die böse alte Frau vor sich hin? War es dem kleinen Jungen peinlich, daß seine Mutter ihm vor allen Leuten mit ihrem Taschentuch das Gesicht abwischte? Sorgte sich das fröhlich aussehende kleine Mädchen um seine Versetzung? Hatte der Mann dort Zahnschmerzen, und sah er netter aus, wenn er keine hatte? Sie wollte alles wissen und mitleiden oder sich mitfreuen, je nachdem. Aber die Bewohner von Gay 60 hatten nur selten Gelegenheit, Straßenbahn zu fahren. Frank und die Limousine standen immer zur Verfügung.

Jane ging langsam, um länger etwas davon zu haben. Es war ein kalter Tag im Spätherbst. Das Licht war seit dem Morgen spärlich, eine verschwommene, geisterhafte Sonne lugte vorsichtig durch die grauen Wolken, und jetzt wurde es dunkel und begann zu schneien. In den Häusern wurden die Lampen angezündet, sogar die grimmigen viktorianischen Fenster in der Gay Street waren hell erleuchtet. Jane machte der bitterkalte Wind nichts aus, aber jemand anderem um so mehr. Jane hörte ein jämmerliches, verzweifeltes Wimmern und sah das Kätzchen, das zusammengekauert an einem Zaun hockte. Sie bückte sich, nahm es auf den Arm und lehnte die Wange an das weiche Fell. Das kleine Ding, eine Handvoll winziger Knochen in einem weichen Pelz, leckte ihr eifrig die Wange. Es war unterkühlt, ausgehungert und verlassen. Jane wußte, daß es nicht aus der Gay Street kam. Sie konnte es nicht in der stürmischen Nacht zugrundegehen lassen.

„Du lieber Himmel, Miss Victoria, wo haben Sie das her?“ rief Mary, als Jane in die Küche kam. „Das hätten Sie nicht tun sollen. Sie wissen, daß Ihre Großmutter keine Katzen mag. Ihre Tante Gertrude hatte mal eine, aber die hat die Möbel zerkratzt und mußte weg. Bringen Sie das Kätzchen lieber wieder nach draußen, Miss Victoria.“

Jane konnte es nicht ausstehen, „Miss Victoria“ genannt zu werden, aber Großmutter bestand darauf, daß die Diener sie so anredeten.

„Ich kann es nicht bei dieser Kälte auf die Straße setzen, Mary. Erlauben Sie, daß ich ihm etwas zu fressen gebe und es bis nach dem Essen hierlasse. Ich frage Großmutter, ob ich es behalten darf. Vielleicht erlaubt sie es, wenn ich verspreche, daß die Katze auf dem Hof bleibt und ich sie nicht ins Haus lasse. Sie hätten nichts dagegen, nicht wahr, Mary?"

„Ich würde mich darüber freuen", sagte Mary. „Ich habe mir oft eine Katze gewünscht … oder einen Hund. Ihre Mutter hatte einmal einen Hund, aber der wurde vergiftet, und sie wollte nie wieder einen haben."

Mary sagte Jane nicht, was sie dachte – daß nämlich die alte Dame den Hund vergiftet hatte. So etwas erzählte man Kindern nicht, und außerdem wußte sie es nicht mit Sicherheit. Mit Sicherheit wußte sie nur, daß die alte Mrs. Kennedy rasend eifersüchtig auf den Hund gewesen war, weil ihre Tochter ihn so sehr geliebt hatte. Wie sie ihn immer angesehen hat, wenn sie sich unbeobachtet gefühlt hat, dachte Mary.

Großmutter, Tante Gertrude und Mutter waren zum Tee eingeladen, so daß Jane wußte, daß sic noch mindestens eine Stunde für sich hatte. Es war eine schöne Stunde. Dem Kätzchen ging es blendend, nachdem es Milch getrunken hatte, bis sein kleiner Bauch kugelrund war. In der Küche war es warm und gemütlich. Mary ließ Jane die Nüsse hacken, mit denen der Kuchen bestreut werden sollte, und die Birnen für den Salat in schmale Stücke schneiden.

„Oh, Mary, Blaubeerauflauf! Warum gibt es den nicht öfter? Du machst so leckeren Blaubeerauflauf."

„Der eine kann Auflauf machen, der andere nicht", sagte Mary selbstzufrieden. „Aber ich mache nicht so oft welchen, weil Ihre Großmutter nicht viel für Auflauf übrighat. Sie sagt, sie seien schwer verdaulich … Mein Vater ist neunzig geworden und hatte jeden Morgen

Auflauf zum Frühstück! Ich mache nur ab und zu welchen für Ihre Mutter."

„Nach dem Essen erzähle ich Großmutter von der Katze und frage sie, ob ich sie behalten darf", sagte Jane.

„Ich glaube, dafür wirst du Ärger bekommen, du armes Kind", sagte Mary, als die Tür sich hinter Jane geschlossen hatte. „Miss Robin sollte öfter Partei für dich ergreifen … aber sie stand immer unter der Fuchtel ihrer Mutter. Nun ja, ich hoffe, daß die alte Dame mit dem Essen zufrieden ist und sie dann gute Laune bekommt. Hätte ich nur keinen Blaubeerauflauf gemacht … Zum Glück weiß sie nicht, daß Miss Victoria den Salat gemacht hat … Was man nicht weiß, macht einen nicht heiß."

Das Abendessen verlief ungemütlich. Es lag Spannung in der Luft. Großmutter sprach kein Wort … offenbar war am Nachmittag etwas vorgefallen, das ihr die Laune verdorben hatte. Tante Gertrude sagte ohnehin nie etwas. Und Mutter schien sich unbehaglich zu fühlen und versuchte nicht einmal, Jane eines der kleinen Geheimzeichen zu geben, die sie hatten. Ein Finger an der Lippe – eine hochgezogene Augenbraue – ein gekrümmter Finger – das alles bedeutete „Mein Schatz" oder „Ich liebe dich" oder „Fühl dich geküßt."

Jane, die ein Geheimnis mit sich herumtrug, stellte sich noch ungeschickter an als sonst und bekleckerte das Tischtuch mit Blaubeerauflauf.

„Das", sagte Großmutter, „wäre verzeihlich bei einem fünfjährigen Kind, aber es ist absolut unentschuldbar für ein Mädchen deines Alters. Blaubeerflecken sind fast unmöglich herauszuwaschen, und dies ist eine meiner besten Tischdecken. Aber das ist natürlich unwichtig."

Jane starrte bekümmert auf das Tischtuch. Sie verstand nicht, wie so ein kleines Stück Auflauf einen so riesigen Fleck hinterlassen konnte. Und natürlich mußte sich das kleine, schnurrende, pelzige Geschöpf ausgerechnet diesen ungünstigen Augenblick aussuchen, Mary zu entwischen. Es rannte durch das Eßzimmer und sprang Jane auf den Schoß. Jane sank das Herz bis in die Schuhe.

„Wo kommt die Katze her?“ fragte Großmutter.

Ich darf nicht feige sein, dachte Jane verzweifelt. „Ich habe sie auf der Straße gefunden und mitgenommen“, sagte sie tapfer – trotzig, fand Großmutter. „Sie war so durchgefroren und hatte Hunger … Sieh nur, wie dünn sie ist, Großmutter. Darf ich sie bitte behalten? Sie ist so niedlich. Ich achte auch darauf, daß sie dich nicht stört … ich …“

„Meine liebe Victoria, rede keinen Unsinn. Ich dachte wirklich, du wüßtest, daß wir hier keine Katzen halten. Sei so gut und bring dieses Geschöpf nach draußen.“

„O nein, nicht auf die Straße, Großmutter, bitte. Hör nur, wie der Hagel prasselt … sie würde umkommen!“

„Ich erwarte, daß du mir ohne Widerworte gehorchst, Victoria. Es kann nicht immer nach deinem Kopf gehen. Gelegentlich muß man sich auch nach den Wünschen anderer richten. Tu mir den Gefallen und mach kein Theater wegen einer Kleinigkeit.“

„Großmutter“, begann Jane heftig.

Aber Großmutter hob ihre runzlige, brillantenfunkelnde kleine Hand. „Nun, nun, steigere dich nicht in die Sache hinein, Victoria. Bring das Ding sofort nach draußen.“

Jane brachte die Katze in die Küche.

„Machen Sie sich keine Sorgen, Miss Victoria. Frank bringt die Katze in die Garage und legt ihr eine

Decke hin, dann hat sie es gemütlich. Und morgen bringe ich es zu meiner Schwester – dort findet es ein gutes Zuhause. Meine Schwester mag Katzen."

Jane weinte nie, also weinte sie auch nicht, als ihre Mutter beinahe heimlich zu ihr ins Zimmer schlüpfte, um ihr ihren Gutenachtkuß zu geben. In ihr brodelte es nur vor Widerwillen.

„Mummy, ich wünschte, wir könnten weg von hier … Ich hasse dieses Haus, Mummy, ich hasse es."

Mutter sagte etwas Seltsames, und es klang bitter. „Es gibt kein Entkommen für uns."

7. Das Foto

Die Sache mit dem Foto verstand Jane nie. Nachdem ihr Kummer und Ärger sich gelegt hatten, war sie nur noch ratlos und verwirrt. Warum … warum … sollte das Foto eines Wildfremden irgendwen in der Gay Street 60 interessieren – noch dazu Mutter?

Sie hatte es eines Tages gefunden, als sie Phyllis besucht hatte. Ab und zu mußte Jane einen Nachmittag mit Phyllis verbringen. Dieser Nachmittag war nicht besser verlaufen als die davor. Phyllis war eine gewissenhafte Gastgeberin. Sie hatte Jane all ihre neuen Puppen gezeigt, ihre neuen Kleider, ihre neuen Schuhe, ihre neue Perlenkette und ihr neues Porzellanschwein. Phyllis sammelte Porzellanschweine und fand offenbar jeden „doof", der sich nicht dafür interessierte. Sie war noch gönnerhafter und herablassender gewesen als sonst. Deswegen war Jane steifer als sonst, und beide starben fast vor Langeweile. Es war eine Erleichterung für beide, als Jane sich eine Ausgabe des *Saturday Eve-*

ning nahm und sich darin vertiefte, obwohl sie kein bißchen Interesse für die Gesellschaftsrubrik hatte, für die Bilder von Bräuten und Debütantinnen, den Aktienkurs oder auch nur für den Artikel „Friedliche Beilegung internationaler Konflikte" von Kenneth Howard, der einen Ehrenplatz auf der Titelseite bekommen hatte. Jane hatte eine leise Ahnung, daß sie den *Saturday Evening* nicht lesen sollte. Aus irgendeinem Grund war Großmutter nicht damit einverstanden. Sie duldete keine einzige Ausgabe der Zeitung in ihrem Haus.

Aber Jane gefiel das Bild von Kenneth Howard auf der Titelseite. Sie war sofort fasziniert. Sie hatte Kenneth Howard noch nie gesehen … sie wußte nicht, wer er war oder wo er lebte … aber es kam ihr vor wie das Bild von jemandem, den sie gut kannte und sehr mochte. Ihr gefiel alles an ihm … seine sonderbar gezackten Augenbrauen … die Art, wie sein dichtes widerspenstiges Haar ihm in die Stirn fiel … wie er die Mundwinkel verzog … den etwas strengen Ausdruck in den Augen, die aber lustige Lachfältchen hatten … und das eckige, gefurchte Kinn, das Jane so sehr an etwas erinnerte, sie wußte nur nicht mehr, woran. Das Kinn erschien ihr wie ein alter Freund. Jane sah das Bild an und atmete tief durch. Sie wußte sofort: Wenn sie ihren Vater geliebt hätte, statt ihn zu hassen, hätte sie sich gewünscht, daß er aussah wie Kenneth Howard.

Jane starrte das Bild so lange an, daß Phyllis neugierig wurde. „Was siehst du dir an, Jane?"

Jane erwachte wieder zum Leben. „Kann ich das Bild haben, Phyllis … bitte?"

„Was für ein Bild? Das da … warum? Kennst du ihn?"

„Nein, ich habe noch nie von ihm gehört. Aber mir gefällt das Bild."

„Mir nicht.“ Phyllis sah das Bild geringschätzig an. „Er ist doch schon alt. Und er sieht kein bißchen gut aus. Auf der nächsten Seite ist schönes Foto von Norman Tait, Jane … Das will ich dir zeigen.“

Jane interessierte sich nicht für Norman Tait oder irgendeinen anderen Filmstar. Großmutter war dagegen, daß Kinder ins Kino gingen. „Ich möchte dieses Bild gern haben, wenn ich darf“, sagte sie entschieden.

„Meinetwegen“, sagte Phyllis. Sie fand Jane jetzt noch „doofer“ als je zuvor. Wie leid tat ihr dieses dumme Mädchen! „Ich glaube nicht, daß es sonst jemand haben will. Ich mag es überhaupt nicht. Er sieht aus, als würde er über einen lachen.“

Das war eine erstaunlich treffende Bemerkung von Phyllis. Genau so sah Kenneth Howard aus. Aber es war ein nettes Lachen. Jane würde es nicht stören, wenn jemand so über sie lachte. Sie schnitt das Bild sorgfältig aus, nahm es mit nach Hause und versteckte es unter dem Stapel Taschentücher in der obersten Schublade ihrer Kommode. Sie konnte nicht sagen, warum sie es niemandem zeigen wollte. Vielleicht wollte sie nicht, daß sich jemand über das Bild lustig machte wie Phyllis. Vielleicht lag es auch nur daran, daß eine sonderbare Verbindung zwischen ihr und dem Foto bestand … etwas, das zu schön war, um mit jemandem darüber zu sprechen, und sei es mit Mutter. Sie hatte aber auch zur Zeit nicht viel Gelegenheit, mit Mutter über irgend etwas zu reden. Mutter war noch nie so elegant, so vergnügt, so wunderschön gekleidet gewesen wie jetzt und noch nie zu so vielen Feiern und Teegesellschaften und Bridge-Abenden gegangen. Sogar den Gutenachtkuß gab es nur noch selten … jedenfalls glaubte Jane das. Sie wußte nicht, daß ihre Mutter immer, wenn sie abends spät nach Hause kam, auf den Zehenspitzen zu ihr hereinkam und Jane einen Kuß auf ihr rotbraunes

Haar gab … vorsichtig, um sie nicht aufzuwecken. Manchmal weinte sie, wenn sie wieder in ihr Zimmer ging, aber nicht oft, denn vielleicht sah man es beim Frühstück, und die alte Mrs. Robert Kennedy mochte es nicht, wenn Leute nachts in ihrem Haus weinten.

Drei Wochen lang waren Jane und das Bild die besten Freunde. Sie nahm es aus der Schublade und sah es an, wann immer sie konnte … sie erzählte ihm alles über Jody, über ihre Kümmernisse mit den Hausaufgaben und ihre Liebe zu Mutter. Sie erzählte ihm sogar das Mondgeheimnis. Wenn sie allein im Bett lag, vertrieb der Gedanke an das Bild das Gefühl der Einsamkeit. Sie gab ihm abends einen Gutenachtkuß und warf morgens gleich nach dem Aufstehen einen Blick darauf.

Dann fand Tante Gertrude das Bild.

Als Jane an jenem Tag aus der Schule kam, wußte sie sofort, daß etwas nicht stimmte. Das Haus, das sie immer zu beobachten schien, beobachtete sie jetzt noch genauer als sonst, und zwar mit einem spöttischen, boshaften Triumph. Urgroßvater Kennedy sah von seinem Platz an der Wohnzimmerwand finsterer denn je auf sie herab. Und Großmutter thronte kerzengerade auf ihrem Stuhl. Links und rechts von ihr saßen Mutter und Tante Gertrude. Mutter zerpflückte mit ihren kleinen weißen Händen eine wunderschöne rote Rose, aber Tante Gertrude starrte auf das Foto, das Großmutter in der Hand hielt.

„Mein Foto!“ rief Jane laut.

Großmutter sah Jane an. Ihre sonst so kalten blauen Augen sprühten Funken. „Woher hast du das?“ fragte sie.

„Es gehört mir“, rief Jane. „Wer hat es aus meiner Schublade genommen? Niemand hatte ein Recht dazu!“

„Ich fürchte, mir gefällt dein Benehmen nicht, Victoria. Und wir führen keine Diskussion über ethische Fragen. Ich habe dich etwas gefragt."

Jane sah zu Boden. Sie hatte keine Ahnung, was so schlimm daran war, ein Bild von Kenneth Howard zu haben, aber sie wußte, daß sie es nicht behalten durfte. Und sie hatte das Gefühl, das nicht ertragen zu können.

„Würdest du mich bitte ansehen, Victoria, und meine Frage beantworten? Ich nehme nicht an, daß du die Sprache verloren hast."

Jane blickte mit funkelnden Augen rebellisch auf. „Ich habe es aus einer Zeitung ausgeschnitten ... aus dem *Saturday Evening*."

„Dieses Schmierblatt!" Aus Großmutters Ton sprach abgrundtiefe Verachtung für den *Saturday Evening*. „Wo hast du das gesehen?"

„Bei Tante Sylvia", antwortete Jane und faßte Mut.

„Warum hast du es ausgeschnitten?"

„Weil es mir gefiel."

„Weißt du, wer Kenneth Howard ist?"

„Nein."

„*Nein, Großmutter*, wenn ich bitten darf. Nun, ich denke, es ist kaum nötig, das Bild eines Mannes, den du nicht kennst, in deiner Schublade aufzubewahren. Schluß mit dem Unsinn!" Großmutter hob das Bild mit beiden Händen hoch.

Jane war mit einem Satz bei ihr und packte sie am Arm. „Oh, Großmutter, zerreiß es nicht! Das darfst du nicht! Ich will es behalten!"

Jane hatte die Worte kaum ausgesprochen, als sie schon wußte, daß sie einen Fehler gemacht hatte. Es hatte nie viel Aussicht bestanden, das Bild zurückzubekommen, aber nun war auch die winzige Chance dahin.

„Bist du völlig verrückt geworden, Victoria?" fragte Großmutter, zu der noch nie jemand gesagt hatte: „Das darfst du nicht." „Laß bitte meinen Arm los. Und was das hier betrifft …" Großmutter riß das Foto in vier Stücke und warf es ins Feuer.

Jane fühlte sich, als würde gleichzeitig mit dem Bild ihr Herz zerrissen. Sie war kurz vor einem Wutausbruch, als ihr Blick auf Mutter fiel. Mutter war aschfahl. Sie stand da, die Blätter der Rose, die sie zerpflückt hatte, lagen um ihre Füße auf dem Teppich verstreut, und der Schmerz in ihren Augen ließ Jane erschauern. Der Ausdruck war mit einem Wimpernschlag wieder verschwunden, aber Jane vergaß ihn nie. Und sie wußte, daß sie Mutter nicht fragen konnte, was es mit dem Bild auf sich hatte. Aus irgendeinem Grund, den sie nicht einmal erahnte, machte Kenneth Howard Mutter unglücklich. Und irgendwie verdarb diese Erkenntnis all ihre schönen Erinnerungen an das Bild.

„Hör jetzt auf zu schmollen. Geh in dein Zimmer und bleibe dort, bis ich dich rufen lasse", sagte Großmutter. Janes Miene gefiel ihr ganz und gar nicht. „Und merk dir: Wer hier hergehört, liest nicht den *Saturday Evening*!"

Jane mußte es einfach sagen. Es kam ganz von allein. „Ich gehöre nicht hierher", sagte sie.

Dann ging sie in ihr Zimmer, das leer und einsam war ohne Kenneth Howard, der lächelnd unter den Taschentüchern hervorschaute.

Und das war noch eine Sache, über die sie nicht mit Mutter reden konnte. Sie spürte einen grenzenlosen Schmerz, als sie lange am Fenster stand. Die Welt war grausam … sogar die Sterne lachten einen aus … und blinzelten spöttisch.

„Ich frage mich", sagte Jane langsam, „ob in diesem Haus jemals jemand glücklich war."

Dann sah sie den Mond – den neuen Mond, aber nicht die schmale silberne Sichel, als die er sich sonst zeigte. Dieser Mond verschwand gerade in einer dunklen Wolke am Horizont, er war riesengroß und von einem stumpfen Rot. Wenn je ein Mond poliert werden mußte, dann dieser. In einer Sekunde vergaß Jane all ihre Kümmernisse … und legte zweihundertdreißigtausend Meilen zurück. Zum Glück bestimmte Großmutter nicht über den Mond.

8. Das Gedicht

Dann war da noch die Sache mit dem Gedicht. Im St. Agatha's sollte eine Aufführung stattfinden, zu der nur die Familien der Schülerinnen eingeladen waren. Es sollte ein kurzes Theaterstück geben, etwas Musik und ein oder zwei Lesungen. Jane hatte insgeheim gehofft, eine Rolle in dem Stück zu bekommen, und sei es nur als einer der vielen Engel, die darin vorkamen, mit Flügeln und langen weißen Gewändern und selbstgebastelten Heiligenscheinen. Aber sie hatte kein Glück. Wahrscheinlich war sie zu knochig und zu linkisch für einen Engel.

Dann fragte Miss Semple sie, ob sie ein Gedicht vortragen wollte.

Jane war von der Idee begeistert. Sie wußte, daß sie gut Gedichte vortragen konnte. Das war eine Chance, Mutter stolz zu machen und Großmutter zu zeigen, daß all das Geld, das sie für Janes Erziehung ausgab, nicht vollkommen verschwendet war.

Jane entschied sich für ein Gedicht, das sie schon lange mochte, obwohl – oder weil – es im Englisch der französischen Siedler geschrieben war: *The Little Baby of Mathieu.* Mit Feuereifer lernte sie es auswendig. Sie probte den Vortrag in ihrem Zimmer … und murmelte es endlos vor sich hin, bis Großmutter in scharfem Ton fragte, was sie die ganze Zeit zu flüstern hätte. Da verschloß sich Jane wie eine Auster. Niemand durfte Verdacht schöpfen – es sollte eine Überraschung für alle sein. Und vielleicht würde sogar Großmutter ein bißchen zufrieden mit ihr sein, wenn sie es gut machte. Jane wußte, daß sie keine Gnade zu erwarten hatte, wenn der Vortrag nicht gut werden sollte.

Großmutter ging mit Jane in das große Kaufhaus Marlborough's, in einen Raum mit vertäfelten Wänden, samtweichen Teppichen und gedämpften Stimmen ... einen Raum, den Jane nicht mochte. Sie hatte immer das Gefühl, darin keine Luft mehr zu bekommen. Und Großmutter kaufte ihr ein neues Kleid für den Abend. Es war ein sehr hübsches Kleid – man mußte zugeben, daß Großmutter einen guten Geschmack hatte – aus mattgrüner Seide, die das Rotbraun von Janes Haaren und das Goldbraun ihrer Augen zur Geltung brachte. Jane gefiel sich in dem Kleid und wünschte sich noch mehr, ihrer Großmutter mit dem Gedicht eine Freude zu machen.

Am Abend vor dem Auftritt war sie schrecklich nervös. War sie nicht ein bißchen heiser? Wenn es nun schlimmer wurde? Das wurde es nicht ... es war am nächsten Tag verschwunden. Aber als Jane auf der Bühne zum ersten Mal in ihrem Leben vor Publikum stand, überlief sie ein scheußlicher kleiner Schauer. Sie hatte nicht erwartet, daß so viele Leute da sein würden. Einen schrecklichen Augenblick lang dachte sie, sie würde keinen Ton herausbringen. Dann war ihr, als sähe sie Kenneth Howard, der ihr lachend zublinzelte. „Kümmere dich nicht um sie – tu es für mich", schien er zu sagen. Jane machte den Mund auf.

Die Lehrer von St. Agatha's war stumm vor Staunen. Wer hätte gedacht, daß die schüchterne, unbeholfene

Victoria Stuart ein Gedicht so gut vortragen konnte, noch dazu eines in einem Dialekt? Jane hatte das herrliche Gefühl, mit ihrem Publikum verbunden zu sein – das Bewußtsein, daß sie es in ihren Bann gezogen hatte – bis sie beim letzten Vers angekommen war. Dann sah sie Mutter und Großmutter, die direkt vor ihr saßen. Mutter trug ihren schönen neuen blauen Fuchspelz und den kleinen Hut, der auf einer Seite umgeschlagen war und den Jane liebte. Aber sie sah eher erschrocken als stolz aus, und Großmutter … Jane hatte diesen Gesichtsausdruck zu oft gesehen, um ihn mißzuverstehen. Großmutter war wütend.

Ausgerechnet der letzte Vers, der der Höhepunkt hätte sein sollen, geriet ziemlich langweilig. Jane fühlte sich wie eine ausgeblasene Kerze, obwohl der Applaus herzlich und langanhaltend war und Miss Semple hinter der Bühne flüsterte: „Ausgezeichnet, Victoria, ausgezeichnet."

Aber auf dem Nachhauseweg gab es kein Lob. Niemand sprach ein Wort … das war schrecklich. Mutter schien zu verschreckt zu sein, um etwas zu sagen, und Großmutter schwieg eisern. Aber als sie zu Hause waren, sagte sie: „Wer hat dich darauf gebracht, Victoria?"

„Worauf?" fragte Jane ehrlich erstaunt.

„Wiederhole bitte nicht meine Frage, Victoria. Du weißt genau, was ich meine."

„Meinen Vortrag? Niemand. Miss Semple hat mich gefragt, ob ich ein Gedicht aufsagen wollte, und ich habe das Gedicht selbst ausgesucht, weil es mir gefiel", sagte Jane. Man kann sagen, daß ihre Antwort patzig klang. Sie war gekränkt und böse – und ein bißchen „aufgeputscht" durch ihren Erfolg. „Ich dachte, es würde dir gefallen. Aber dir gefällt ja nie etwas, was ich mache."

„Werde bitte nicht theatralisch“, sagte Großmutter. „Und wenn du in Zukunft noch einmal etwas vortragen mußt“, es klang wie „Wenn du die Windpocken haben mußt“, „dann bitte in anständigem Englisch. Ich mag kein Patois.“

Jane wußte nicht, was Patois war, aber es war offensichtlich, daß sie einen schrecklichen Fehler gemacht hatte.

„Warum war Großmutter so böse, Mummy?“ fragte sie traurig, als Mutter zum Gutenachtsagen hereinkam – schlank und duftend und in einem Kleid aus rosa Crêpe de Chine mit Spitze auf den Schultern.

Auf Mutters blaue Augen schien sich ein feiner Schleier zu legen. „Jemand, den sie – nicht mochte – konnte – konnte sehr gut Gedichte in dem Englisch der französischen Siedler vortragen. Mach dir nichts draus, Liebling. Du warst großartig. Ich bin stolz auf dich.“

Sie beugte sich über Jane und nahm ihr Gesicht in ihre Hände. Sie hatte so eine liebevolle Art, das zu tun. So ging Jane glücklich ins Land der Träume. Es braucht nicht viel, um ein Kind glücklich zu machen.

9. Der Brief

Der Brief kam wie ein Blitz aus heiterem Himmel. Es war an einem dämmerigen Morgen im April – ein bitterkalter, verdrießlicher, ungemütlicher April, der mehr an März denken ließ. Es war Samstag, also mußte Jane nicht zur Schule, und als Jane in ihrem großen Bett aus schwarzem Walnußholz erwachte, fragte sie sich, was sie heute machen sollte, denn Mutter wollte zu einer Bridge-Partie, und Jody war erkältet.

Jane lag eine Weile da und schaute aus dem Fenster. Sie sah nur den grauen Himmel und die Kronen alter Bäume, die vom Wind gezaust wurden. Sie wußte, daß unten im Hof unter dem Nordfenster noch ein paar schmutziggraue Schneewehen lagen. Für Jane war schmuddeliger Schnee die trostloseste Sache der Welt. Sie haßte das Matschwetter am Ende des Winters. Und sie haßte das Zimmer, in dem sie allein schlafen mußte. Sie hätte lieber bei Mutter geschlafen. Es wäre so schön gewesen, miteinander zu reden, ohne daß es jemand hörte, nachdem sie ins Bett gegangen oder gerade aufgewacht waren. Und wie herrlich wäre es, nachts aufzuwachen, Mutters leisen Atem zu hören und sich ein wenig an sie zu kuscheln – vorsichtig, um sie nicht zu stören.

Aber Großmutter erlaubte nicht, daß sie bei Mutter schlief.

„Es ist ungesund, wenn zwei Menschen im gleichen Bett schlafen", hatte Großmutter mit ihrem kalten, unechten Lächeln gesagt. „In einem so großen Haus kann jeder ein eigenes Zimmer haben. Viele Menschen auf der Welt wären dankbar für ein solches Privileg."

Jane hätte lieber ein kleineres Zimmer gehabt. Sie fühlte sich in dem großen Raum immer verloren. Nichts darin schien etwas mit ihr zu tun zu haben. Es wirkte immer feindselig, lauernd und rachsüchtig. Und dennoch hatte Jane das Gefühl, daß sie das Zimmer trotz seiner Größe liebgewinnen könnte, wenn sie etwas für es hätte tun dürfen... fegen, abstauben, Blumen hinstellen ... Alles in dem Zimmer war riesig – der riesige schwarze Schrank aus Walnußholz, der aussah wie ein Gefängnis, eine gewaltige Kommode, ein enormes Bett aus Walnußholz, ein riesiger Spiegel über dem massiven Kaminsims aus schwarzem Marmor – bis auf eine winzige Wiege, die in der Ecke neben dem Kamin stand. In dieser Wiege hatte einst Großmutter gelegen. Großmutter als Baby! Jane konnte es sich einfach nicht vorstellen.

Jane stand auf und zog sich vor den starren Blicken der verstorbenen Vorfahren an, deren Bilder an den Wänden hingen. Unten auf dem Rasen hüpften die Rotkehlchen herum. Rotkehlchen brachten Jane immer zum Lachen … sie waren so frech, so unbekümmert und wichtigtuerisch, wenn sie durch den Garten von Gay 60 stolzierten, als sei es ein Platz wie jeder andere. Rotkehlchen kümmerten sich nicht um Großmütter!

Jane ging leise in die Halle hinunter und zu Mutters Zimmer, das am anderen Ende lag. Eigentlich durfte sie das nicht. Es war ein ungeschriebenes Gesetz in Gay 60, daß Mutter morgens nicht gestört werden durfte. Aber ausnahmsweise war Mutter am Abend zuvor nicht ausgegangen, und Jane wußte, daß sie wach sein würde. Sie war nicht nur wach, sondern Mary brachte ihr gerade ihr Frühstück auf einem Tablett. Das hätte Jane gern selbst getan, aber sie durfte es nie.

Mutter saß aufrecht im Bett und trug einen Morgenrock aus teerosa Crêpe de Chine mit feinem Spitzenbesatz. Ihre Wangen waren rosa wie die Jacke, und ihre Augen glänzten. Jane dachte stolz, daß Mutter morgens beim Aufstehen genauso schön aussah wie abends, bevor sie zu Bett ging.

Mutter hatte gefrorene Melonenbällchen in Orangensaft statt Müsli zum Frühstück, und sie teilte sie mit Jane. Sie wollte ihr auch die Hälfte von ihrem Toast geben, aber Jane lehnte ab, um noch etwas Appetit für ihr eigenes Frühstück zu haben. Sie hatten es wunderschön zusammen, lachten und redeten herrlichen Unsinn – sehr leise allerdings, damit es niemand hörte. Keine der beiden sprach es aus, aber beide wußten es.

Ich wünschte, es könnte jeden Morgen so sein, dachte Jane. Aber sie sagte es nicht. Sie hatte gemerkt, daß Mutter jedesmal, wenn sie so etwas sagte, traurig aussah, und sie wollte Mutter auf keinen Fall wehtun. Sie vergaß nie die Nacht, in der sie Mutter hatte weinen hören.

Sie war mit Zahnschmerzen aufgewacht und hatte sich zu Mutters Zimmer geschlichen, um zu fragen, ob Mutter Tropfen gegen Zahnweh für sie hatte. Und als sie die Tür ganz leise geöffnet hatte, hatte sie Mutter weinen hören – ein schreckliches, ersticktes Weinen.

Dann war Großmutter mit einer Kerze in der Hand in der Halle erschienen. „Victoria, was machst du hier?“

„Ich habe Zahnschmerzen“, sagte Jane.

„Komm mit, ich gebe dir Tropfen“, sagte Großmutter kalt.

Jane ging mit ... aber sie hatte die Zahnschmerzen vergessen. Warum weinte Mutter? Es konnte nicht sein, daß sie unglücklich war ... ihre schöne Mutter, die immer lachte. Beim Frühstück am nächsten Morgen sah Mutter aus, als habe sie nie im Leben eine Träne vergossen. Manchmal fragte sich Jane, ob sie alles nur geträumt hatte.

Jane tat Badesalz mit Zitronen- und Eisenkrautduft in Mutters Badewasser und legte ihr ein Paar feiner neuer Strümpfe, dünn wie Spinnenfäden, hin. Sie tat so gern etwas für Mutter, und es gab nur so wenig, das sie tun konnte.

Sie frühstückte allein mit Großmutter, Tante Gertrude hatte schon gefrühstückt. Es ist nicht angenehm, allein mit jemandem zu essen, den man nicht mag – und Mary hatte vergessen, Salz in den Haferbrei zu tun.

„Dein Schnürsenkel ist offen, Victoria.“ Das war einzige, was Großmutter während des Essens sagte.

Im Haus war es dunkel. Es war ein finsterer Tag, der sich dann und wann etwas aufhellte, um danach noch finsterer zu werden.

Die Post kam um zehn. Jane interessierte sich nicht dafür, denn für sie war nie etwas dabei. Manchmal dachte sie, daß es schön wäre, einen Brief von jemandem zu bekommen. Mutter bekam eine Unmenge Briefe… Einladungen und Werbung.

An diesem Morgen brachte Jane die Post in die Bibliothek, wo Großmutter, Tante Gertrud und Mutter saßen. Jane fiel ein Brief auf, der an ihre Mutter adressiert war. Diese krakelige schwarze Handschrift hatte sie noch nie gesehen. Sie hatte nicht die leiseste Ahnung, daß dieser Brief ihr ganzes Leben verändern würde.

Großmutter nahm ihr die Briefe ab und sah den Stapel durch wie immer. „Hast du die Tür zum Vestibül zugemacht, Victoria?“

„Ja.“

„Wie bitte?“

„Ja, Großmutter.“

„Gestern hast du sie offengelassen. Robin, hier ist ein Brief von Mrs. Kirby – wahrscheinlich wegen des Basars. Denk daran, ich wünsche nicht, daß du dich damit abgibst. Ich halte nichts von Sarah Kirby. Gertrude, hier ist ein Brief für dich von Cousine Mary in Winnipeg. Wenn es um das Silbertablett geht, von dem sie meint, daß meine Mutter es ihr hinterlassen habe, sag ihr, daß ich die Angelegenheit als erledigt betrachte. Robin, hier ist …“ Großmutter verstummte abrupt. Sie hatte den Brief mit der schwarzen Aufschrift in der Hand und starrte ihn an, als sei er eine Schlange. Dann sah sie ihre Tochter an. „Er ist von – ihm“, sagte sie.

Mutter ließ Mrs. Kirbys Brief fallen und wurde so bleich, daß Jane unwillkürlich zu ihr eilte. Aber Großmutters ausgestreckter Arm versperrte ihr den Weg.

„Soll ich dir den Brief vorlesen, Robin?“

Mutter zitterte wie Espenlaub, doch sie sagte: „Nein – nein – laß mich …“

Großmutter gab ihr den Brief mit beleidigter Miene, und Mutter öffnete ihn mit zitternden Händen. Sie las und wurde noch blasser, wenn das überhaupt möglich war.

„Nun?“ sagte Großmutter.

„Er sagt“, stieß Mutter hervor, „daß ich Jane Victoria im Sommer zu ihm schicken müsse … daß er ein Recht habe, sie manchmal zu sehen …“

„Wer sagt das?“ rief Jane.

„Unterbrich uns nicht, Victoria“, sagte Großmutter. „Zeig mir den Brief, Robin.“

Sie warteten, während Großmutter den Brief las. Tante Gertrude starrte sie unverwandt mit ihren kalten grauen Augen an. Mutter hatte die Hände vors Gesicht geschlagen. Es waren nur drei Minuten vergangen, seit Jane die Post hereingeholt hatte, aber diese drei Minuten hatten gereicht, um die Welt auf den Kopf zu stellen. Jane hatte das Gefühl, daß sich ein Abgrund zwischen ihr und dem Rest der Menschheit aufgetan hatte. Sie wußte, wer den Brief geschrieben hatte, ohne daß man es ihr sagte.

„So!“ sagte Großmutter. Sie faltete den Brief zusammen, steckte ihn wieder in seinen Umschlag, legte ihn auf den Tisch und wischte sich sorgfältig die Hände mit ihrem feinen Spitzentaschentuch ab. „Du läßt sie natürlich nicht gehen, Robin.“

Zum ersten Mal in ihrem Leben war Jane mit Großmutter einer Meinung. Sie warf Mutter einen bittenden Blick zu und hatte das sonderbare Gefühl, sie noch nie gesehen zu haben – jedenfalls nicht so. Sie kannte sie nur als zärtliche Mutter und liebevolle Tochter, aber nicht als Frau … eine Frau, die vom Kummer überwältigt wurde. Es zerriß Jane das Herz, Mutter so leiden zu sehen.

„Wenn ich sie nicht gehen lasse“, sagte sie, „kann er sie mir ganz wegnehmen. Du weißt, er könnte es. Er schreibt…“

„Ich habe gelesen, was er schreibt“, sagte Großmutter, „und ich sage dir trotzdem: Nimm diesen Brief nicht zur Kenntnis. Er tut es nur, um dich zu ärgern. Er interessiert sich nicht für sie … er hat sich nie für etwas anderes interessiert als sein Geschreibsel.“

„Ich fürchte …“, begann Mutter wieder.

„Wir sollten William um Rat fragen“, sagte Tante Gertrude plötzlich. „Wir brauchen den Rat eines Mannes.“

„Eines Mannes!“ fauchte Großmutter. Dann nahm sie sich zusammen. „Vielleicht hast du recht, Gertrude. Ich schildere William den Fall, wenn er morgen zum Abendessen kommt. Bis dahin reden wir nicht mehr darüber. Wir lassen uns in keiner Weise davon stören.“

Der Rest des Tages wurde ein Alptraum für Jane. Es *mußte* ein Traum sein – ihr Vater konnte nicht wirklich an ihre Mutter geschrieben haben, daß sie den Sommer bei ihm verbringen müsse – tausend Meilen weit weg auf diesem schrecklichen Prince Edward Island, das auf der Landkarte aussah wie ein jämmerlicher kleiner Flecken, eingeklemmt zwischen Gaspé und Cape Breton – bei einem Vater, der sie nicht liebte und den sie nicht liebte.

Großmutter sorgte dafür, daß sie keine Gelegenheit fand, mit Mutter darüber zu reden. Sie gingen alle zum Mittagessen zu Tante Sylvia – Mutter sah aus, als wollte sie nirgendwo hingehen – und Jane blieb allein zu Hause. Sie konnte gar nichts essen.

„Tut Ihnen der Kopf weh, Miss Victoria?“ fragte Mary mitfühlend.

Etwas tat schrecklich weh, aber es war nicht der Kopf. Es schmerzte den ganzen Nachmittag und bis tief in die Nacht. Es tat noch weh, als Jane am nächsten Morgen aufwachte und ihr alles siedendheiß wieder einfiel. Jane glaubte, daß es den Schmerz etwas lindern würde, wenn sie mit Mutter sprach, aber Mutters Tür war abgeschlossen. Jane hatte das Gefühl, daß Mutter nicht mit ihr darüber reden wollte, und das war schmerzlicher als alles andere.

Sie gingen alle zur Kirche – es war eine alte, große und düstere Kirche in der Innenstadt, in die die Kennedys von jeher zu gehen pflegten. Jane ging gern zur Kirche – aber nur aus dem profanen Grund, weil sie dort ihre Ruhe hatte. Sie konnte schweigen, ohne daß jemand vorwurfsvoll fragte, woran sie dachte. In der Kirche mußte Großmutter sie in Frieden lassen. Und wenn sie schon keine Liebe bekam, war Ruhe das zweitbeste.

Abgesehen davon machte Jane sich nichts aus St. Barnabas. Die Predigt rauschte an ihr vorbei. Sie mochte die Musik und einige der Choräle. Manche Verse begeisterten sie. Sie war fasziniert von Korallenriffen und Bergen mit vereisten Gipfeln, ewigen Gezeiten, Inseln, auf denen sich Palmen wiegten, Bauern, die eine reiche Ernte einbrachten und Schatten, die auf sonnige Hügel fielen.

Aber heute fand Jane an nichts Gefallen. Sie haßte das matte Sonnenlicht, das durch die kühlen, grimmigen Wolken fiel. Welches Recht hatte die Sonne zu scheinen, wenn Janes Schicksal in der Schwebe hing? Die Predigt zog sich endlos hin, die Gebete waren langweilig, es wurde nicht einmal ein Choral gesungen, den sie mochte. Doch Jane betete verzweifelt für sich selbst.

„Bitte, lieber Gott“, flüsterte sie, „mach, daß Onkel William sagt, daß ich nicht zu meinem Vater muß.“

Jane mußte die Spannung bis nach dem Abendessen am Sonntag ertragen. Sie aß wenig. Sie sah Onkel William besorgt an und fragte sich, ob Gott wirklich viel Einfluß auf ihn haben konnte. Alle waren da – Onkel William und Tante Minnie, Onkel David und Tante Sylvia und Phyllis, und nach dem Essen gingen sie alle in die Bibliothek und saßen in einem förmlichen Kreis.

Onkel William setzte seine Brille auf und las den Brief.

Jane dachte, daß jeder ihren Herzschlag hörte.

Onkel William las den Brief … drehte ihn um und las einen bestimmten Absatz noch einmal … schürzte die Lippen … faltete den Brief zusammen und steckte ihn in seinen Umschlag … nahm die Brille ab … steckte sie in ihr Etui und legte es hin … räusperte sich und dachte nach.

Jane hätte am liebsten geschrien.

„Ich nehme an“, sagte Onkel William schließlich, „daß es am besten ist, wenn ihr sie hinfahren laßt.“

Es wurde noch viel mehr gesagt, aber Jane sprach kein Wort.

Großmutter war sehr zornig.

Aber Onkel William sagte: „Andrew Stuart könnte sie euch ganz wegnehmen, wenn er wollte. Und so, wie ich ihn kenne, denke ich, daß er genau das tun wird, wenn er sich provoziert fühlt. Ich gebe dir recht, Mutter, er macht all das nur, um uns zu ärgern. Wenn er sieht, daß es ihm nicht gelungen ist und wir es gelassen hinnehmen, wird er sich wahrscheinlich nie wieder für sie interessieren.“

Jane ging in ihr Zimmer und stand allein da. Sie sich verzweifelt in dem großen, abweisenden Raum um. Sie sah ihr Spiegelbild. Es zeigte sie selbst in einem anderen dämmerigen, unfreundlichen Zimmer.

„Gott", sagte Jane entschieden, „taugt nichts."

10. Reisevorbereitungen

„Ich glaube, deine Eltern hätten sich gut verstanden, wenn du nicht gewesen wärst", sagte Phyllis.

Jane fuhr zusammen. Sie hatte nicht geahnt, daß Phyllis von ihrem Vater wußte. Aber anscheinend hatten es alle gewußt, nur sie nicht. Sie wollte nicht über ihn reden – aber Phyllis wollte.

„Ich verstehe nicht", sagte Jane unglücklich, „was es mit mir zu tun hatte."

„Mutter sagt, daß dein Vater eifersüchtig war, weil Tante Robin dich so lieb hatte."

Das, dachte Jane, war eine andere Geschichte als die, die Agnes Ripley erzählt hatte. Agnes hatte gesagt, daß ihre Mutter sie nicht gewollt hatte. Was stimmte? Vielleicht wußten es weder Phyllis noch Agnes. Aber Jane gefiel Phyllis' Version besser als die von Agnes. Es war ein schrecklicher Gedanke, daß sie besser nie zur Welt gekommen wäre… daß ihre Mutter sie nicht hatte haben wollen.

„Mutter sagt", fuhr Phyllis fort, als Jane nichts sagte, „daß Tante Robin leicht eine Scheidung bekommen könnte, wenn ihr in den Staaten leben würdet, aber in Kanada ist es schwieriger."

„Was ist eine Scheidung?" fragte Jane. Sie erinnerte sich, daß auch Agnes Ripley dieses Wort gesagt hatte.

Phyllis lachte gönnerhaft. „Victoria, weißt du denn gar nichts? Nach einer Scheidung ist ein Ehepaar nicht mehr verheiratet."

„Ein Ehepaar nicht mehr verheiratet? Das geht?" japste Jane. Der Gedanke war ihr völlig neu.

„Natürlich geht das, du Dummchen. Mutter sagt, deine Mutter sollte in die Staaten gehen und sich scheiden lassen, aber Vater sagt, es sei nicht rechtmäßig in Kanada – und die Kennedys halten sowieso nichts davon. Vater sagt, Großmutter würde es auch nicht erlauben. Sie fürchtet nämlich, daß Tante Robin dann jemand anders heiraten würde."

„Wenn … wenn Mutter sich scheiden läßt, heißt das, daß er dann nicht mehr mein Vater ist?" fragte Jane hoffnungsvoll.

Phyllis sah skeptisch aus. „Ich glaube nicht, daß das einen Unterschied machen würde. Aber wenn sie wieder heiratet, wird ihr neuer Mann dein Stiefvater."

Jane wollte einen Stiefvater ebensowenig wie einen Vater. Aber sie sagte nichts, und das ärgerte Phyllis.

„Freust du dich auf Prince Edward Island, Victoria?"

Jane hatte nicht vor, der hochnäsigen Phyllis ihr Herz auszuschütten. „Ich weiß nichts über Prince Edward Island", sagte sie kurz.

„Ich schon!" sagte Phyllis wichtigtuerisch. „Wir waren vor zwei Jahren im Sommer dort und haben in einem großen Hotel an der Nordküste gewohnt. Es ist ganz hübsch. Ich glaube, es wird dir gefallen."

Jane wußte, daß sie es hassen würde. Sie wollte das Thema wechseln, aber Phyllis war nicht davon abzubringen.

„Was meinst du, wie du dich mit deinem Vater verstehen wirst?"

„Ich weiß nicht."

„Er mag kluge Leute – und du bist nicht besonders klug, nicht wahr, Victoria?“

Jane wollte sich nicht wie ein Wurm vorkommen. Phyllis schaffte es immer, daß sie sich wie einer fühlte … oder wie ein Schatten. Und es hatte keinen Sinn, einen Streit anzufangen, denn Phyllis stritt nicht mit. Phyllis war, wie alle sagten, so ein liebes Kind… und hatte ein so sanftes Wesen. Sie blieb einfach so herablassend wie immer. Jane dachte manchmal, daß sie Phyllis vielleicht lieber mögen würde, wenn sie einmal einen richtigen Krach gehabt hätten. Jane wußte, daß Mutter sich Sorgen machte, weil sie nicht mehr Freundinnen in ihrem Alter hatte.

„Weißt du“, fuhr Phyllis fort, „das war einer der Gründe … Tante Robin dachte, sie könne nicht klug genug reden – für seinen Geschmack.“

Der Wurm sträubte sich. „Ich will nicht mehr über meine Mutter reden … und auch nicht über ihn“, sagte Jane energisch.

Phyllis schmollte ein wenig, und der Nachmittag wurde ein Reinfall. Jane war noch dankbarer als sonst, als Frank sie abholte.

Zu Hause wurde nur wenig über Janes Reise nach Prince Edward Island gesprochen. Wie schnell die Zeit verging! Jane wünschte, sie könnte sie anhalten. Einmal, als sie noch sehr klein gewesen war, hatte sie zu Mutter gesagt: „Können wir die Zeit nicht irgendwie anhalten, Mummy?“

Jane erinnerte sich, daß Mutter geseufzt und gesagt hatte: „Wir können die Zeit niemals anhalten, Liebling.“

Und nun verging die Zeit gnadenlos … tick tack, tick tack … Sonnenaufgang, Sonnenuntergang, immer näher kam der Tag, an dem sie Mutter entrissen werden sollte. Es würde Anfang Juni sein … St. Agatha’s schloß seine

Pforten eher als die anderen Schulen. Ende Mai ging Großmutter mit Jane zu Marlborough's und kaufte ihr ein paar sehr schöne neue Kleider … so schöne hatte sie noch nie gehabt. Unter anderen Umständen wäre Jane begeistert gewesen von ihrem blauen Mantel und dem kleinen blauen Hut mit der roten Krempe … und dem weißen Kleid mit roter Stickerei und einem roten Ledergürtel. Nicht einmal Phyllis hatte schönere Sachen. Aber jetzt hatte Jane überhaupt kein Interesse für Kleider.

„Ich glaube nicht, daß sie dort unten feine Kleider brauchen wird", hatte Mutter gesagt.

„Sie soll gut ausgestattet sein", sagte Großmutter. „Er soll ihr keine Kleider kaufen müssen, dafür werde ich sorgen. Und Irene Fraser darf keinen Anlaß haben, Bemerkungen zu machen. Ich nehme an, daß er in irgendeiner Hütte haust, sonst hätte er nicht gewollt, daß sie zu ihm kommt. Hat dir schon einmal jemand gesagt, Victoria, daß es sich nicht gehört, die ganze Scheibe Brot auf einmal mit Butter zu bestreichen? Und hältst du es für möglich, ausnahmsweise einmal nicht ständig deine Serviette fallenzulassen?"

Jane fürchtete die Mahlzeiten noch mehr als sonst. Ihre Sorge machte sie befangen und ungeschickt, und Großmutter sprang ihr wegen jeder Kleinigkeit ins Gesicht. Sie wäre am liebsten gar nicht mehr bei Tisch erschienen, aber leider kann man ja nicht leben, ohne ein bißchen zu essen. Jane aß sehr wenig. Sie hatte keinen Appetit und nahm merklich ab. Sie war im Unterricht nicht mit dem Herzen dabei und kam wieder nur mit Hängen und Würgen in die nächste Klasse. Phyllis dagegen bestand die Prüfung am Ende des Schuljahres mit Auszeichnung.

„Das war zu erwarten", sagte Großmutter.

Jody versuchte sie zu trösten. „Es ist ja nicht für lange. Nur drei Monate, Jane.“

Drei Monate Trennung von ihrer geliebten Mutter und drei Monate mit einem verabscheuten Vater – Jane erschien es wie eine Ewigkeit.

„Du schreibst mir doch, Jane? Und ich schreibe dir, falls ich Briefmarken bekommen kann. Ich habe jetzt zehn Cent … die habe ich von Mr. Ransome bekommen. Das reicht auf jeden Fall für drei Briefmarken.“

Dann erzählte Jane Jody eine herzzerreißende Sache. „Ich werde dir oft schreiben, Jody. Aber ich kann Mutter nur einmal im Monat schreiben – und ich darf *ihn* niemals erwähnen.“

„Hat deine Mutter das gesagt?“

„O nein, Großmutter hat es gesagt. Als ob ich ihn erwähnen wollte!“

„Ich habe Prince Edward Island auf der Landkarte gefunden“, sagte Jody, und aus ihren dunkelbraunen Augen sprach Mitgefühl. „Es ist soviel Wasser darum herum – hast du keine Angst, daß du reinfällst?“

„Es würde mir nichts ausmachen“, sagte Jane unglücklich.

11. Die Reise

Jane sollte mit Mr. und Mrs. Stanley reisen, die nach Prince Edward Island fuhren, um ihre verheiratete Tochter zu besuchen. Irgendwie überstand Jane die letzten Tage. Sie hatte sich fest vorgenommen, kein Theater zu machen, weil sie Mutter nicht betrüben wollte. Vor dem Ins-Bett-Gehen gab es keine vertraulichen Gespräche oder Gutenachtküsse mehr … keine liebevollen Worte mehr in besonderen Augenblicken.

Aber Jane wußte, was die Gründe dafür waren. Zum einen konnte Mutter es nicht ertragen, und zum anderen war Großmutter entschlossen, es nicht zuzulassen. Aber an Janes letztem Abend in Gay 60 stahl sich Mutter zu ihr ins Zimmer. Großmutter hatte Gäste und war beschäftigt.

„Mutter … Mutter!“

„Liebling, sei tapfer. Es sind ja nur drei Monate, und die Insel ist wunderschön. Du kannst … wenn ich gewußt hätte … einmal habe ich … Oh, es spielt keine Rolle mehr. Nichts spielt eine Rolle. Liebling, du mußt mir eins versprechen. Du darfst nicht mit deinem Vater über mich reden.“

„Das tue ich nicht“, stieß Jane hervor. Das Versprechen fiel ihr leicht. Sie konnte sich nicht vorstellen, mit ihm über Mutter zu reden.

„Er wird dich lieber mögen, wenn – wenn – er glaubt, daß du mich nicht allzusehr liebst“, flüsterte Mutter. Sie schlug schnell die Augen nieder, aber Jane hatte ihren Blick gesehen, und es brach ihr das Herz.

Bei Sonnenaufgang war der Himmel blutrot, aber er verfärbte sich bald in ein tristes Grau. Gegen Mittag begann es zu nieseln.

„Ich glaube, das Wetter ist traurig, weil du weggehst“, sagte Jody. „Oh, Jane, ich werde dich so vermissen. Und … ich weiß nicht, ob ich hier bin, wenn du zurückkommst. Miss West sagt, sie würde mich ins Waisenhaus stecken, und das will ich nicht, Jane. Hier hast du die schöne Muschel, die Miss Ames mir aus Westindien mitgebracht hat. Das ist das einzig Hübsche, was ich habe. Ich schenke sie dir, denn wenn ich ins Waisenhaus komme, würde man sie mir wohl wegnehmen.“

Der Zug nach Montreal fuhr abends um elf, und Frank brachte Jane und ihre Mutter zum Bahnhof. Jane hatte Großmutter und Tante Gertrude pflichtschuldig einen Abschiedskuß gegeben.

„Wenn du deine Tante Irene Fraser siehst, erinnere sie an mich“, sagte Großmutter. In ihrer Stimme schwang ein sonderbarer Unterton von Triumph mit. Jane hatte das Gefühl, daß Großmutter Tante Irene irgendwann irgendwie hereingelegt hatte und es ihr ins Gedächtnis rufen wollte. Es war, als habe sie gesagt: „Sie wird noch an mich denken.“ Und wer war Tante Irene?

Gay 60 schien ihr eine Grimasse zu schneiden, als sie abfuhren. Sie hatte das Haus nie gemocht – und das Haus hatte sie auch nicht gemocht –, aber ihr war, als würde sich eine Tür des Lebens hinter schließen. Sie und Mutter sprachen nicht, als sie durch die unheimliche Geisterstadt fuhren, die in einer schwarzen Regennacht zum Vorschein kommt. Sie war entschlossen, nicht zu weinen, und hielt durch. Ihre Augen waren aufgerissen vor Anstrengung, aber ihre Stimme klang kühl und gefaßt, als sie Auf Wiedersehen sagte. Das letzte, was Robin Stuart von ihr sah, war eine tapfere, unbeugsame kleine Gestalt, die ihr zuwinkte, als Mrs. Stanley sie durch die Tür des Pullman-Wagens lotste.

Sie erreichten Montreal am Morgen und fuhren mittags mit dem *Maritime Express* weiter. Es würde eine Zeit kommen, in der die bloße Erwähnung des *Maritime Express* Jane in den siebten Himmel versetzen würde, aber jetzt bedeutete es Verbannung.

Es regnete den ganzen Tag.

Mrs. Stanley machte sie auf die Berge aufmerksam, aber für Jane gab es in diesem Moment keine Berge. Mrs. Stanley fand sie sehr förmlich und unzugänglich und ließ sie schließlich in Ruhe … wofür Jane Gott auf Knien gedankt hätte, wenn sie diese Phrase je gehört hätte. Berge! Was kümmerten Jane die Berge, wenn jede Umdrehung der Räder sie weiter von Mutter entfernte?

Am nächsten Tag fuhren sie durch New Brunswick, das im Regen fast ertrank. Es regnete auch noch, als sie in Sackville ankamen und in die kleine Bahn umstiegen, die nach Cape Tormentine führte.

„Wir nehmen die Autofähre, die zur Insel hinüberfährt", erklärte Mrs. Stanley. Sie hatte es aufgegeben, sich mit Jane unterhalten zu wollen. Sie hielt das Mädchen für das stumpfsinnigste Kind, das ihr je begegnet war, und hatte nicht die leiseste Ahnung, daß Janes Schweigen nur ein Schutzwall gegen einen leidenschaftlichen Tränenausbruch war. Und Jane wollte nicht weinen.

Es regnete nicht mehr, als sie das Cape erreichten. Als sie an Bord der Fähre gingen, hing die Sonne als roter Ball inmitten von Wolken, die nach Westen zogen. Aber bald wurde es wieder finster. Unter einem grauen Himmel mit dunklen Wolkenfetzen sah man eine graue Meerenge mit heftigem Seegang.

Als sie wieder im Zug saßen, goß es in Strömen. Jane war unterwegs seekrank gewesen und war jetzt todmüde. Das war also Prince Edward Island … dieses verregnete Land, wo sich die Bäume im Wind krümmten und die Wolken so tief hingen, daß sie fast die Felder streiften. Jane hatte keinen Blick für blühende Obstgärten und grüne Wiesen oder sanfte Hügel inmitten von dunklen Fichtenwäldern. In ein paar Stunden würden sie in Charlottetown sein, hatte Mrs. Stanley gesagt, und ihr Vater würde sie dort abholen. Ihr Vater, der sie nicht liebte, wie Mutter sagte, und der in einer Hütte hauste, wie Großmutter sagte. Mehr wußte sie nicht über ihn. Sie wünschte, sie wüßte etwas … wenigstens etwas. Wie sah er aus? Hatte er Tränensäcke wie Onkel David? Einen schmalen, verkniffenen Mund wie Onkel

William? Blinzelte er am Ende eines jeden Satzes wie der alte Mr. Doran, wenn er Großmutter besuchte?

Zwischen ihr und Mutter lagen tausend Meilen, aber ihr kam es vor wie eine Million. Das Gefühl der Einsamkeit schlug wie eine Brandung über ihr zusammen. Der Zug fuhr in den Bahnhof ein.

„Wir sind da, Victoria“, sagte Mrs. Stanley. Es klang erleichtert.

12. Tante Irene

Als Jane aus dem Zug stieg, stürzte eine Dame auf sie zu und rief: „Ist das Jane Victoria … kann das meine liebe kleine Jane Victoria sein?“

Jane mochte es nicht, wenn sich jemand auf sie stürzte … und gerade in diesem Moment fühlte sie sich nicht wie irgendjemandes Jane Victoria.

Sie entwand sich dem Zugriff und musterte die Dame mit einem ihrer direkten, unverwandten Blicke. Eine sehr hübsche Frau von etwa fünfundvierzig oder fünfzig Jahren mit großen hellblauen Augen, das sanfte helle Gesicht eingerahmt von weichen kastanienbraunen Wellen. War das Tante Irene?

„Jane, wenn ich bitten darf“, sagte sie höflich, aber bestimmt.

„Ganz wie ihre Großmutter Kennedy, Andrew“, sagte Tante Irene am nächsten Morgen zu ihrem Bruder.

Tante Irene lachte… ein belustigtes kleines Gurgeln. „Du liebes, ulkiges Kind! Natürlich kann ich dich Jane nennen – oder wie auch immer du willst. Ich bin deine Tante Irene. Aber ich nehme an, daß du noch nie von mir gehört hast?“

„Doch, das habe ich.“ Jane küßte Tante Irene gehorsam die Wange. „Großmutter hat gesagt, ich solle dich an sie erinnern.“

„Oh!“ Tante Irenes sanfte Stimme klang plötzlich etwas rauh. „Das war sehr gütig von ihr … wirklich sehr gütig. Und nun fragst du dich wahrscheinlich, warum dein Vater nicht hier ist. Er ist losgefahren … er wohnt nämlich draußen in Brookview … aber sein schreckliches altes Auto ist auf halber Strecke liegengeblieben. Er hat mich angerufen und gesagt, er könne heute abend nicht kommen. Aber er wird morgen früh kommen. Er hat mich gebeten, dich abzuholen, damit du heute nacht bei mir bleibst. Oh, Mrs. Stanley, lassen Sie mich Ihnen danken, daß Sie unser liebes kleines Mädchen sicher zu uns gebracht haben. Wir sind Ihnen sehr verpflichtet.“

„Aber nicht doch. Es war mir ein Vergnügen“, log Mrs. Stanley taktvoll und eilte davon, erleichtert, das merkwürdige schweigsame Kind los zu sein, das während der ganzen Fahrt ein Gesicht gemacht hatte, als sei es eine christliche Märtyrerin auf dem Weg in die Arena.

Jane fühlte sich allein auf weiter Flur. Tante Irenes Anwesenheit änderte nichts daran. Jane mochte Tante Irene nicht. Und sich selbst mochte sie noch weniger. Was war mit ihr passiert? Konnte sie niemanden mehr mögen? Andere Mädchen mochten wenigstens einige ihrer Onkel und Tanten.

Sie folgte Tante Irene zum wartenden Taxi.

„Es ist wirklich schreckliches Wetter, Schätzchen … aber das Land braucht Wasser … wir hatten eine wochenlange Dürre … du mußt den Regen mitgebracht haben. Aber gleich sind wir zu Hause. Ich bin so froh, daß du da bist. Ich habe deinem Vater die ganze Zeit gesagt, daß du bei mir wohnen solltest. Es ist wirklich dumm von ihm, dich nach Brookview kommen zu lassen. Er wohnt dort nur zur Miete, weißt du … zwei Zimmer über Jim Meades Laden. Natürlich kommt er im Winter in die Stadt. Aber … nun, du weißt vielleicht nicht, Jane, Liebling, wie energisch dein Vater sein kann, wenn er sich einmal etwas in den Kopf gesetzt hat."

„Ich weiß gar nichts über ihn", sagte Jane verzweifelt.

„Das dachte ich mir. Ich nehme an, daß deine Mutter dir nie von ihm erzählt hat?"

„Nein", antwortete Jane widerwillig.

In Tante Irenes Frage schienen soviel Ungesagtes zu liegen. Jane würde noch merken, daß das typisch für Tante Irenes Fragen war.

Tante Irene drückte Jane mitfühlend die Hand, die sie die ganze Zeit über nicht losgelassen hatte.

„Du armes Kind! Ich weiß genau, wie du dich fühlst. Und es erschien mir nicht richtig, daß dein Vater dich hat herkommen lassen. Ich weiß wirklich nicht, warum er das getan hat. Ich habe seine Gründe nicht verstanden … obwohl dein Vater und ich uns immer sehr nahegestanden haben … sehr nahe, Schätzchen. Ich bin zehn Jahre älter als er, und war immer mehr wie eine Mutter für ihn als eine Schwester. Jetzt sind wir zu Hause, Schätzchen."

Zu Hause! Das Haus, in das Jane hineingeschoben wurde, war hübsch und gemütlich, genau wie Tante Irene selbst, aber Jane fühlte sich ungefähr so zu Hause wie ein Spatz, der allein auf dem Dach eines fremden Hauses sitzt.

Im Wohnzimmer nahm Tante Irene Hut und Mantel ab, strich ihr Haar glatt und legte den Arm um Jane. „Nun laß dich anschauen. Auf dem Bahnhof bin ich nicht dazu gekommen, und ich habe dich nicht gesehen, seit du drei Jahre alt warst."

Jane wollte sich nicht anschauen lassen und wich etwas befangen zurück. Sie hatte das Gefühl, daß sie taxiert wurde, und trotz Tante Irenes freundlichem Wesen spürte sie, daß das Lob nicht nur nett gemeint war.

„Du siehst deiner Mutter gar nicht ähnlich. Sie war die hübscheste Frau, die ich je gesehen habe. Du bist wie dein Vater, Liebling. Und nun müssen wir etwas zu Abend essen."

„O nein, bitte nicht", rief Jane spontan. Sie wußte, daß sie keinen Bissen hinunterbringen würde … der bloße Gedanke an einen Versuch war schrecklich.

„Nur ein Häppchen … nur ein winziges Häppchen", sagte Tante Irene, als wolle sie ein Baby zum Essen bewegen. „Es ist so ein leckerer Pfefferminzschokoladenkuchen. Ich habe ihn eigentlich für deinen Vater gebacken. Er ist in mancher Hinsicht wie ein Junge … er ißt so gern Süßes. Und mein Schokoladenkuchen war für ihn immer das Nonplusultra. Deine Mutter hat versucht, so backen zu lernen wie ich, aber … nun ja, es ist eine Begabung. Der eine hat sie, der andere nicht. Man konnte wirklich nicht erwarten, daß so ein hübsches kleines Püppchen wie sie eine Köchin werden würde … oder eine Hausfrau, und das habe ich deinem Vater oft genug gesagt. Männer verstehen einen nicht immer, nicht wahr? Sie verlangen alles von einer Frau. Setz dich hierhin, Janie."

Vielleicht war „Janie" der Tropfen, der das Faß zum Überlaufen brachte. Jane wollte nicht „gejaniet" werden.

„Danke schön, Tante Irene", sagte sie sehr höflich und sehr entschieden, „aber ich kann nichts essen – ich brauche es gar nicht erst zu versuchen. Darf ich bitte zu Bett gehen?“

Tante Irene tätschelte ihr die Schulter. „Natürlich, du armer Schatz. Du bist ganz müde, und alles ist dir fremd. Ich weiß, wie schwer es für dich ist. Ich bringe dich nach oben in dein Zimmer.“

Das Zimmer war sehr hübsch. Es hatte Gardinen aus gewürfeltem Cretonne mit Rosenmuster und ein Bett mit seidenen Bezügen, das so makellos aussah, als habe noch nie jemand darin geschlafen. Tante Irene zog geschickt die Tagesdecke beiseite und schüttelte die Kissen.

„Ich hoffe, du schläfst gut, Schätzchen. Du weißt nicht, was es mir bedeutet, dich unter meinem Dach zu haben … Andrews kleines Mädchen … meine einzige Nichte. Und ich hatte deine Mutter immer so gern … aber … nun, ich fürchte, sie mochte mich nicht sehr. Das Gefühl hatte ich immer, aber ich habe mir nie etwas anmerken lassen. Es war ihr wohl nicht recht, daß ich und dein Vater viel miteinander gesprochen haben … das war mir immer bewußt. Sie war viel jünger als dein Vater … noch fast ein Kind … es war ganz natürlich für ihn, mich um Rat zu fragen, wie er es immer getan hatte. Er hat immer alles zuerst mit mir besprochen. Sie war ein bißchen eifersüchtig, glaube ich … sie konnte nichts dafür – als Tochter von Mrs. Robert Kennedy! Erlaube dir niemals Eifersucht, Janie – es zerstört mehr Leben als alles andere. Hier ist noch eine Decke, Schätzchen, falls du heute nacht frierst. Eine Regennacht auf Prince Edward Island ist meistens kühl. Gute Nacht, Schätzchen.“

Jane stand allein im Zimmer und sah sich um. Der Schirm der Nachttischlampe war mit Rosen bemalt und hatte einen mit Perlen besetzten Rand. Aus irgendeinem Grund konnte Jane den Lampenschirm nicht leiden. Er war zu hübsch und gefällig, genau wie Tante Irene. Sie ging hin und machte das Licht aus. Dann ging sie zum Fenster. Der Regen trommelte monoton an die Scheiben und plätscherte auf das Dach der Veranda. Mehr konnte Jane nicht sehen. Ihr Herz tat weh. Dieses schwarze, fremde, sternenlose Land konnte nie ihr Zuhause sein.

„Wenn nur Mutter bei mir wäre", flüsterte sie. Aber obwohl sie das Gefühl hatte, ihr Leben sei in tausend Stücke zerbrochen, weinte sie nicht.

13. Dad

Jane war nach den schlaflosen Nächten im Zug so müde, daß sie fast sofort einschlief. Aber sie wachte in der Nacht auf. Der Regen hatte aufgehört. Ein heller Lichtstrahl fiel auf ihr Bett. Sie schlüpfte aus Tante Irenes parfümierten Laken hervor und ging ans Fenster. Die Welt hatte sich verändert. Der Himmel war wolkenlos, und ein paar helle, ferne Sterne schauten auf die schlafende Stadt herab. Ein Baum in der Nähe stand in silberner Blüte. Der Mond goß sein Licht über alles – ein voller Mond, der wie eine riesige Blase über einer Bucht oder einem Hafen hing und einen glänzenden Schimmer auf das Wasser warf. Also gab es auch auf Prince Edward Island einen Mond. Jane hatte vorher nicht recht daran geglaubt. Und er war so blankgeputzt, daß er sich der Königin hätte zeigen können. Es war, als begegne man einem alten Freund. Der Mond schaute auf Toronto ebenso herab wie auf Prince Edward Island. Vielleicht warf er sein Licht auf Jody, die in ihrer kleinen Dachkammer schlief, oder auf Mutter, die spät von irgendeiner Einladung nach Hause kam. Vielleicht sah Mutter sich gerade jetzt denselben

Mond an! Toronto schien nicht mehr tausend Meilen weit weg zu sein.

Die Tür ging auf, und Tante Irene kam im Nachthemd herein. „Schätzchen, was ist los? Ich habe gehört, wie du herumgelaufen bist, und befürchtet, du seist krank.“

„Ich bin nur aufgestanden, um mir den Mond anzusehen“, sagte Jane.

„Du ulkiges Kindchen! Hast du noch nie den Mond gesehen? Du hast mir einen richtigen Schrecken eingejagt. Nun sei ein Schatz und geh wieder zu Bett. Du willst doch morgen für deinen Vater frisch und munter aussehen, wenn er kommt.“

Jane wollte für niemanden frisch und munter aussehen. Würde man ihr ewig nachspionieren? Sie ging wortlos wieder ins Bett und wurde zum zweitenmal zugedeckt. Aber sie konnte nicht wieder einschlafen.

Irgendwann kommt der Morgen, sei die Nacht auch noch so lang. Der Tag, der wunderbar für Jane werden sollte, begann wie jeder andere. Die Schäfchenwolken – nur daß Jane noch nicht wußte, daß es Schäfchenwolken waren – im Osten fingen Feuer. Die Sonne ging ohne weitere Umstände auf. Jane wollte nicht zu früh aufstehen, weil sie fürchtete, Tante Irene wieder zu erschrecken, aber schließlich stand sie auf und öffnete das Fenster. Jane wußte nicht, daß sie das Schönste sah, das es auf der Welt gibt – einen Junimorgen auf Prince Edward Island –, aber sie wußte, daß es eine andere Welt zu sein schien als die der letzten Nacht. Ein Duft stieg ihr in die Nase, der von der Fliederhecke zwischen Tante Irenes Haus und dem des Nachbarn kam. Die grünen Pappeln in einer Ecke des Rasens schienen sich vor Lachen zu schütteln. Ein Apfelbaum streckte freundliche Arme aus. In der Ferne jenseits des Hafens sah man Wiesen voller Gänseblümchen, und weiße Möwen kreischten und zogen ihre Kreise. Die Luft war nach dem Regen feucht und süß. Tante Irenes Haus lag am Rand der Stadt, und dahinter führte eine Landstraße entlang … eine Straße, die in ihrer Nässe beinahe blutrot leuchtete. Jane hatte sich nie vorgestellt, daß eine Straße so eine Farbe haben könnte.

Nun ja … Prince Edward Island ist schön, dachte Jane halb widerwillig.

Das Frühstück war die erste Prüfung, denn Jane war nicht hungriger als am Abend zuvor.

„Ich glaube, ich kann nichts essen, Tante Irene.“

„Aber du mußt, Schätzchen. Ich werde dich liebhaben, dich aber nicht verwöhnen. Ich fürchte, daß es bisher ein bißchen zu sehr nach deinem Kopf ging. Dein Vater kann jeden Augenblick kommen. Setz dich hin und iß dein Müsli.“

Jane versuchte es. Tante Irene hatte wirklich ein herrliches Frühstück für sie zubereitet. Orangensaft … Müsli mit goldenem Honig … dreieckige Toastscheiben … ein perfekt pochiertes Ei … rotgelbe Apfelmarmelade. Es bestand kein Zweifel, daß Tante Irene eine gute Köchin war. Aber Jane war es noch nie so schwergefallen, eine Mahlzeit hinunterzuwürgen.

„Sei nicht so aufgeregt, Liebling," sagte Tante Irene mit einem Lächeln, als spräche sie mit einem kleinen Kind, das Angst hat.

Jane fand nicht, daß sie aufgeregt war. Sie hatte nur ein sonderbares, schreckliches Gefühl der Leere, die mit nichts, nicht einmal mit dem Ei, gefüllt werden konnte. Und nach dem Frühstück kam eine Stunde, in der sie feststellte, was die anstrengendste Arbeit der Welt ist – warten! Aber alles hat ein Ende, und als Tante Irene sagte „Hier ist nun dein Vater“, hatte Jane das Gefühl, daß alles zu Ende war. Ihre Hände wurden plötzlich feucht, aber ihr Mund war trocken. Das Ticken der Uhr klang unnatürlich laut. Schritte auf dem Weg … die Tür ging auf … jemand erschien auf der Schwelle. Jane stand auf, aber sie konnte nicht aufblicken … sie konnte nicht.

„Hier ist deine Kleine“, sagte Tante Irene. „Ist sie nicht eine kleine Tochter, auf die man stolz sein kann, ’Drew? Vielleicht etwas zu groß für ihr Alter, aber …“

„Ein rotbraunes Fohlen“, sagte eine Stimme.

Nur drei Worte … aber sie veränderten Janes Leben. Vielleicht war es mehr die Stimme als die Worte … eine Stimme, die ihr das Gefühl gab, das sie mit dem Sprecher ein wunderbares Geheimnis teilte. Jane erwachte zum Leben und blickte auf.

Gezackte Augenbrauen … dichtes rotbraunes Haar, das widerspenstig in die Stirn fiel … verzogene Mundwinkel … ein eckiges, gefurchtes Kinn … streng blickende haselnußbraune Augen mit lustigen Lachfältchen. Dieses Gesicht kannte sie wie ihr eigenes.

„Kenneth Howard“, japste Jane. Sie ging einen Schritt auf ihn zu, ohne daß es ihr bewußt war.

Im nächsten Augenblick wurde sie hochgehoben und geküßt. Sie küßte ihn wieder. Sie hatte kein Gefühl von Fremdheit. Sie empfand sofort die geheimnisvolle Seelenverwandtschaft, die nichts mit der Verwandtschaft von Fleisch und Blut zu tun hat. In diesem einen Augenblick vergaß Jane, daß sie ihren Vater jemals gehaßt hatte. Sie mochte ihn … sie mochte alles an ihm, von dem Tabakgeruch seiner Tweedjacke mit Heidekrautmuster bis zu dem festen Griff seiner Arme. Sie hätte am liebsten geweint, aber das kam nicht in Frage, also lachte sie stattdessen … ziemlich wild vielleicht, denn Tante Irene sagte nachsichtig: „Armes Kind, kein Wunder, daß sie ein bißchen hysterisch ist.“

Vater setzte Jane ab und sah sie an. Alle Strenge in seinem Blick hatte Lachen Platz gemacht. „Bist du hysterisch, meine Jane?“ fragte er ernst.

Wie herrlich fand sie es, „meine Jane“ genannt zu werden!

„Nein, Vater“, sagte sie ebenso ernst. Sie sagte und dachte nie wieder „er“, wenn es um ihren Vater ging.

„Laß sie einen Monat bei mir, und ich sorge dafür, daß sie etwas Fleisch auf die Rippen bekommt“, lächelte Tante Irene.

Jane erschrak. Wenn Vater sie nun wirklich bei Tante Irene ließ?

Aber offenbar hatte Vater nicht die Absicht, etwas dergleichen zu tun. Er zog sie neben sich aufs Sofa und legte den Arm um sie. Auf einmal war alles so, wie es sein sollte.

„Meinetwegen braucht sie kein Fleisch auf die Rippen zu bekommen. Ich mag ihre Knochen.“ Er sah Jane kritisch an.

Sie wußte, daß er sie musterte, und es machte ihr nichts aus. Sie wünschte sich nur brennend, ihm zu gefallen. Würde er enttäuscht sein, weil sie nicht hübsch war? Würde er ihren Mund zu groß finden?

„Weißt du, daß du schöne Knochen hast, Janekin?“

„Sie hat die Nase ihres Großvaters Stuart“, sagte Tante Irene. Offenbar gefiel Tante Irene Janes Nase, aber Jane hatte das ungute Gefühl, daß sie Großvater Stuart seine Nase gestohlen habe.

Es gefiel ihr besser, als Vater sagte: „Du hast auch schöne Wimpern, Jane. Übrigens, willst du Jane sein? Ich habe dich immer Jane genannt, aber das war vielleicht reine Boshaftigkeit. Du darfst selbst bestimmen, wie du genannt werden willst. Aber ich will wissen, welcher Name wirklich deiner ist und welcher der des kleinen schattenhaften Geistes.“

„Oh, ich bin Jane“, rief Jane. Und wie froh sie war, Jane zu sein!

„Das ist also abgemacht. Und was hältst du davon, mich Dad zu nennen? Ich fürchte, ich würde einen sehr unbeholfenen Vater abgeben, aber ich glaube, ich könnte ein erträglicher Dad sein. Es tut mir leid, daß ich gestern abend nicht kommen konnte, aber mein gemütliches gemeines altes Auto hat mitten auf der Straße den Geist aufgegeben. Heute morgen habe ich ihm wieder Leben eingehaucht … jedenfalls soviel, daß es wie eine Kröte in die Stadt hüpfen konnte … unsere Art zu reisen hat auf Prince Edward Island für Heiterkeit gesorgt … aber ich fürchte, es muß für eine Weile in einer Werkstatt bleiben. Nach dem Essen fahren wir über die Insel, Jane, und lernen uns kennen."

„Wir kennen uns jetzt schon", sagte Jane schlicht.

Es stimmte. Sie hatte das Gefühl, Dad seit Jahren zu kennen. Ja, „Dad" war besser als „Vater". Mit „Vater" waren unangenehme Erinnerungen verbunden … sie hatte Vater gehaßt. Aber es war leicht, Dad zu lieben. Jane öffnete für ihn die geheimste Kammer ihres Herzens … nein, sie fand ihn dort. Denn Dad war Kenneth Howard, und Jane liebte Kenneth Howard schon seit langer, langer Zeit.

„Diese Jane-Person", bemerkte Dad in Richtung Himmel, „kennt sich aus."

14. Ein neues Leben

Jane fand heraus, daß es ganz anders war, auf etwas Schönes zu warten, als auf etwas Unangenehmes. Mrs. Stanley hätte sie nicht wiedererkannt, wenn sie ihr Lachen gehört und das Funkeln in ihren Augen gesehen hätte. Wenn der Vormittag Jane lang vorkam, lag es daran, daß sie es nicht erwarten konnte, wieder bei Dad zu sein … und weg von Tante Irene.

Tante Irene versuchte, sie auszuhorchen … über Großmutter und Mutter und das Leben in Gay 60. Jane ließ sich nicht ausfragen – zu Tante Irenes großer Enttäuschung. So geschickt sie auch fragte, Jane antwortete auf jede Frage mit einem befremdlichen „Ja“ oder „Nein“ und mit einem noch befremdlicheren Schweigen auf vielsagende Bemerkungen, die verkappte Fragen waren.

„Deine Großmutter Kennedy ist also gut zu dir, Janie?“

„Sehr gut“, sagte Jane, ohne mit der Wimper zu zucken. Großmutter war ja auch gut zu ihr. St. Agatha's und die Musikstunden und die schönen Kleider, die Limousine und die ausgewogenen Mahlzeiten waren der Beweis dafür.

„Sie hatte nie viel für deinen Vater übrig, weißt du, Janie. Ich dachte, sie würde vielleicht ihren Groll an dir auslassen. In Wirklichkeit war sie es nämlich, die all den Unfrieden zwischen ihm und deiner Mutter gestiftet hat.“

Jane sagte nichts. Sie würde nicht mit Tante Irene über diese heimliche Bitterkeit sprechen.

Tante Irene gab es empört auf.

Dad kam mittags ohne sein Auto, aber mit Pferd und Kutsche zurück. „Die Reparatur wird den ganzen Tag dauern. Ich habe mir Jed Carsons Kutsche geliehen, und er holt ihn wieder ab, wenn er morgen das Auto und Janes Koffer bringt. Bist du schon einmal in einer Kutsche gefahren, meine Jane?“

„Ihr geht erst, nachdem ihr gegessen habt“, sagte Tante Irene.

Jane aß mit Genuß, sie hatte ja beinahe nichts gegessen, seit sie Toronto verlassen hatte. Sie hoffte, Dad würde ihren Appetit nicht schrecklich finden. Soviel sie wußte, war er arm … sein Auto sah nicht nach Wohlstand aus … und noch ein Esser mehr war vielleicht ungünstig. Aber Dad aß offenbar selber mit Genuß … vor allem den Pfefferminzschokoladenkuchen. Jane hätte zu gern gewußt, wie man Pfefferminzschokoladentorte machte, aber sie nahm sich vor, Tante Irene niemals danach zu fragen.

Tante Irene machte ein Wesen mit Dad wie eine Glucke mit ihrem Küken. Sie schnurrte buchstäblich, wenn sie mit ihm sprach. Und Dad mochte ihr Schnurren und ihre honigsüßen Worte ebenso wie ihren Kuchen. Jane sah es deutlich.

„Es ist eigentlich nicht gut für das Kind, es in dieses Mietshaus nach Brookview mitzunehmen“, sagte Tante Irene.

„Wer weiß, vielleicht finde ich für den Sommer ein eigenes Haus?“ sagte Dad. „Glaubst du, du könntest mir den Haushalt führen, Jane?“

„Ja“, sagte Jane prompt. Sie konnte. Sie wußte, wie ein Haushalt geführt werden sollte, obwohl sie es nie getan hatte. Manche Leute werden mit diesem Wissen geboren.

„Kannst du kochen?“ fragte Tante Irene und zwinkerte Dad zu, als habe sie einen köstlichen Witz gemacht. Jane war froh, daß Dad nicht zurückblinzelte. Und er enthob sie einer Antwort.

„Wer von meiner Mutter abstammt, kann kochen“, sagte er. „Komm, meine Jane, zieh deine schönen Sachen an, und wir machen uns auf den Weg.“

Als Jane mit Hut und Mantel die Treppe hinunterkam, konnte sie nicht umhin zu hören, was Tante Irene im Eßzimmer sagte. „Sie hat etwas Geheimnistuerisches an sich, Andrew, und ich muß gestehen, daß ich das nicht mag.“

„Sie bleibt immer für sich, nicht?“ sagte Dad.

„Es steckt mehr dahinter, Andrew. Stille Wasser sind tief … glaub mir, das sind sie. Die alte Lady Kennedy wird nie tot sein, solange sie lebt. Aber sie ist trotz allem ein sehr liebes kleines Mädchen, Andrew … wir dürfen nicht erwarten, daß sie vollkommen ist … und wenn ich irgend etwas für sie tun kann, mußt du es mich nur wissen lassen. Hab Geduld mit ihr, Andrew. Du weißt, sie hat nicht gelernt, dich zu lieben.“

Jane knirschte mit den Zähnen. Was für eine Idee, lernen zu müssen, Dad zu lieben! Es war … ach, es war lustig! Janes Ärger über Tante Irene machte sich in einem glucksenden Lachen Luft, das klang wie der Ruf einer Eule.

„Nehmt euch vor giftigem Efeu in Acht“, rief Tante Irene ihnen nach, als sie wegfuhren. „Ich habe gehört, daß in Brookview soviel davon wächst. Paß gut auf sie auf, Andrew.“

„Du siehst es genau falsch herum, Irene, wie alle Frauen. Ein Einäugiger kann sehen, daß Jane auf mich aufpassen wird.“

Jane war selig, als sie wegfuhren. Die Seligkeit in ihrem Herzen begleitete sie über die ganze Insel. Sie konnte einfach nicht glauben, daß erst ein paar Stunden vergangen waren, seit sie das unglücklichste Geschöpf der Welt gewesen war. Es machte Spaß, in einer Kutsche zu fahren, hinter einer kleinen roten Stute, deren Zügel Jane gern selbst gehalten hätte. Die Kutsche „fraß“ die langen roten Meilen nicht, wie ein Auto es getan hätte, aber das wollte Jane auch gar nicht. Die Straße war voll von schönen Überraschungen … ein flüchtiger Blick auf ferne Hügel, die aus Opalstaub zu sein schienen … eine Windböe, die über ein Kleefeld wehte … Bäche, die aus dem Nichts kamen und in grünen, schattigen Wäldern verschwanden, wo lange Fichtenzweige über dem Wasser hingen … große weiße Wolkenberge, die sich am blauen Himmel auftürmten … eine Mulde mit Butterblumen … ein unglaublich blauer Fluß mit Gezeiten. Überall, wo sie hinsah, war etwas, das sie freute. Alles schien ein schönes Geheimnis zu haben. Und es gab noch etwas … den Geruch von Seetang in der Luft. Jane roch ihn zum ersten Mal … schnupperte wieder … trank ihn.

„Faß mal in meine rechte Tasche“, sagte Dad.

Jane tat es und fand eine Tüte Bonbons. In Gay 60 durfte sie zwischen den Mahlzeiten keine Süßigkeiten essen … aber Gay 60 war tausend Meilen weit weg.

„Wir sind beide nicht allzu gesprächig, scheint mir“, sagte Dad.

„Nein, aber ich finde, wir unterhalten uns sehr gut“, sagte Jane, so deutlich sie mit karamelverklebten Zähnen konnte.

Dad lachte. Er hatte so ein nettes, verständnisvolles Lachen. „Ich kann reden wie ein Wasserfall, wenn mir danach ist“, sagte er. „Wenn nicht, ist es mir am liebsten, wenn die Leute mich in Ruhe lassen. Du bist ein Mädchen nach meinem Herzen, Jane. Ich bin froh, daß ich dich habe kommen lassen. Irene wollte es mir ausreden. Aber ich bin eigensinnig, meine Jane, wenn ich mir etwas in den Kopf gesetzt habe. Und mir kam der Gedanke, daß ich meine Tochter kennenlernen will.“

Dad fragte nicht nach Mutter. Jane war dankbar, daß er es nicht tat … aber sie wußte, wie falsch es war, daß er es nicht tat. Es war falsch, daß Mutter ihr gesagt hatte, sie solle nicht mit ihm über sie reden. Oh, es war so vieles falsch, aber eine Sache war unbestreitbar gut und richtig. Sie würde einen ganzen Sommer mit Dad verbringen, und sie waren hier zusammen und fuhren auf einer Straße, die ein Eigenleben hatte, das sie ansteckte. Jane wußte, daß sie nie einen Ort oder einen

Menschen gesehen hatte, dem sie sich so verbunden fühlte.

Die herrliche Fahrt mußte enden.

„Bald sind wir in Brookview“, sagte Dad. „Ich wohne seit einem Jahr dort. Es ist immer noch einer der ruhigen Orte der Erde. Ich habe zwei Zimmer über Jim Meades Laden. Mrs. Jim Meade bekocht mich und glaubt, ich sei ein harmloser Verrückter, weil ich schreibe.“

„Was schreibst du, Dad?“ fragte Jane. Sie dachte an „Friedliche Beilegung internationaler Konflikte“.

„Ein bißchen von allem, Jane. Geschichten … Gedichte … Aufsätze … Artikel über alle möglichen Themen. Ich habe sogar einmal einen Roman geschrieben, konnte aber keinen Verlag finden. Also bin ich zu den Dingen zurückgekehrt, die Geld bringen. Betrachte deinen Dad als einen stummen, erfolglosen Milton. Dir, Jane, werde ich meinen schönsten Traum anvertrauen. Ich möchte ein Epos über das Leben von Methusalem schreiben. Was für ein Thema! Wir sind da.“

„Da“ war eine Ecke an einer Straßenkreuzung. Dort stand ein Gebäude, das auf einer Seite ein Laden war und auf der anderen ein Wohnhaus. Die Ladenseite führte zur Straße, aber die Wohnhausseite lag abgeschirmt hinter einem Zaun und einer Fichtenhecke. Jane lernte sofort die Kunst, aus einer Kutsche auszusteigen, und verlernte sie nie wieder. Sie gingen durch eine kleine weiße Pforte mit einer schwarzen Ente aus Holz auf einem Pfosten und folgten einem roten Weg, der von hohem Gras und großen Miesmuscheln gesäumt wurde.

„Wuff, wuff“, bellte ein freundlicher kleiner braunweißer Hund, der auf den Stufen saß. Ein angenehmer Geruch nach Ingwer und heißen Keksen stieg ihnen in die Nase, und eine ältere Frau kam heraus … eine ordentlich aussehende Gestalt in einer weißen, mit Spitze umhäkelten Schürze und mit den rotesten Wangen, die Jane je gesehen hatte.

„Mrs. Meade, das ist Jane“, sagte Dad, „und nun sehen Sie, warum ich mich ab jetzt jeden Morgen rasieren muß.“

„Liebes Kind“, sagte Mrs. Meade und gab ihr einen Kuß.

Jane ließ sich lieber von ihr küssen als von Tante Irene.

Mrs. Meade gab Jane sofort eine Scheibe Butterbrot mit Erdbeermarmelade, damit sie bis zum Mittagessen „etwas im Magen“ hatte. Die Marmelade war aus wilden Erdbeeren, und Jane hatte noch nie Marmelade aus wilden Erdbeeren gegessen. Der Eßtisch stand in einer blitzsauberen Küche, in deren großen Fenstern blühende Geranien und Begonien mit silbergesprenkelten Blättern standen.

Ich mag Küchen, dachte Jane.

Durch eine andere Tür, die zu einem Garten führte, hatte man Blick auf ferne grüne Weiden, die im Süden lag. Der Tisch in der Mitte des Raumes war mit einem rotweiß karierten Tuch gedeckt. Eine klobige Schüssel mit goldbraunen Bohnen stand vor Mr. Meade, und er gab Jane eine große Portion davon und ein großes Stück Kuchen aus Maismehl. Mr. Meade sah aus wie ein Kohlkopf mit Brille und fliegenden Segeln, aber Jane mochte ihn.

Niemand kritisierte Jane, weil sie etwas tat oder nicht tat. Niemand gab ihr das Gefühl, sie sei dumm und ungeschickt und immer im Unrecht. Als sie ihren Johnnycake aufgegessen hatte, gab ihr Mr. Meade noch eine Scheibe, ohne auch nur zu fragen, ob sie sie wollte.

„Iß, soviel du willst, aber steck nichts ein“, sagte er ernst.

Der braunweiße Hund saß neben ihr und sah sie mit hungrigen Augen hoffnungsvoll an. Niemand nahm Notiz davon, daß Jane ihn mit kleinen Stücken Johnnycake fütterte.

Mr. und Mrs. Meade sprachen am meisten. Es ging um Leute, von denen Jane nie gehört hatte, aber sie hörte trotzdem gern zu. Als Mrs. Meade düster verkündete, daß der arme George Baldwin sehr krank war – er hatte ein Magengeschwür –, begegneten sich Janes und Dads Blicke. Ihre Augen lachten, obwohl sie ebenso ernste Gesichter machten wie Mrs. Meade. Jane fühlte sich zu Hause. Es war schön, jemanden zu haben, mit dem man gemeinsam lachen konnte. Man stelle sich vor, in Gay 60 jemanden mit den Augen anzulachen! Sie und Mutter tauschten belustigte Blicke, aber sie wagten nie zu lachen.

Im Osten ging ein blasser Mond auf, als Jane in Mrs. Meades Gästezimmer zu Bett ging. Die Kommode und der Waschtisch waren aus sehr billigem Material, das Bett aus weißlackiertem Eisen, der Fußboden braun gestrichen. Aber darauf lag ein herrlicher Teppich mit einem Muster aus Rosen und Farnkraut und Herbstlaub, die gestärkten Spitzengardinen waren schneeweiß, die Tapete war so hübsch … silberne Gänseblümchensträuße, zusammengebunden mit hellblauen Bändern, auf cremefarbenem Grund … und vor einem der Fenster stand eine große leuchtendrote Geranie mit duftenden samtigen Blättern.

Das Zimmer hatte etwas Freundliches an sich. Jane schlief wie ein Stein und war am Morgen früh auf den Beinen, als Mrs. Meade das Feuer in der Küche anzündete.

Mrs. Meade gab Jane einen riesigen Doughnut, damit sie bis zum Frühstück etwas im Magen hatte, und schickte sie in den Garten, um auf Dad zu warten.

Es war ein stiller Morgen in einem taufeuchten Garten. Der Wind war erfüllt von gesunder Landluft. Die kleinen Blumenbeete waren gesäumt von blauen Vergißmeinnicht, und in einer Ecke blühten frühe, dunkelrote Pfingstrosen. Unter den Wohnzimmerfenstern wuchsen Veilchen und rosaweiße Gänseblümchen. Auf einem goldgrünen Feld in der Nähe grasten Kühe, und ein Dutzend kleine flauschige Hühnchen rannten umher. Ein kleiner gelber Vogel hing kopfüber am Zweig einer Eberesche. Der braunweiße Hund kam heraus und lief Jane nach. Ein lustiger Wagen mit zwei Rädern, wie Jane ihn noch nie gesehen hatte, fuhr vorbei, und der Fahrer, ein schlaksiger Jüngling im Overall, winkte ihr zu wie ein alter Freund. Jane winkte mit dem Rest ihres Doughnuts zurück.

Wie blau und hoch der Himmel war! Jane mochte den Himmel auf dem Land. Prince Edward Island ist schön, dachte Jane – gar nicht widerwillig. Sie pflückte eine rosa Rose und schüttelte sie, so daß ihr die Tautropfen ins Gesicht spritzten. Man stelle sich vor, sein Gesicht mit einer Rose zu waschen! Und dann fiel ihr ein, wie sie darum gebetet hatte, nicht herkommen zu müssen.

„Ich glaube“, sagte Jane entschieden, „ich sollte mich bei Gott entschuldigen.“

15. Die Suche nach einem Haus

„Wir müssen uns bald ein Haus kaufen, Kleines“, sagte Dad und kam direkt zur Sache – das tat er immer, wie Jane feststellen würde.

„Ist ‚bald‘ heute?“ fragte sie.

Dad lachte. „Vielleicht! Heute ist zufällig einer der Tage, an denen ich mich selbst recht gern mag. Wir fangen an, sobald Jed unser Auto bringt."

Jed brachte das Auto erst gegen Mittag, also aßen sie, bevor sie abfuhren, und Mrs. Meade gab Jane einen Beutel mit Butterkeksen, damit sie bis zum Abendessen etwas im Magen hatten.

„Ich mag Mrs. Meade", sagte Jane zu Dad. Ein warmes Gefühl stieg in ihr auf, als sie merkte, daß es hier jemanden gab, den sie mochte.

„Sie ist das Salz der Erde", stimmte Dad zu, „auch wenn sie glaubt, ‚Violet ray' sei ein Mädchenname."

Jane interessierte sich nicht dafür, was ein „Violet ray" war. Ihr reichte es, zu wissen, daß Dad und sie in einem Auto unterwegs fuhren, bei dessen Anblick Frank einen hysterischen Anfall bekommen hätte, daß sie über Straßen holperten, die zugleich freundlich und geheimnisvoll waren, durch Wälder, die so fröhlich und bräutlich aussahen mit den wilden Kirschbäumen, die hier und da zwischen den Tannen auftauchten, und über Hügel, auf die samtige vorüberziehende Wolken ihre Schatten warfen. In diesem Land gab es überall Häuser, und sie würden eins kaufen… „Laß uns ein Haus kaufen, Jane", einfach so, wie man sagen konnte „Laß uns einen Korb kaufen". Herrlich!

„Sobald ich wußte, daß du kommen würdest, habe ich angefangen, mich nach Häusern umzusehen. Ich habe von mehreren gehört. Wir sehen uns alle an, bevor wir uns entscheiden. Was für ein Haus hättest du gern, Jane?"

„Was für ein Haus kannst du dir leisten?" sagte Jane ernst.

Dad lachte leise. „Sie hat etwas von dem gesunden Menschenverstand, den es noch auf der Welt gibt", sagte er in Richtung Himmel. „Wir können keinen enormen Preis bezahlen, Jane. Ich bin kein Plutokrat. Andererseits bin ich auch nicht mittellos. Ich habe letzten Winter eine Menge verkauft."

„*Friedliche Beilegung internationaler Konflikte*", murmelte Jane.

„Was ist das?"

Jane erzählte es ihm – wie sehr ihr Kenneth Howards Bild gefallen und daß sie es ausgeschnitten hatte. Aber sie sagte nichts davon, daß Großmutter das Foto zerrissen hatte – und auch nichts von dem Blick in Mutters Augen.

„Der *Saturday Evening* ist ein guter Kunde von mir. Aber zurück zu unserem Thema. Abhängig von der Marktlage, was für ein Haus hättest du gern, meine Jane?"

„Kein großes", sagte Jane und dachte an das riesige Gay 60. „Ein kleines Haus … mit ein paar Bäumen darum herum … jungen Bäumen."

„Weiße Birken?" sagte Dad. „Ich hätte gern ein oder zwei weiße Birken. Und ein paar dunkelgrüne Fichten als Kontrast. Und das Haus muß grün und weiß sein, damit es zu den Bäumen paßt. Ich wollte immer ein grün-weißes Haus."

„Können wir es nicht anstreichen?" fragte Jane.

„Das könnten wir. Ein kluger Gedanke, Jane. Ich hätte vielleicht auf unser vorbestimmtes Haus verzichtet, nur weil es eine matschige Farbe hat. Und wir brauchen mindestens ein Fenster, durch das wir den Golf sehen können."

„Wird es nah am Golf sein?"

„Unbedingt! Wir fahren hinauf nach Queen's Shore. Alle Häuser, von denen ich gehört habe, liegen dort."

„Ich finde, es sollte auf einem Hügel liegen", sagte Jane sehnsüchtig.

„Fassen wir zusammen … ein kleines Haus, das weiß und grün ist oder werden soll … mit Bäumen, am liebsten Birken und Fichten … und ein Fenster mit Blick auf das Meer … auf einem Hügel. Das klingt sehr machbar … aber es gibt noch eine Bedingung. Es muß einen Zauber haben … reichlich Zauber … und zauberhafte Häuser sind selten, sogar auf dieser Insel. Ahnst du überhaupt, was ich meine, Jane?“

Jane dachte nach. „Du willst das Gefühl haben, daß es dein Haus ist, bevor du es kaufst“, sagte sie.

„Jane“, sagte Dad, „du bist zu gut, um wahr zu sein.“

Er sah sie eingehend an, als sie den Hügel hinauffuhren. Sie hatten einen Fluß überquert, der so blau war, daß Jane einen Freudenschrei ausgestoßen hatte … einen Fluß, der in einen noch blaueren Hafen mündete. Und als sie die Spitze des Hügels erreichten, lag vor ihnen etwas, das so riesig und blau war, daß Jane wußte: Es mußte der Golf sein.

„Oh!“ sagte sie. Und wieder: „Oh!“

„Hier beginnt das Meer. Gefällt es dir, Jane?“

Jane nickte. Sie konnte nichts sagen. Sie hatte den Ontario-See gesehen, hellblau und glänzend, aber das … das? Sie starrte auf das Meer, als könne sie nicht genug bekommen.

„Ich hätte nie gedacht, daß etwas so blau sein kann“, flüsterte sie.

„Du hast es schon einmal gesehen“, sagte Dad sanft. „Du weißt es vielleicht nicht, aber es liegt dir im Blut. Du wurdest nebenan geboren, in einer schönen, windigen Aprilnacht … du hast drei Jahre in seiner Nähe gelebt. Einmal habe ich dich ein wenig hineingetaucht, zum Entsetzen von … mehreren Leuten. Du warst davor schon ordnungsgemäß in der Anglikanischen Kirche in Charlottetown getauft worden … aber das war deine wahre Taufe. Du bist ein Kind des Meeres und bist nach Hause gekommen."

„Aber du mochtest mich nicht", sagte Jane, ohne nachzudenken.

„Ich mochte dich nicht? Wer hat dir das erzählt?"

„Großmutter." Man hatte ihr nicht verboten, ihm gegenüber Großmutter zu erwähnen.

„Die alte …" Dad besann sich und brach ab. Eine Maske schien sich auf sein Gesicht zu legen. „Laß uns nicht vergessen, daß wir ein Haus suchen, Jane", sagte er kühl.

Für eine Weile verlor Jane das Interesse an der Haussuche. Sie wußte nicht, was sie glauben sollte oder wem sie glauben sollte. Sie dachte, daß Dad sie jetzt mochte … aber stimmte das? Vielleicht tat er nur so. Dann erinnerte sie sich, wie er sie geküßt hatte.

Er mag mich jetzt, dachte sie. Vielleicht mochte er mich nicht, als ich geboren wurde, aber jetzt tut er es.

Und sie war wieder glücklich.

16. Lantern Hill

Ein Haus zu suchen machte Spaß, entschied Jane. Vielleicht war es mehr das Fahren und Reden und Schweigen mit Dad, das Spaß machte, denn die meisten Häuser auf Dads Liste waren nicht interessant. Das erste Haus, das sie sich ansahen, war zu groß, das zweite war zu klein.

„Wir brauchen schließlich Platz für die Katze", sagte Dad.

„Hast du eine Katze?" fragte Jane.

„Nein. Aber wir können eine haben, wenn du willst. Ich habe gehört, daß die Kätzchenernte dieses Jahr besonders gut ausgefallen ist. Magst du Katzen?"

„Ja.“

„Dann werden wir eine Menge haben!“

„Nein“, sagte Jane, „zwei.“

„Und einen Hund. Ich weiß nicht, was du von Hunden hältst, Jane, aber wenn du eine Katze bekommst, brauche ich einen Hund. Ich hatte keinen Hund mehr, seit …“ Er brach wieder plötzlich ab, und wieder hatte Jane das Gefühl, daß er beinahe etwas gesagt hätte, das sie unbedingt hören wollte.

Das dritte Haus sah gut aus. Es stand an einer Wegbiegung im Wald im Sonnenlicht, das durch die Baumkronen fiel. Aber bei näherem Hinsehen entpuppte es sich als hoffnungslos. Die Böden waren rissig und uneben und sackten in alle Richtungen ab. Die Türen hingen nicht richtig in den Angeln. Die Fenster gingen nicht auf. Es gab keine Speisekammer.

Das vierte Haus hatte zuviel von einem Lebkuchenhaus an sich, sagte Dad, und das fünfte würdigte keiner von ihnen eines zweiten Blickes … ein schmutziges, quadratisches, ungestrichenes Gebäude, dessen Hof mit einer Unmenge rostiger Kannen, alter Eimer, Obstkörben, Lumpen und Müll übersät war.

„Das nächste auf meiner Liste ist das alte Jones-Haus“, sagte Dad.

Es war nicht so einfach, das alte Jones-Haus zu finden. Das neue Jones-Haus stellte sich tapfer der Straße, aber man mußte es umrunden und einen tief eingegrabenen, verwilderten Weg hinunterfahren, um das alte zu finden. Vom Küchenfenster aus konnte man den Golf sehen. Aber es war zu groß, und Dad und Jane fanden den Blick auf die Jones-Scheunen und den Jones-Schweinestall nicht erhebend. Also holperten sie weiter die Straße hinauf und fühlten sich ein wenig entmutigt.

Das siebte Haus schien so zu sein, wie ein Haus sein sollte. Es war ein kleiner Bungalow, neu und weiß, mit rotem Dach und Dachgauben. Der Hof war gepflegt, hatte aber keine Bäume, es gab eine Speisekammer und einen ordentlichen Keller und gute Böden. Und man hatte eine wunderbare Aussicht auf den Golf.

Dad sah Jane an. „Merkst du hier irgend etwas von einem Zauber, meine Jane?“

„Du vielleicht?“ fragte Jane herausfordernd.

Dad schüttelte den Kopf. „Kein bißchen. Und da Zauber unverzichtbar ist, kommt es nicht in Frage.“

Sie fuhren weg, und der Mann, dem das Haus gehörte, fragte sich, wer die beiden Verrückten waren. Was um alles in der Welt war Zauber? Er mußte den Tischler fragen, der das Haus gebaut hatte, warum er keinen eingebaut hatte!

Zwei andere Häuser waren unmöglich.

„Ich glaube, wir sind zwei Dummköpfe, Jane. Wir haben alle Häuser angesehen, von denen ich gehört habe, daß sie zu verkaufen sind … und was machen wir jetzt? Umkehren, unsere Worte zurücknehmen und den Bungalow kaufen?“

„Laß uns diesen Mann fragen, der die Straße entlanggeht, ob er irgendein Haus kennt, das wir noch nicht gesehen haben“, sagte Jane entschlossen.

„Die Jimmy Johns haben eins, höre ich“, sagte der Mann. „Drüben in Lantern Hill. Das Haus, in dem ihre Tante Mathilda Jollie gewohnt hat. Es sind auch noch einige von ihren Möbeln darin, höre ich. Wahrscheinlich bekommen Sie es einigermaßen günstig, wenn Sie ein bißchen feilschen. Es sind zwei Meilen nach Lantern Hill, fahren Sie über Queen's Shore.“

Die Jimmy Johns und ein „Laternenhügel“ und eine Tante Matilda Jollie! Jane juckte es in den Fingern. Zauber lag in der Luft.

Jane sah das Haus zuerst … sie sah das Fenster unter dem Giebel, das ihr von der Spitze eines Hügels aus zublinzelte. Aber sie mußten um den Hügel herum und eine gewundene Straße hinauffahren, die zwischen zwei Deichen lag und zwischen deren Pflastersteinen Farnkraut und kleine Fichtenschößlinge wuchsen.

Und da, direkt vor ihnen, war das Haus … ihr Haus!

„Liebling, paß auf, daß dir nicht die Augen aus dem Kopf fallen", warnte Dad.

Es hockte vor einem steilen kleinen Hügel, an dessen Fuß Farnkraut wuchs. Es war klein … ein halbes Dutzend davon hätte in Gay 60 Platz gefunden. Es hatte einen Garten mit einem Steinwall am unteren Ende, damit es nicht den Hügel hinunterrutschte, einen Lattenzaun, eine Pforte zwischen zwei großen weißen Birken und einen Weg aus Steinplatten, der zur einzigen Tür führte, die acht kleine Sprossenfenster hatte. Die Tür war abgeschlossen, aber sie konnten durch die Fenster hineinsehen. Neben der Tür lag ein recht großes Zimmer, davor führte eine Treppe nach oben, und von zwei kleinen Zimmern auf der anderen Seite blickte man direkt auf die Seite des Hügels, wo das Farnkraut hüfthoch wuchs und moosbedeckte Steine herumlagen.

In der Küche gab es einen krummbeinigen alten Herd, einen Tisch, ein paar Stühle und in der Ecke einen herzallerliebsten kleinen Schrank mit Glastüren und hölzernem Knauf.

Links neben dem Haus lag ein Kleefeld und rechts ein Ahorngrund, in denen hier und da Tannen und Fichten wuchsen, und ein Stück entfernt ein alter, mit Flechten bewachsener Zaun. In der Ecke des Hofes stand ein Apfelbaum, von dem rosa Blütenblätter sachte herabfielen, und vor der Gartenpforte eine Gruppe alter Fichten.

„Mir gefällt es hier", sagte Jane.

„Hältst du es für möglich, daß die Aussicht inbegriffen ist?" sagte Dad.

Jane war so mit ihrem Haus beschäftigt gewesen, daß sie die Aussicht gar nicht beachtet hatte. Nun sah sie sie und hielt den Atem an. Nie, nie hatte sie etwas so Wundervolles gesehen … oder geträumt.

Lantern Hill lag an der Spitze einer Landzunge, die neben Queen's Harbour in den Golf hineinragte. Zwischen Jane und der See lagen silberne und lila Sanddünen. Sie erstreckten sich bis zum Hafen, wo riesige, glänzende, blauweiße Wellen an die Küste schwappten. Auf der anderen Seite des Kanals ragte ein weißer Leuchtturm in den Himmel, und in der Ferne sah man die schattenhaften Umrisse verträumter purpurfarbener Hügel. Und über all dem lag der unbeschreibliche Zauber von Prince Edward Island.

Unterhalb des Hügels von Lantern Hill befand sich zwischen Fichten und einer Weide ein kleiner Teich … blauer als alles, was Jane je gesehen hatte.

„So stelle ich mir einen Teich vor“, sagte Dad.

Jane sagte zunächst gar nichts. Sie konnte nur schauen. Sie war noch nie dort gewesen, aber es kam ihr vor, als kenne sie es schon ihr Leben lang. Das Lied des Seewindes war Musik in ihren Ohren. Sie hatte sich immer gewünscht, irgendwo „hinzugehören“, und hier gehörte sie her. Jedenfalls fühlte sie sich zu Hause.

„Nun, was hältst du davon?“ sagte Dad.

Jane war so sicher, daß das Haus zuhörte, daß sie Dad mit dem Finger drohte. „Pst … pst“, machte sie.

„Laß uns an den Strand gehen und darüber reden“, sagte Dad.

Zu Fuß brauchte man ungefähr eine Viertelstunde bis zur Küste. Sie setzten sich auf den schneeweißen Stamm eines alten Baumes, der von weiß Gott woher an den Strand gespült worden war. Die steife salzige Brise pfiff ihnen um die Ohren, die Wellen brachen sich schäumend am Ufer, und die kleinen Strandläufer flitzten furchtlos an ihnen vorbei.

Wie rein salzige Luft ist! dachte Jane.

„Jane, ich habe den Verdacht, daß das Dach undicht ist.“

„Du kannst ein paar neue Dachziegeln einsetzen.“

„Auf dem Hof ist eine Menge Unkraut.“

„Das können wir ausreißen.“

„Das Haus war wohl einmal weiß …“

„Es kann wieder weiß werden.“

„Die Farbe an der Vordertür blättert ab.“

„Farbe kostet nicht viel, oder?“

„Die Fensterläden sind kaputt.“

„Wir können sie heilmachen.“

„Die Wände haben Risse.“

„Die können wir übertapezieren.“

„Wer weiß, ob es eine Speisekammer gibt, Jane?“

„In einem der kleinen Räume auf der rechten Seite sind Regale. Den können wir als Speisekammer benutzen. Das andere kleine Zimmer wäre ein gutes Arbeitszimmer für dich. Du brauchst einen Platz zum Schreiben, nicht wahr?“

„Sie hat alles fertig geplant“, sagte Dad zum Atlantik. Aber er fügte hinzu: „In dem großen Ahornwald leben wahrscheinlich Eulen.“

„Wer hat schon Angst vor Eulen?“

„Und was ist mit dem Zauber, meine Jane?“

Zauber! Oh, der ganze Ort quoll über von Zauber! Man stolperte beinahe über den Zauber. Dad wußte das. Er redete nur um des Redens willen. Als sie zurückgingen, setzte sich Jane auf den großen roten Sandsteinquader, der als Türschwelle diente. Dad ging auf einem kleinen gewundenen Trampelpfad, den die Kühe geschaffen hatten, durch den Ahornwald, um Jimmy John zu sehen – eigentlich Mr. J. J. Garland. Das Haus der Garlands schaute um hinter den Ahornbäumen hervor – ein gemütliches, butterfarbenes Bauernhaus, züchtig von Bäumen umstanden.

Jimmy John kam mit Dad zurück. Er war ein kleiner dicker Mann mit blinzelnden grauen Augen. Er hatte den Schlüssel nicht finden können, aber sie hatten das Erdgeschoß gesehen, und er sagte ihnen, daß das Obergeschoß drei Zimmer hatte. In einem stand ein gedrechseltes Bett, und in jedem gab es einen Wandschrank.

„Und ein Schuhschrank unter der Treppe."

Sie standen auf dem Steinweg und sahen das Haus an.

„Was wollt ihr mit mir machen?" sagte das Haus so deutlich, wie ein Haus nur konnte.

„Was ist Ihr Preis?" sagte Dad.

„Vierhundert mit den Möbeln", sagte Jimmy John und zwinkerte Jane zu.

Jane zwinkerte keck zurück. Großmutter war schließlich tausend Meilen weit weg.

„Was für ein Wucherpreis", sagte Dad ironisch. Er versuchte nicht, mit Jimmy John zu „feilschen". Daß er all diese Schönheit für vierhundert Dollar kaufen konnte, war genug Glück.

Dad überreichte über fünfzig Dollar und sagte, daß er den Rest am nächsten Tag bezahlen würde.

„Es ist Ihr Haus", sagte Jimmy John mit einer Miene, als mache er es ihnen zum Geschenk. Aber Jane wußte, daß das Haus immer ihres gewesen war.

„Das Haus … und der Teich … und der Hafen… und der Golf! Ein guter Kauf", sagte Dad. „Und ein halbes Acre Land. Ein Leben lang wollte ich ein Stück Land besitzen … gerade genug, um mich hinzustellen und zu sagen: ‚Das gehört mir.' Und nun, Jane, ist es brillig."

„Vier Uhr nachmittags.“ Jane kannte ihre Alice zu gut, um die Bemerkung nicht zu verstehen.

Als sie aufbrechen wollten, kam eine Miniaturausgabe von Jimmy John mit frechem Gesicht durch den Ahorngrund gerannt. Er hatte den Schlüssel dabei, der inzwischen aufgetaucht war. Jimmy John überreichte ihn Jane mit einer Verbeugung. Auf dem Rückweg nach Brookview hielt Jane den Schlüssel die ganze Zeit fest umklammert. Sie liebte ihn. Man stelle sich vor, was er für sie öffnen würde!

Sie merkten, daß sie hungrig waren, denn sie hatten das Mittagessen ganz vergessen. Also fischten sie Mrs. Meades Butterkekse heraus und aßen sie.

„Darf ich das Kochen übernehmen, Dad?“

„Natürlich – ich kann nicht kochen.“

Jane glühte. „Ich wünschte, wir könnten morgen einziehen, Dad.“

„Warum können wir das nicht? Ich kann Bettzeug und etwas zu essen besorgen. Wir können sofort loslegen.“

„Ich will nicht, daß dieser Tag zu Ende geht“, sagte Jane. „Ich glaube nicht, daß noch einer so schön werden kann.“

„Wir haben ja noch morgen, Jane … laß mich sehen … wir haben noch fünfundneunzig morgen!“

„Fünfundneunzig!“ schwärmte Jane.

„Und wir werden machen, was wir wollen, soweit der Anstand es zuläßt. Wir werden ordentlich sein, aber nicht zu ordentlich. Wir werden faul sein, aber nicht *zu* faul … wir werden gerade genug tun, um uns über Wasser zu halten. Und nie werden wir so ein teuflisches Ding wie einen Wecker im Haus haben!“

„Aber wir brauchen irgendeine Art von Uhr“, sagte Jane.

„Timothy Salt unten am Hafen hat eine alte Schiffs-uhr. Ich frage ihn, ob er sie uns leiht. Sie geht nur, wenn ihr danach ist, aber was macht das schon? Kannst du meine Strümpfe stopfen, Jane?“

„Ja“, sagte Jane, die noch nie im Leben einen Strumpf gestopft hatte.

„Jane, wir haben das beste Haus der Welt. Es war ein riesiger Glücksfall, daß du den Mann gefragt hast, Jane.“

„Es war kein Glück. Ich wußte, daß er es wissen würde“, sagte Jane. „Und – oh, Dad, können wir es geheimhalten, bis wir eingezogen sind?“

„Natürlich“, stimmte Dad zu. „Vor allen außer Tante Irene. Ihr müssen wir es natürlich erzählen.“

Jane sagte nichts. Erst jetzt wurde ihr klar, daß sie es eigentlich vor Tante Irene geheimhalten wollte.

Jane dachte, sie würde diese Nacht nicht schlafen können. Wie konnte man schlafen, wenn man an so viele wundervolle Dinge denken mußte? Und an einige seltsame? Wie konnten zwei Menschen wie Mutter und Dad einander hassen? Es ergab keinen Sinn. Sie waren beide so wunderbar, wenn auch auf unterschiedliche Art. Sie mußten sich einmal geliebt haben. Was hatte sich verändert? Wenn sie, Jane, nur die ganze Wahrheit erfuhr, konnte sie vielleicht etwas tun.

Aber als sie in Träumen von Fichtenalleen und roten Wegen versank, die alle zu schönen kleinen Häusern führten, war ihr letzter Gedanke: Ich frage mich, ob wir bei den Jimmy Johns Milch bekommen.

17. Der Einzug

Am nächsten Nachmittag „zogen sie ein“. Dad und Jane fuhren vormittags in die Stadt und besorgten eine Menge Konservendosen und Bettzeug. Jane bekam auch ein paar Baumwollkleider und Schürzen. Sie wußte, daß sie die Kleider, die Großmutter für sie gekauft hatte, auf Lantern Hill nicht gebrauchen konnte. Und ohne daß Dad es merkte, schlüpfte sie in eine Buchhandlung und kaufte eine Ausgabe von *Cookery for Beginners.* Mutter hatte ihr beim Abschied einen Dollar gegeben, und Jane wollte kein Risiko eingehen.

Sie fuhren bei Tante Irene vorbei, aber sie war nicht zu Hause. Jane hatte ihre Gründe, froh darüber zu sein, aber sie behielt es für sich. Nach dem Mittagessen verstauten sie Janes Koffer und fuhren nach Lantern Hill. Mrs. Meade gab ihnen eine Schachtel Doughnuts, drei Brotlaibe, eine runde Butterschüssel mit Kleeblattmuster, eine Schüssel Sahne, einen Rosinenauflauf und drei getrocknete Dorsche.

„Weiche einen davon ein und brate ihn morgen zum Frühstück“, sagte sie zu Jane.

Das Haus war noch da. Jane hatte beinahe befürchtet, es könne in der Nacht gestohlen worden sein. Sie fand es so herrlich, daß sie sich nicht vorstellen konnte, daß es irgend jemand nicht haben wollte. Sie hatte solches Mitleid mit Tante Matilda Jollie, die das Haus hatte verlassen müssen, weil sie gestorben war. Es war schwer zu glauben, daß Tante Matilda Jollie das Haus auf Lantern Hill nicht vermißte, selbst wenn sie im Himmel war!

„Laß mich die Tür aufschließen, bitte, Dad!“ Sie zappelte vor Aufregung, als sie über die Schwelle ging.

„Das ist … ein Zuhause“, sagte Jane. Zu Hause … etwas, das sie nie gekannt hatte. Sie war dem Weinen näher als je zuvor.

Sie rannten durch das Haus wie zwei Kinder. Oben gab es drei Zimmer … ein großes in Richtung Norden, und Jane beschloß sofort, daß es Vaters Zimmer sein würde.

„Hättest du dieses Zimmer nicht gern selbst, Liebling? Man hat Aussicht auf den Golf!“

„Nein, ich hätte gern dieses schöne kleine Zimmer ganz hinten. Ich möchte ein kleines Zimmer, Dad. Und das andere wird ein schönes Gästezimmer.“

„Brauchen wir ein Gästezimmer, Jane? Denk daran, daß die Freiheit eines Menschen daran zu messen ist, was er ohne sie tun kann.“

„Oh, aber natürlich brauchen wir ein Gästezimmer, Dad!“ Jane war ganz aufgeregt bei dem Gedanken. „Wir werden doch ab und zu Besuch haben, nicht wahr?“

„Es steht kein Bett drin!“

„Oh, wir bekommen schon irgendwo eins. Dad, das Haus freut sich, uns zu sehen … es freut sich, daß es wieder bewohnt wird. Die Stühle wollen nur, daß jemand auf ihnen sitzt.“

„Du kleine Romantikerin“, spottete Dad. Aber seine Augen lachten verständnisvoll.

Das Haus war erstaunlich sauber. Jane erfuhr später, daß Mrs. Jimmy John und Miranda Jimmy John, gleich nachdem nachdem sie erfahren hatten, daß das Haus verkauft war, durch ein Küchenfenster eingestiegen waren und das ganze Haus bis unters Dach gründlich saubergemacht hatten. Jane war beinahe traurig, daß das Haus sauber war. Sie hätte es gern geputzt. Sie wollte alles für das Haus tun.

Ich bin genauso schlimm wie Tante Gertrude, dachte sie, und ein Funken Verständnis für Tante Gertrude wurde in ihr wach.

Es war nichts weiter zu tun, als die Betten zu beziehen, die Dosen in den Küchenschrank zu stellen und die Butter und die Sahne in den Keller zu bringen. Dad hängte Mrs. Meades Dorsche an den Nagel hinter dem Küchenherd.

„Wir können heute abend Würstchen essen", sagte Jane.

„Janekin", sagte Dad und raufte sich die Haare, „ich habe vergessen, eine Bratpfanne zu kaufen."

„Oh, hinten im Schrank ist eine Bratpfanne aus Eisen", sagte Jane vergnügt. „Und ein dreibeiniger Kochtopf", fügte sie triumphierend hinzu.

Mittlerweile kannte Jane das Haus in- und auswendig. Dad hatte ein Feuer im Herd gemacht und Tante Matilda Jollies Holz eingelegt, wobei Jane ein wachsames Auge auf ihn hatte. Sie hatte nie gesehen, wie ein Feuer in einem Herd angezündet wurde, und wollte es wissen, um es nächstes Mal selbst zu machen. Der Herd war etwas wacklig, weil eins seiner Beine kürzer war als die anderen, aber Jane fand einen flachen Stein auf dem Hof, der genau darunter paßte, und alles war in Butter. Dad ging zu den Jimmy Johns hinüber, um einen Eimer Wasser zu leihen – der Brunnen mußte gesäubert werden, bevor sie ihn benutzen konnten –, und Jane deckte den Tisch mit einem rotweißen Tuch, wie Mrs. Meade es hatte, und dem Geschirr, das Dad in dem Sonderpostenladen bekommen hatte. Sie ging hinaus in den verwilderten Garten und pflückte einen Strauß Tränende Herzen und Narzissen für die Mitte des Tisches. Sie hatte keine Vase, aber Jane fand irgendwo eine rostige alte Blechdose, wickelte sie in ein grünes Seidentuch, das sie aus ihrem Koffer ausgegraben hatte –

es war ein teures Seidentuch, das Tante Minnie ihr geschenkt hatte –, und arrangierte ihre Blumen darin. Sie schnitt und schmierte Brote, kochte Tee und briet die Würstchen. Sie hatte noch nie so etwas getan, aber sie hatte Mary nicht umsonst zugesehen.

„Es ist gut, die Füße wieder unter meinen eigenen Tisch zu stellen", sagte Dad, als sie sich an den Abendbrottisch setzten.

Ich glaube, dachte Jane boshaft, wenn Großmutter sehen würde, daß ich in der Küche esse – und es gut finde –, würde sie sagen, daß ich eben einen schlechten Geschmack habe. Laut sagte sie nur – aber sie platzte dabei fast vor Stolz –: „Wie trinkst du deinen Tee, Dad?"

Auf dem kahlen weißen Fußboden flimmerten Sonnenstrahlen. Durch das Ostfenster konnten sie den Ahornwald sehen, durch das Nordfenster den Golf, den Teich und die Dünen und durch das Westfenster den Hafen. Von der See kam salziger Wind. Schwalben segelten durch die Abendluft. Alles, was sie ansah, gehörte Dad und ihr. Sie war die Herrin dieses Hauses – niemand konnte ihr dieses Recht streitig machen. Sie konnte tun, was sie wollte, ohne sich für irgend etwas entschuldigen zu müssen. Die Erinnerung an das erste gemeinsame Essen mit Dad in Tante Matilda Jollies Haus würde „ein Werk der Schönheit und ein Glück für immer" sein. Dad war so ein guter Kamerad. Er sprach mit ihr, als sei sie erwachsen. Jane bedauerte jeden, der nicht ihren Vater hatte.

Dad wollte ihr beim Abwaschen helfen, aber Jane wollte nichts davon hören. Sollte nicht sie die Haushälterin sein? Sie wußte, wie Mary Geschirr abwusch. Sie hatte immer abwaschen wollen … es mußte solchen Spaß machen, schmutzige Teller sauberzumachen. Dad hatte an dem Tag eine Bratpfanne gekauft, aber keiner von ihnen hatte an ein Tischtuch oder Geschirrtücher gedacht. Jane holte zwei neue Unterhemden aus ihrem Koffer und riß sie entzwei.

Bei Sonnenuntergang gingen Jane und Dad an den Strand … wie beinahe jeden Abend in diesem verzauberten Sommer. Es war ein silbriger, welliger Strand und ein silbriges, welliges Meer. Ein Schiff mit weißen Segeln fuhr an den Dünen vorbei. Das wirbelnde Licht jenseits des Kanals blinzelte ihnen zu. Dahinter erstreckte sich eine weite Landschaft aus Gold und Purpur. Bei Sonnenuntergang wurde das Kap für Jane ein geheimnisvoller Ort. Was lag hinter dem Horizont? „Magie, umtost vom Sturmmeer im verlornen Märchenland"? Jane konnte sich nicht erinnern, wo sie diese Worte gehört oder gelesen hatte, aber plötzlich wurden sie für sie lebendig.

Dad rauchte eine Pfeife, die er seine „Old Contemptible" nannte, und sagte nichts. Jane saß neben ihm im Schatten eines alten Schiffswracks und sagte nichts. Es war nicht nötig, etwas zu sagen.

Als sie zum Haus zurückgingen, fiel ihnen auf, daß Dad zwar drei Lampen gekauft, aber vergessen hatte, Kohlenteeröl oder Petroleum zu besorgen.

„Nun, ich nehme an, wir können einmal im Dunkeln zu Bett gehen."

Aber das war nicht nötig. Die unermüdliche Jane erinnerte sich, daß sie ein Stück einer alten Talgkerze in der Schublade des Schranks gesehen hatte. Sie schnitt es entzwei und steckte die beiden Teile in die Hälse zweier alter Glasflaschen, die sie auch im Schrank gefunden hatte – was wollte man mehr?

Jane sah sich in ihrem winzigen Zimmer um, und ihr ging das Herz auf. Es standen bisher nur das alte Bett mit den gedrechselten Pfosten und ein kleiner Tisch darin, die Decke war mit alten Wasserflecken verunziert, und der Boden war etwas uneben. Aber es war das erste Zimmer, das wirklich ihr gehörte, wo sie nie das Gefühl hatte, daß jemand sie durch das Schlüsselloch beobachtete. Sie zog sich aus, blies ihre Kerze aus und sah aus dem Fenster, von dem aus sie beinahe die Spitze des steilen kleinen Hügels hätte berühren können. Der Mond war aufgegangen und hatte schon die Landschaft verzaubert. Eine Meile entfernt leuchteten die Lichter des kleinen Dorfes Lantern Corners. Rechts vom Fenster schien eine junge Birke sich auf die Zehenspitzen zu stellen, um über den Hügel hinwegzuschauen. Weiche, samtige Schatten huschten über das Farnkraut.

Ich werde so tun, als sei es ein Zauberfenster, dachte Jane, und irgendwann werde ich etwas Wunderbares durch dieses Fenster sehen. Ich werde sehen, wie Mutter die Straße hinaufkommt und nach den Lichtern von Lantern Hill Ausschau hält.

Dad hatte eine gute Matratze ausgesucht, und Jane war nach ihrem anstrengenden Tag todmüde. Aber wie herrlich war es, in diesem gemütlichen kleinen Bett mit seinen gedrechselten Pfosten zu liegen – weder Jane noch die Jimmy Johns wußten, daß ein Sammler Tante Matilda Jollie einmal fünfzig Dollar dafür geboten hatte – und zu sehen, wie das Mondlicht den Schatten der Birkenblätter an die Wände warf, und zu wissen, daß Dad ganz in der Nähe auf der anderen Seite der Treppe war und daß es draußen Hügel und weite Felder gab, auf denen man rennen konnte, soviel man wollte, ohne daß einem jemand Angst einjagte, Fichten und schattige Sanddünen anstelle eines eisernen Zauns und verschlossener Pforten. Und wie ruhig alles war – kein Hupen, keine grellen Lichter. Jane hatte das Fenster geöffnet, und der Duft des Farnkrauts kam herein. Auch ein seltsamer, ferner Klang war zu hören – der ächzende Ruf des Meeres. Die Nacht schien davon erfüllt zu sein.

Jane hörte es, und etwas tief in ihr reagierte darauf mit einer Mischung aus Beklemmung und Freude. Warum rief die See? Was war ihr geheimer Kummer?

Jane war kurz vor dem Einschlafen, als ihr etwas siedendheiß einfiel. Sie hatte vergessen, den Dorsch einzuweichen!

Zwei Minuten später lag der Dorsch im Wasser.

18. Die Nachbarn

Zu ihrem großen Entsetzen verschlief Jane am nächsten Morgen, und als sie nach unten rannte, sah sie etwas Außergewöhnliches … Dad, der von den Jimmy Johns kam und einen Schaukelstuhl auf dem Kopf trug. Er hatte auch einen Bratrost in der Hand.

„Ich mußte einen leihen, um den Dorsch zu braten, Jane. Und Mrs. Jimmy John hat darauf bestanden, daß ich den Stuhl mitnehme. Sie sagte, er gehöre Tante Matilda Jollie, und sie hätten mehr Schaukelstühle als Zeit, darauf zu sitzen. Ich mache den Porridge, und du brätst den Dorsch.“

Jane briet den Fisch und ihr Gesicht gleich mit, und es war köstlich. Der Porridge war ein bißchen klumpig.

Dad ist kein sehr guter Koch, glaube ich, dachte Jane liebevoll. Aber sie sagte es nicht laut und schluckte tapfer all die Klumpen.

Dad tat es nicht, er schob sie an den Tellerrand und sah Jane schlau an. „Ich kann schreiben, meine Jane, aber ich kann keinen porridgeähnlichen Porridge machen.“

„Du brauchst ab heute keinen mehr zu machen. Ich werde nie wieder verschlafen“, sagte Jane.

Es gibt keine größere Freude im Leben als die, etwas geschafft zu haben. Jane begriff das in den folgenden Wochen, auch wenn sie es nicht in diese Worte faßte. Der alte Onkel Tombstone, der Handwerker des Queen's Shore Distrikt, der eigentlich Tunstone hieß und auf der ganzen Welt keine Nichten oder Neffen hatte, tapezierte alle Zimmer für Jane und Dad, deckte das Dach und reparierte die Fensterläden, strich das Haus weiß und die Ecken grün und zeigte Jane, wie, wann und wo man Muscheln finden konnte. Er hatte ein freundliches, rosiges altes Gesicht mit weißem Backenbart.

Jane sprudelte vor Tatkraft über und arbeitete wie ein Biber, machte sauber, nachdem Onkel Tombstone dagewesen war, rückte die Möbel, die Dad nach Hause brachte, an ihren Platz, und hängte überall im Haus Gardinen auf.

„Das Mädchen kann an drei Orten gleichzeitig sein", sagte Dad. „Ich weiß nicht, wie sie es macht … Ich nehme an, es gibt tatsächlich so etwas wie Zauberkraft."

Jane war sehr tüchtig, und ihr gelang fast alles, was sie versuchte. Es war schön, dort zu leben, wo man zeigen konnte, was man konnte. Dies war ihre eigene Welt, und sie war darin eine wichtige Person. Sie hatte den ganzen Tag Grund zur Freude. Das Leben hier war ein einziges endloses Abenteuer.

Wenn Jane nicht saubermachte, bereitete sie Mahlzeiten zu. Sie brütete in jeder freien Minute über *Cookery for Beginners* und murmelte „Alles mit Maß" und ähnliches vor sich hin. Sie hatte Mary zugesehen und hatte außerdem eine Ader für das Kochen, und so machte sie große Fortschritte. Von Anfang an waren ihre Kuchen nie matschig oder ihr Fleisch nicht richtig durchgebraten. Aber eines Tages wagte sie sich zu hoch hinaus und machte einen Nachtisch, den man mit viel

Nachsicht als Plumpudding bezeichnen konnte. Onkel Tombstone aß etwas davon und mußte abends zum Arzt – oder jedenfalls sagte er das. Am nächsten Tag brachte er sein eigenes Essen mit – kalten Schinken und kalte Pfannkuchen, eingewickelt in ein rotes Taschentuch – und sagte Jane, er sei auf Diät.

„Dein Pudding von gestern, Miss, war ein bißchen zu reichlich. Mein Magen ist nicht an Mahlzeiten aus Toronto gewöhnt. Diese Vitamine heute … ich nehme an, du hast bisher von ihnen gelebt, deshalb verträgst du sie.“

Zu seinen Freunden sagte er, daß von dem Pudding sogar Ratten Verdauungsstörungen bekommen hätten. Aber er mochte Jane.

„Ihre Tochter ist ein Genie“, sagte er zu Dad. „Die meisten Mädchen heutzutage haben nur ein großes Mundwerk und nichts dahinter. Aber sie ist genial – ja, Sir, sie ist genial.“

Dad und Jane lachten sehr darüber. Dad nannte sie mit gespielter Ehrfurcht „geniale Jane“, bis der Witz seinen Reiz verloren hatte.

Jane mochte Onkel Tombstone auch. Ja, in ihrem neuen Leben verwunderte es sie am meisten, wie leicht sie es fand, Leute zu mögen. Es war, als ob jeder, den sie kennenlernte, ein Angehöriger ihres Stammes war. Sie meinte, es müsse daran liegen, daß die Leute auf Prince Edward Island netter oder zumindest nachbarschaftlicher waren als die in Toronto. Sie wußte nicht, daß der Unterschied in ihr selbst lag. Sie war nicht mehr gemieden, nervös und unbeholfen, weil sie Angst hatte. Sie stand mit den Füßen auf ihrer Heimaterde, und sie hieß Jane. Sie war der ganzen Welt wohlgesonnen, und es war gegenseitig. Sie konnte alles lieben, was sie wollte … und jeden, den sie wollte … ohne daß man ihr vorwarf, sie habe einen schlechten Geschmack. Wahrscheinlich hätte Großmutter Onkel Tombstone nicht gesellschaftsfähig gefunden, aber der Standard von Gay 60 war nicht der von Lantern Hill.

Bei den Jimmy Johns hatte Jane das Gefühl, sie habe sie schon immer gekannt. Sie fand heraus, daß sie so genannt wurden, weil Mr. James John Garland im Nordwesten einen Nachbarn hatte, der James Garland hieß, und im Südwesten einen, der John Garland hieß, und man ihn irgendwie von den beiden unterscheiden mußte. An Janes erstem Nachmittag auf Lantern Hill kamen alle Jimmy Johns gleichzeitig angaloppiert. Jedenfalls galoppierten die Kinder mit den drei Hunden um die Wette … einem gestromten Bullterrier, einem goldenen Collie und einem länglichen braunen Hund, der einfach nur ein Hund war.

Mrs. Jimmy John, die ebenso groß und dünn war, wie ihr Jimmy John klein und dick, hatte kluge, sanfte graue Augen, ging schnellen Schrittes und trug ein Baby, das so dick war wie eine Mettwurst.

Miranda Jimmy John war sechzehn, so groß wie ihre Mutter und so dick wie ihr Vater. Sie hatte schon mit zehn Jahren ein Doppelkinn gehabt, und niemand hätte gedacht, daß sie insgeheim eine romantische Ader hatte.

Polly Jimmy John war in Janes Alter, sah aber jünger aus, weil sie so klein und dünn war.

„Punch" Jimmy John, der den Schlüssel gebracht hatte, war dreizehn.

Dann waren da noch die acht Jahre alten Zwillinge … George und Ella … ihre bloßen, rundlichen Beine waren übersät mit Moskitostichen.

Und alle hatten ein nettes Lächeln.

„Jane Victoria Stuart?" sagte Mrs. Jimmy John mit einem fragenden Lächeln.

„Jane!" sagte Jane so triumphierend, daß alle Jimmy Johns sie anstarrten.

„Natürlich Jane“, lächelte Mrs. Jimmy John. Jane wußte, daß sie Mrs. Jimmy John mögen würde.

Alle bis auf das Baby hatten Jane ein Geschenk mitgebracht. Von Mrs. Jimmy John bekam sie ein rotgefärbtes Lammfell als Bettvorleger. Miranda schenkte ihr eine kleine, dicke weiße Kanne mit Rosenmuster, Punch brachte ein paar junge Radieschen, Polly eine Geranie mit Wurzeln und die Zwillinge jeweils eine Kröte „für ihren Garten“.

„Du brauchst Kröten im Garten. Die bringen Glück“, erklärte Punch.

Jane fand, daß sie ihren ersten Gästen etwas zu essen anbieten mußte, vor allem, weil sie ihr Geschenke gebracht hatten.

Mrs. Meades Auflauf wird reichen, wenn ich nichts esse, dachte sie. Das Baby will sicher nichts.

Das Baby wollte etwas, aber Mrs. Jimmy John teilte ihr Stück mit ihm. Sie saßen in der Küche auf den Stühlen und auf der Sandsteintreppe draußen vor der Tür und aßen den Auflauf, und Jane war eine strahlende Gastgeberin.

„Komm vorbei, wann immer du kannst, mein Kind“, sagte Mrs. Jimmy John. Sie fand Jane reichlich jung, um einen Haushalt zu führen. „Wenn wir dir irgendwie helfen können, tun wir es gern.“

„Würden Sie mir zeigen, wie man Brot backt?“ sagte Jane gelassen. „Wir können es natürlich in The Corners kaufen, aber Dad mag selbstgebackenes Brot. Und welches Mehl empfehlen Sie für Kuchen?“

In dieser Woche machte Jane auch Bekanntschaft mit den Snowbeams. Die Solomon Snowbeams waren eine ziemlich verwahrloste Familie von Taugenichtsen, die in einem baufälligen Haus wohnten. Dort führte eine Fichtenallee hinunter zu einer Biegung an der Küste, die als Hungry Cove bekannt war. Niemand wußte, wie Solomon Snowbeam seine Familie ernährte … er angelte ein wenig und arbeitete hier und da ein bißchen und jagte ab und zu.

Mrs. Snowbeam war eine große, rotgesichtige, verwelkte Frau, und Caraway Snowbeam, „Shingle“ Snowbeam, Penny Snowbeam und „Young John“ Snowbeam waren freche, freundliche kleine Geschöpfe, die wirklich nicht verhungert aussahen.

Millicent Mary Snowbeam, sechs Jahre alt, war weder frech noch freundlich. Millicent Mary war, wie Polly Garland Jane erzählte, „nicht ganz da“. Sie hatte glänzende, haselnußbraune Augen … alle Snowbeams hatten schöne Augen … rotgoldenes Haar und einen wunderschönen Teint. Sie konnte stundenlang dasitzen, ohne ein Wort zu sagen – vielleicht fanden die redseligen Jimmy Johns deshalb, daß sie nicht wirklich da war –, die dicken Arme fest um die dicken Knie geschlungen. Sie schien eine stumme Bewunderung für Jane zu hegen, war den ganzen Sommer hindurch auf Lantern Hill zu finden und starrte Jane an. Jane hatte nichts gegen sie.

Wenn Millicent Mary nicht redete, sprachen die anderen Snowbeams um so mehr. Zunächst neigten sie dazu, Jane gegenüber etwas ablehnend zu sein – sie glaubten, sie müsse alles wissen, weil sie aus Toronto kam, und sei deshalb eingebildet. Aber als sie merkten, daß sie beinahe gar nichts wußte – bis auf das wenige, das Onkel Tombstone sie über Muscheln gelehrt hatte –, wurden sie sehr freundlich. Das heißt, sie stellten unzählige Fragen. Die Snowbeams kannten keine falsche Zurückhaltung.

„Läßt dein Pa richtige Leute in seinen Geschichten vorkommen?“ fragte Penny.

„Nein“, sagte Jane.

„Jeder hier sagt, daß er es tut. Alle haben Angst, daß er sie vorkommen läßt. Mit uns macht er das besser nicht, sonst kriegt er was auf die Nase! Ich bin der stärkste Junge auf Lantern Hill.“

„Glaubst du, du seist interessant genug, um in einer Geschichte vorzukommen?“ fragte Jane.

Danach hatte Penny etwas Angst vor ihr.

„Wir wollten sehen, wie du aussiehst“, sagte Shingle, die einen Overall trug und aussah wie ein Junge, aber keiner war, „weil dein Pa und deine Ma geschieden sind, nicht wahr?“

„Nein“, sagte Jane.

„Ist dein Papa dann eine Witwe?“ bohrte Shingle nach.

„Nein.“

„Wohnt deine Ma in Toronto?“

„Ja.“

„Warum lebt sie nicht hier bei deinem Pa?“

„Wenn du noch mehr Fragen über meine Eltern stellst“, sagte Jane, „bitte ich Dad, dich in einer seiner Geschichten vorkommen zu lassen – euch alle!“

Shingle ließ sich dadurch einschüchtern, aber Caraway fragte ungeniert weiter: „Siehst du deiner Mutter ähnlich?“

„Nein. Meine Mutter ist die schönste Frau von Toronto“, sagte Jane stolz.

„Wohnst du zu Hause in einem weißen Marmorhaus?“

„Nein.“

„Ding-Dong Bell hat das gesagt“, sagte Caraway angewidert. „Ist er nicht ein gräßlicher Lügner? Und dann habt ihr wohl auch keine Bettdecken aus Satin?“

„Wir haben welche aus Seide“, sagte Jane.

„Ding-Fong sagt, ihr hättet Satin.“

„Ich habe gesehen, wie der Schlachter euch das Essen gebracht hat", sagte Young John. „Was gab es?"

„Steak."

„Meine Güte! Bei uns gibt es nie Steak … immer nur Brot und Sirup und gebratenes Schweineschnitzel. Dad sagt, er kann kein Schwein mehr sehen, und Mum sagt, er soll ihr doch etwas anderes bringen, dann kocht sie es gerne. Machst du da gerade einen Kuchen? Darf ich die Schüssel auslecken?"

„Ja, aber geh vom Tisch weg. Dein Hemd ist voller Spreu", befahl Jane.

„Du bist ganz schön herrschsüchtig", sagte Young John.

„Rotschopf", sagte Penny.

Sie gingen beleidigt nach Hause, weil Jane Stuart Young John gekränkt hatte.

Aber am nächsten Tag waren sie alle wieder da und hatten ihr offenbar verziehen, denn sie halfen ihr beim Unkrautjäten und dabei, den Garten in Ordnung zu bringen. Es war harte Arbeit und ein heißer Tag, so daß ihnen allen der Schweiß auf der Stirn perlte, lange bevor alles zu Janes Zufriedenheit erledigt war. Wenn jemand sie so hätte arbeiten lassen, hätten sie Zeter und Mordio geschrien, aber wenn es aus Spaß war … ja, dann machte es Spaß.

Jane gab ihnen die letzten Kekse von Mrs. Meade. Sie wollte sowieso am nächsten Tag versuchen, selbst welche zu backen.

Jane hatte schon beschlossen, daß es auf der Welt keinen zweiten Garten wie den ihren geben würde. Sie war ganz besessen davon. Ein früher, altmodischer Busch mit gelben Rosen blühte schon. Hier und da tanzten die Schatten von Weidenkätzchen. Der Steinwall war überwuchert von wilden Rosen, deren rote Knospen bald aufbrechen würden. In den Ecken wuchsen blasse

Lilien und cremefarbene Narzissen. Es gab Rohrglanzgras und Minze, Tränende Herzen, Knöterich, Zitronengras, Pfingstrosen, Melisse und Nelken, alle umsummt von zufriedenen, samtigen Bienen. Tante Matilda Jollie hatte sich mit altmodischen mehrjährigen Pflanzen begnügt, und Jane liebte sie auch, aber sie nahm sich vor, daß sie auf jeden Fall nächsten Sommer einige einjährige Pflanzen haben würde. Jane plante schon zu Beginn dieses Sommers den nächsten.

In kurzer Zeit wußte sie alles über die Kunst des Gärtnerns und fragte jeden nach geeignetem Dünger aus. Mr. Jimmy John empfahl ihr ernsthaft verrotteten Kuhdung, und Jane karrte Unmengen von seinem Hof nach Hause. Sie goß gern die Blumen … vor allem, wenn die Erde etwas trocken war und sie durstig die Köpfe hängen ließen. Der Garten dankte es ihr … sie gehörte zu den Leuten, unter deren Berührung alles gedieh. Kein Unkraut wagte sich hervor. Jane stand jeden Morgen früh auf, um zu jäten. Es war schön, aufzuwachen, wenn die Sonne über dem Meer aufging.

Die Morgen auf Lantern Hill waren anders als anderswo – sie waren „morgendlicher“. Janes Herz sang, wenn sie Unkraut jätete und harkte und hackte und schnitt.

„Wo hast du das alles gelernt, Mädchen?“ fragte Dad.

„Ich glaube, das konnte ich schon immer“, sagte Jane verträumt.

Die Snowbeams erzählten Jane, daß ihre Katze Junge bekommen hatte und sie ein Kätzchen haben dürfe. Jane ging hin. Es waren vier Kätzchen, und die arme, magere alte Katzenmutter war so stolz und glücklich. Jane nahm ein schwarzes mit einem Gesicht wie ein Stiefmütterchen – ein echtes Stiefmüttergesicht, dunkel und samtweich, mit runden goldenen Augen. Sie nannte es sofort Peter. Dann wollten die Jimmy Johns nicht zurückstehen und brachten auch ein Kätzchen. Aber dieser kleine Kater hieß schon Peter, und der Ella-Zwilling weinte bitterlich bei dem Gedanken, daß er umgetauft würde. Deshalb schlug Dad vor, sie First Peter und Second Peter zu nennen – was Mrs. Snowbeam für ein Sakrileg hielt. Second Peter war ein hübsches Ding, schwarz und silbern, mit weicher weißer Brust. Beide Peter schliefen am Fußende von Janes Bett und belagerten Dad, sobald er sich hinsetzte.

„Was ist ein Zuhause ohne Hund?" sagte Dad – und bekam einen vom alten Timothy Salt an der Hafenmündung. Sie nannten ihn Happy. Er war ein schlanker, weißer Hund mit einem runden braunen Fleck an der Schwanzspitze, braunem Hals und braunen Ohren. Er hielt die Peter in Schach, und Jane liebte ihn so sehr, daß es wehtat.

„Ich habe gern lebende Dinge um mich, Dad."

Dad brachte auch eine Schiffsuhr mit. Jane fand sie nützlich, um zu sehen, wie lange ein Gericht kochen mußte, aber abgesehen davon gab es auf Lantern Hill keine Zeit.

Nach einer Woche kannte Jane die Geographie und die Leute von Lantern Hill und Lantern Corners wie ihre Westentasche. Jeder Hügel schien jemandem zu gehören … Big Donalds Hügel … Little Donalds Hügel … der Hügel des alten Cooper. Sie konnte Big Donald Martins Hof und Little Donald Martins Hof von weitem erkennen. Jedes Licht, das sie vom Hügel aus sehen konnte, hatte seine eigene Bedeutung. Sie wußte, wo das Licht von Mins Ma jeden Abend in dem kleinen weißen Haus auf dem Hügel, eingehüllt in Nebel, leuchtete.

Min selbst, ein zigeunerhaftes Ding mit Eulenaugen und „Pfeffer im Hintern", war schon dick mit Jane befreundet. Jane wußte, daß Mins farblose Ma völlig unwichtig war – nur eine Tapete für Min. Min trug im Sommer nie Strümpfe, und ihre bloßen Füße hüpften jeden Tag über die roten Straßen nach Lantern Hill. Manchmal kam Elmer Bell mit, besser bekannt als Ding-Dong. Ding-Dong hatte Sommersprossen und Segelohren, aber er war beliebt, obwohl ihm eine skandalöse Geschichte nachhing – er sollte als Baby in seinem Porridge gesessen haben. Wenn Young John besonders ungezogen sein wollte, brüllte er Ding-Dong nach: „Du hast im Porridge gesessen – jawohl – du hast im Porridge gesessen!“

Elmer, Min, Polly Garland, Shingle und Jane waren alle gleich alt. Sie mochten sich und stritten sich und ärgerten sich und verteidigten einander gegen die älteren und die jüngeren Kinder. Jane gab es auf zu glauben, daß sie nicht schon immer Freunde gewesen waren. Sie erinnerte sich an die Frau, die die Gay Street tot genannt hatte. Nun, Tante Matilda Jollies Haus war *nicht* tot. Es lebte, vom Dach bis zum Keller. Janes Freunde wuselten darin herum.

„Du bist so nett, man könnte meinen, du seist auf der Insel geboren“, sagte Ding-Dong zu ihr.

„Das bin ich auch“, sagte Jane triumphierend.

19. Großmutter Stuarts Schatztruhe

Eines Tages polterte ein blauer zweirädriger Wagen die Straße hinauf und lud einen großen Pappkarton auf dem Hof ab.

„Darin ist Porzellan und Silber von meiner Mutter, Jane“, sagte Dad. „Ich dachte, daß du es vielleicht haben möchtest. Du bist nach ihr benannt. Es wurde nicht ausgepackt, seit …" Dad brach plötzlich ab, und die Falte, die Jane immer glätten wollte, erschien auf seiner Stirn. „Sie wurden seit Jahren nicht ausgepackt."

Jane wußte genau, was ihm auf der Zunge gelegen hatte – „Seit deine Mutter gegangen ist" oder ähnliches. Ihr wurde plötzlich klar, daß dies nicht das erste Mal war, daß Dad ein Haus eingerichtet hatte … nicht das erste Mal, daß er mit freudiger Aufregung Tapeten, Gardinen und Teppiche ausgesucht hatte. Er mußte all das zusammen mit Mutter gemacht haben. Vielleicht hatten sie genauso viel Spaß dabei gehabt, wie Dad und sie ihn jetzt hatten … oder sogar noch mehr. Mutter muß sich gefreut haben, als sie ihr eigenes Heim eingerichtet hat. Bei der Einrichtung von Gay 60 hatte sie nie etwas zu sagen gehabt. Jane fragte sich, wo das Haus war, in dem Dad und Mutter gewohnt hatten … das Haus, in dem sie geboren worden war. Es gab soviel, das sie Dad gern gefragt hätte, wenn sie es gewagt hätte. Er war so gütig – wie hatte Mutter ihn nur verlassen können?

Es machte großen Spaß, Großmutter Stuarts Karton auszupacken. Er enthielt wunderschönes Glas- und Porzellangeschirr … Großmutter Stuarts Service aus weißem und goldenem Porzellan … Glaskelche mit schmalem Stiel … schöne Teller aller Art. Und Silber! Ein Teeservice, Gabeln, Löffel – Apostellöffel – und Salzfässer.

„Das Silber muß geputzt werden", sagte Jane begeistert. Was für einen Spaß würde sie haben, wenn sie es putzte und all das schöne Geschirr abwusch! Den Mond zu polieren war nichts dagegen. Überhaupt hatte das Leben auf dem Mond seinen alten Reiz verloren. Jane hatte genug damit zu tun, ihr eigenes Haus in Ordnung zu halten, ohne Ausflüge auf den Mond zu machen. Der

Mond auf der Insel hatte es ohnehin nicht nötig, poliert zu werden.

Es war noch mehr im Karton … Bilder und ein in Blau und Rot gesticktes eingerahmtes Motto: „Möge Gottes Friede in diesem Hause herrschen." Jane fand das herrlich. Sie und Dad hatten endlose Debatten darüber, wo die Bilder hängen sollten, aber zuletzt hatten alle ihren Platz gefunden, und es sah gleich ganz anders aus.

„Sobald man ein Bild an die Wand hängt", sagte Dad, „wird die Wand ein Freund. Eine leere Wand ist feindselig."

Sie hängten das Motto in Janes Zimmer, und jeden Abend, wenn sie zu Bett ging, und jeden Morgen, wenn sie aufstand, las Jane es wie ein Gebet.

Fortan prangten wunderbare Patchwork-Quilts auf den Betten. Großmutter Stuart hatte drei von ihnen gemacht … einen *Irish Chain*, einen *Blazing Star* und einen *Wild Goose*. Jane legte den *Wild Goose* auf Dads Bett, den blauen *Irish Chain* auf ihr eigenes und den roten *Blazing Star* auf das Stiefelregal – sie wollte ihn dort aufheben für den Tag, an dem sie ein Bett für das Gästezimmer hatten.

Sie fanden einen Bronzesoldaten zu Pferd im Karton und einen schimmernden Hund aus Messing. Der Soldat wanderte auf das Regal, auf dem die Uhr stand, und Dad sagte, der Hund müsse auf seinen Schreibtisch, um seine Porzellankatze zu bewachen. Dad hatte seinen Schreibtisch von Mr. Meade gekauft und stellte ihn im „Arbeitszimmer" auf … ein glänzender alter Mahagoni-Tisch mit Fächern und geheimen Schubladen. Die Katze saß auf einer Ecke … eine weiße, grüngefleckte Katze mit einem langen Schlangenhals und glänzenden Diamantenaugen. Aus irgendeinem Grund, den Jane nicht begreifen konnte, schien Dad das Ding zu gefallen. Er hatte es den ganzen Tag von Brookview nach Lantern Hill in der Hand getragen, damit es nicht kaputtging.

Janes eigenes Lieblingsstück war ein blauer Teller mit einem weißen fliegenden Vogel. Sie aß jede Mahlzeit davon. Und die alte Sanduhr mit ihrem goldenen Sand in einem Gestell aus Walnußholz war herrlich.

„Frühes achtzehntes Jahrhundert“, sagte Dad. „Mein Urgroßvater war United Empire-Loyalist, und dieses Stundenglas war so ziemlich alles, was er hatte, als er nach Kanada kam … das und ein alter Kupferkessel. Ich frage mich … ja, hier ist er. Noch mehr für dich zum Polieren, Jane. Und hier ist eine alte Schüssel aus blauweiß gestreiftem Porzellan. Mutter hat sie für Salat benutzt.“

„Das mache ich auch“, sagte Jane.

Auf dem Boden des Kartons befand sich eine kleine Schachtel.

Jane griff sofort danach. „Dad, was ist das?“

Dad nahm sie ihr aus der Hand. Er machte ein sonderbares Gesicht. „Das? Oh, das ist nichts.“

„Dad, es ist eine Distinguished Service Medal! Miss Colwin hatte so eine in ihrem Zimmer in St. Agatha's … ihr Bruder hat sie für seinen Einsatz im Großen Krieg bekommen. Oh, Dad, du … du …“ Jane war atemlos vor Stolz auf ihre Entdeckung.

Dad zuckte die Achseln. „Seiner gewissenhaften Jane kann man nichts vormachen! Ich habe sie für meinen Einsatz in Passchendaele gewonnen. Früher war ich stolz darauf. Es schien etwas zu bedeuten, als… wirf sie weg.“

Dads Stimme klang sonderbar heftig, aber Jane hatte keine Angst vor seinen kurzen Temperamentsausbrüchen. Sie kamen und gingen ebenso schnell wie ein Blitz aus einer Sommerwolke, und dann war wieder

Sonnenschein. Er war noch nie böse auf sie gewesen, aber mit Onkel Tombstone war er ein- oder zweimal aneinandergeraten.

Dad zuckte die Achseln. „Nun, dann sorge dafür, daß ich sie nicht zu Gesicht bekomme."

Jane legte die Medaille auf ihre Kommode und betrachtete sie jeden Tag hingerissen. Und sie war so aufgeregt über den Inhalt des Kartons, daß sie statt Salz Puderzucker in das Irish Stew tat, das sie zum Abendessen machte – diese Schmach dämpfte ihre Lebensfreude für eine Weile. Aber Happy mochte den Eintopf.

20. Besuch von Tante Irene

„Laß uns Gäste einladen, meine Jane. Ein sehr alter Freund von mir, Dr. Arnett, ist in Charlottetown. Ich würde ihn gern zum Abendessen und für eine Nacht zu uns einladen. Können wir das einrichten?"

„Natürlich. Aber wir brauchen ein Bett für das Gästezimmer. Wir haben die Kommode und den Spiegel und das Waschbecken, aber kein Bett. Wir haben doch gehört, daß die Little Donalds ein Bett zu verkaufen haben."

„Ich kümmere mich darum. Aber was ist mit dem Abendessen, Jane? Wollen wir extravagant sein? Und ein Hühnchen kaufen … oder zwei … von Mrs. Jimmy John? Wenn ja, kannst du sie kochen?"

„Natürlich. Oh, laß es mich planen, Dad! Wir machen kaltes Huhn und Kartoffelsalat. Ich weiß genau, wie Mary Kartoffelsalat gemacht hat … ich habe ihr oft beim Kartoffelschälen geholfen … und heißes Gebäck … du mußt mir eine Dose Flewell's Backpulver in The Corners kaufen, Dad … Flewell's, denk daran … es ist das einzige, auf das man sich verlassen kann …", Jane war schon eine Expertin für Backpulver, „und wilde Erdbeeren und Sahne. Min und ich haben gestern auf dem Hügel eine Stelle mit wilden Erdbeeren gefunden. Wir haben viele gegessen, aber es sind noch viel mehr da."

Unglücklicherweise kam Tante Irene an dem Nachmittag, an dem sie Dr. Arnett erwarteten. Sie überholte sie mit ihrem Auto, als Jane und ihr Vater ein eisernes Bettgestell die Straße hinauftrugen. Dad hatte es von Little Donald gekauft, und Little Donald hatte es am Ende der Straße abgestellt, weil er zuviel zu tun hatte, um es bis nach Hause zu bringen. Es war ein windiger Tag, und Jane hatte sich einen alten Schal von Tante Matilda Jollie um den Kopf gebunden, weil sie in der letzten Nacht etwas Zahnschmerzen gehabt hatte. Tante Irene sah ganz entsetzt aus, aber sie küßte sie beide, als sie auf den Hof kamen.

„Du hast also das Haus der alten Tillie Jollie gekauft, 'Drew? So ein ulkiger kleiner Platz! Nun, ich finde, du hättest vorher mit mir sprechen können."

„Jane wollte es geheimhalten … sie liebt Geheimnisse", sagte Dad leichthin.

„Oh, Jane ist reichlich geheimnistuerisch", sagte Tante Irene und drohte Jane sachte mit dem Finger. „Ich hoffe, sie ist wirklich nur ‚geheimnistuerisch'… aber ich finde, du neigst ein wenig dazu, hinterhältig zu sein." Tante Irene lächelte, aber ihre Stimme hatte einen scharfen Unterton.

Jane dachte, daß ihr Großmutters Gehässigkeit beinahe lieber war – da mußte man nicht so tun, als möge man es.

„Wenn ich es gewußt hätte, hätte ich dir dringend davon abgeraten, Andrew. Ich habe gehört, daß du vierhundert dafür bezahlt hast. Jimmy John hat dich einfach betrogen. Vierhundert für so eine kleine alte Bruchbude! Drei hätten gereicht."

„Aber der Blick, Irene … der Blick. Die hundert extra waren für die Aussicht."

„Du bist so unpraktisch, Andrew", diesmal drohte sie ihm mit einem lachenden Finger. Jedenfalls sah es so aus, als würde der Finger lachen. „Jane, du mußt deinen Vater finanziell kurzhalten. Sonst ist er im Winter mittellos."

„Oh, ich denke, wir kommen über die Runden, Irene. Wenn nicht, müssen wir uns eben so weit wie möglich einschränken. Jane ist eine ausgezeichnete kleine Wirtschafterin. ‚Sie schaut, wie es in ihrem Hause zugeht, und ißt ihr Brot nicht mit Faulheit.'"

„Oh, Jane!" Tante Irene war freundlich amüsiert über Jane. „Wenn du ein Haus haben mußt, 'Drew, warum hast du keins in der Nähe der Stadt genommen? Es gibt einen reizenden Bungalow draußen in Keppock … du hättest ihn für den Sommer mieten können. Dann wäre ich in deiner Nähe, um dir zu helfen … und dich zu beraten …"

„Wir mochten die Nordküste am liebsten. Jane und ich sind beide Wüstenfüchse und Vögel der Wildnis. Aber wir mögen beide Zwiebeln, also werden wir uns schon verstehen. Ja, wir haben sogar die Bilder aufgehängt, ohne uns zu streiten. Das ist doch phänomenal."

„Das ist nicht komisch, Andrew." Tante Irene jammerte beinahe. „Wo bekommt ihr etwas zu essen her?"

„Jane sammelt Muscheln", sagte Dad ernst.

„Muscheln! Glaubst du, ihr könntet von Muscheln leben?"

„Also, Tante Irene, der Fischmann kommt jede Woche, und der Fleischer von The Corners kommt zweimal die Woche", sagte Jane empört.

„Liiiebling!“ Tante Irene wurde schlagartig gönnerhaft. Sie äußerte sich herablassend über alles … das Gästezimmer und die gelben Rüschengardinen, auf die Jane so stolz war … „Ein nettes kleines Zimmerchen“, nannte sie es honigsüß … den Garten … „Es ist so ein herrliches altmodisches Fleckchen Erde, nicht wahr, Jane?“ … das Stiefelregal … „Wirklich, Tante Matilda Jollie war gut ausgestattet, nicht wahr, Schätzchen?“

Das einzige, worüber sie sich nicht herablassend äußerte, waren die Apostellöffel. Ihr süßlicher Ton hatte einen giftigen Beiklang, als sie von ihnen sprach. „Ich dachte immer, Mutter wollte, daß ich sie bekomme, ’Drew.“

„Sie hat sie Robin geschenkt“, sagte ’Drew ruhig.

Jane bekam eine Gänsehaut. Es war das erstemal, daß sie Dad Mutters Namen erwähnen hörte.

„Aber als sie gegangen ist …“

„Laß uns das bitte nicht diskutieren, Irene.“

„Natürlich nicht, mein Lieber. Ich verstehe. Verzeih mir. Und nun, Jane-Schätzchen, nehme ich mir eine Schürze und helfe dir, alles für Dr. Arnett vorzubereiten. Gott segne die Kleine, sie versucht, alles allein zu machen!“

Tante Irene amüsierte sich über sie … Tante Irene lachte über sie.

Jane war wütend und hilflos.

Tante Irene übernahm lächelnd das Kommando.

Die Hühner waren schon gekocht und der Salat gemacht, aber Tante Irene bestand darauf, das Gebäck zu machen und die Hühnchen zu zerlegen, und sie wollte nichts davon hören, daß Jane wilde Erdbeeren pflückte.

„Zum Glück habe ich einen Auflauf mitgebracht. Ich wußte, Andrew würde ihn mögen. Männer mögen etwas Kräftiges, weißt du, Schätzchen.“

Das machte Jane rasend. Sie schwor sich, daß sie innerhalb einer Woche lernen würde, Auflauf zu machen. Vorerst konnte sie nur nachgeben. Als Dr. Arnett kam, hieß Tante Irene ihn als lächelnde und liebenswerte Gastgeberin willkommen. Noch lächelnder und liebenswerter thronte sie am Kopf des Tisches, schenkte Tee ein und war entzückt, weil Dr. Arnett eine zweite Portion Kartoffelsalat nahm. Beide Männer mochten den Auflauf. Dad sagte Tante Irene, sie mache den besten Auflauf von Kanada.

„Essen ist kein schlechter Zeitvertreib", sagte Dad und sah etwas überrascht dabei aus, als habe er das gerade jetzt entdeckt – dank des Auflaufes. Bitterkeit überströmte Janes Herz. In diesem Augenblick hätte sie mit Vergnügen alle in Stücke gerissen.

Tante Irene half Jane beim Abwaschen, bevor sie ging. Jane dankte dem Himmel, daß sie und Min drei Tage zuvor in Lantern Corners gewesen waren und Geschirrtücher gekauft hatten. Was hätte Tante Irene gesagt, wenn sie die Teller mit einem Unterhemd hätte abtrocknen müssen?

„Ich muß nun gehen, Schätzchen … ich möchte zu Hause sein, bevor es dunkel wird. Ich wünschte, du wärst näher bei mir … aber ich werde kommen, so oft ich kann. Ich weiß nicht, was deine Mutter ohne mich getan hätte – viele Male, das arme Kind. 'Drew und Andrew sind an die Küste gefahren … ich denke, sie werden fast die ganze Nacht wegbleiben und sich die ganze Zeit streiten und anschreien. Andrew sollte dich nicht einfach hier alleinlassen. Aber so sind Männer eben … so gedankenlos."

Und Jane war froh, alleingelassen zu werden. Es war herrlich, wenn man die Möglichkeit hatte, mit sich selbst zu reden. „Es macht mir nichts aus, Tante Irene. Und ich liebe Lantern Hill."

„Du bist leicht zufriedenzustellen …“ Es klang, als sei sie ein liebes, dummes kleines Ding, weil sie so leicht zufriedenzustellen war. Tante Irene hatte ein außerordentliches Talent, einem das Gefühl zu geben, daß alles, man mochte, dachte oder tat, völlig unbedeutend war. Und wie es Jane zuwider war, daß sie sich in Dads Haus als Hausherrin aufspielte! War sie zu Mutter auch so gewesen? Wenn ja, dann …

„Ich habe ein Kissen für euer Wohnzimmer mitgebracht, Schätzchen …“

„Es ist eine Küche“, sagte Jane.

„Und ich bringe meinen alten Chintz-Stuhl mit, wenn ich das nächste Mal komme – für das Gästezimmer.“

Jane dachte an das „nette kleine Zimmerchen“ und erlaubte sich eine Genugtuung. „Ich glaube, wir haben keinen Platz dafür“, sagte sie.

Sie musterte das Kissen mit bösen Blicken, als Tante Irene gegangen war. Es war so neu und prächtig, daß alles andere daneben verblichen und bäuerlich aussah.

„Ich glaube, ich verstaue es auf dem Stiefelregal“, sagte Jane und freute sich diebisch.

21. Ein Brief an Mutter

Es war eine schwüle Nacht, und Jane ging nach draußen und setzte sich auf den Hügel … „Um wieder zu sich selbst zu finden“, wie sie es nannte. Sie hatte wirklich seit dem Morgen neben sich gestanden – mehr oder weniger jedenfalls, denn sie hatte den Toast für das Frühstück anbrennen lassen und war den ganzen Tag nicht über die Demütigung hinweggekommen. Die Hühner zu kochen, war schwierig gewesen … der Herd mit seinem Feuer war nicht wie Marys elektrischer Herd … und das Gästezimmer vor Tante Irenes belustigten Blicken herzurichten – „Man stelle sich vor, daß dieses Baby ein Gästezimmer hat!“ schienen sie zu sagen –, war noch schlimmer gewesen. Aber jetzt war sie wieder allein – gesegneter Friede –, und nichts hinderte sie daran, in der samtigen Kühle der Nacht auf dem Hügel zu sitzen, solange sie wollte. Der Wind wehte aus Südwesten und brachte den Duft von Big Donalds Kleefeld mit. Alle Hunde der Jimmy Johns bellten gleichzeitig. Die große Düne, die sie „Watch Tower“ nannten, ragte in den leeren Himmel im Norden empor. Am Fuß der Düne donnerten die Wellen. Eine silberne Staubwolke flog vorbei und streifte beinahe ihr Gesicht. Dad und Dr. Arnett hatten Happy mitgenommen, aber die Peter kamen den Hügel hinaufgerannt und strichen um sie herum. Sie lehnte ihr Gesicht an ihre seidigen Flanken, die durch das Schnurren vibrierten, und ließ sich ihre leichten Bisse in ihre Wangen gefallen. Es war, als würde ein Märchen wahr.

Als sie ins Haus zurückging, war Jane wieder sie selbst. Wer interessierte sich schon für die geschniegelte, lächelnde Tante Irene? Sie, Jane Stuart, war die Herrin von Lantern Hill, und sie würde lernen, Auflauf zu machen, jawohl, bei den drei weisen Affen, wie Dad so gern sagte.

Weil Dad nicht zu Hause war, setzte Jane sich an seinen Schreibtisch und schrieb ein oder zwei Seiten an ihrem Brief an Mutter. Zuerst hatte sie sich gefragt, wie sie überleben sollte, wenn sie nur einmal im Monat an Mutter schreiben durfte. Doch dann kam ihr der Gedanke, daß sie zwar nur einmal im Monat einen Brief abschicken, aber trotzdem jeden Tag ein paar Zeilen davon schreiben konnte.

„Wir hatten Gäste zum Abendessen“, schrieb Jane. Da sie Dad nicht erwähnen durfte, umging sie es durch den Pluralis majestatis. „Dr. Arnett und Tante Irene. Mochtest Du Tante Irene, Mummy? Hat sie Dir das Gefühl gegeben, dumm zu sein? Ich habe die Hühner gekocht, aber Tante Irene meinte, Auflauf sei besser als Erdbeeren. Findest Du nicht, daß wilde Erdbeeren feiner sind als Auflauf, Mummy?

Ich hatte vorher noch nie wilde Erdbeeren probiert. Sie sind herrlich. Min und ich kennen eine Stelle, an der sie wachsen. Morgen stehe ich früh auf und pflücke welche für das Frühstück. Mins Ma sagt, wenn ich genug pflücken kann, zeigt sie mir, wie man Marmelade daraus macht. Ich mag Mins Ma. Min mag sie auch. Min hat nur dreieinhalb Pfund gewogen, als sie geboren wurde. Niemand dachte, daß sie überleben würde. Mins Ma hat ein Schwein und mästet es, damit sie im Winter Schweinefleisch haben. Gestern durfte ich es füttern. Ich gebe gern Futter, Mummy. Man ist wichtig, wenn man Futter gibt. Schweine haben viel Appetit. Ich auch. Das liegt an der Luft auf der Insel, glaube ich.

Miranda Jimmy John kann es nicht ertragen, wenn man sich über sie lustigmacht, weil sie dick ist. Miranda melkt jeden Abend vier von den Kühen. Die Jimmy Johns haben fünfzehn Kühe. Ich habe sie noch nicht kennengelernt. Ich weiß nicht, ob ich Kühe mag oder nicht. Ich finde, sie sehen unfreundlich aus. Die Jimmy Johns haben große Haken in den Küchenbalken, an die sie Schinken hängen.

Das Baby der Jimmy Johns ist so ulkig und ernst. Es hat noch nie gelacht, obwohl es schon neun Monate alt ist. Sie machen sich Sorgen deswegen. Es hat lange, gebogene schwarze Wimpern. Ich wußte nicht, daß Babys so niedlich sind, Mummy.

Shingle Snowbeam und ich haben ein Rotkehlchennest in einer der kleinen Fichten hinter dem Haus gefunden. Es sind vier blaue Eier drin. Shingle sagt, daß wir es vor Penny und Young John geheimhalten müssen, sonst blasen sie die Eier aus. Manche Geheimnisse sind schön.

Ich mag Shingle jetzt. Sie heißt eigentlich Marilyn Florence Isabel. Mrs. Snowbeam sagt, das einzige, was sie ihren Kindern geben konnte, seien großartige Namen gewesen.

Shingle hat beinahe weiße Haare, aber ihre Augen haben genau das richtige Blau, so wie Deine, Mummy. Aber niemand hat so schöne Augen wie Du.

Shingle ist ehrgeizig. Sie ist die einzige von den Snowbeams, die Ehrgeiz hat. Sie sagt, sie würde eine Dame werden, und wenn sie bei dem Versuch umkommt. Ich habe ihr gesagt, daß sie, wenn sie eine Dame sein will, nie persönliche Fragen stellen darf, und sie macht es nicht mehr. Aber Caraway kümmert es nicht, ob sie eine Dame ist oder nicht, also stellt sie die Fragen, und Shingle hört die Antworten. Ich mag Young John Snowbeam nicht sehr. Er zieht Grimassen. Aber er kann Stöcker mit den Zehen aufheben.

Ich mag den Klang des Windes in der Nacht hier, Mummy. Ich liege wach, nur um ihn zu hören.

Letzte Woche habe ich Plumpudding gemacht. Er wäre gut gelungen, wenn er gelungen wäre. Mrs. Jimmy John sagt, ich hätte ihn dämpfen sollen, statt ihn zu kochen. Es macht mir nichts aus, daß Mrs. Jimmy John von meinen Fehlern weiß. Sie hat so freundliche Augen.

Es macht solchen Spaß, Kartoffeln in einem dreibeinigen Eisentopf zu kochen, Mummy.

Die Jimmy Johns haben vier Hunde. Drei, die sie überallhin begleiten, und einen, der zu Hause bleibt. Wir haben einen Hund. Hunde sind sehr lieb, Mummy.

„Step-a-yard ist der Gehilfe der Jimmy Johns. Natürlich heißt er nicht wirklich so. Miranda sagt, er sei schon sein ganzes Leben in Miss Justina Titus verliebt und weiß, daß es hoffungslos ist, weil Miss Justina dem Andenken von Alec Jacks die Treue hält, der im Großen Krieg gefallen ist. Sie trägt ihr Haar immer noch im Pompadour-Stil, sagt Miranda, weil sie diese Frisur hatte, als sie Alec auf Wiedersehen gesagt hat. Ich finde das rührend, Mummy.

Liebste Mummy, ich freue mich, daß Du diesen Brief bald in Händen hältst und ihn liest."

Es machte Jane allerdings weniger Freude, daß auch Großmutter ihn lesen würde. Jane sah Großmutters schmallippiges Lächeln an einigen Stellen. „Nun, gleich und gleich gesellt sich gern, Robin. Deine Tochter hatte immer ein Talent, sich mit den falschen Leuten anzufreunden. Grimassen!"

Wie schön es wäre, dachte Jane und sprang aus Spaß mit Anlauf ins Bett, wenn statt Dr. Arnett Mummy hier mit Dad wäre und sie bald zusammen zu mir zurückkommen würden. Es muß einmal so gewesen sein.

Es war früher Morgen, als Andrew Stuart seinen Besucher in das ordentliche Gästezimmer führte, wo Jane Großmutter Stuarts blauweiße Vase mit leuchtendroten Pfingstrosen gefüllt und auf den kleinen Tisch gestellt hatte. Dann schlich er auf den Zehenspitzen in Janes Zimmer.

Jane schlief fest. Er beugte sich über sie und sah sie so liebevoll an, daß Jane es spürte und im Schlaf lächelte. Er strich ihr eine zerzauste rotbraune Locke aus dem Gesicht.

„Dem Kind geht es gut", sagte Andrew Stuart.

22. Janes Kochkunst

Mit der Hilfe von *Cookery for Beginners,* Mrs. Jimmy Johns Ratschlägen und ihrem eigenen „Grips“ lernte Jane erstaunlich schnell und erstaunlich gut, Pastetenteig zu machen. Es machte ihr nichts aus, Mrs. Jimmy John um Rat zu fragen, aber sie wäre lieber gestorben, als Tante Irene zu fragen. Mrs. Jimmy John war ein weise, heitere Natur, gütig und klug. Auf Lantern Hill stand sie in dem Ruf, sich nie über etwas aufzuregen, nicht einmal über Kirchenbasare. Sie lachte nicht, wenn Jane kreidebleich vor Schreck angerannt kam, weil ein Kuchen umgekippt oder eine Zitronenfüllung zerflossen war, und Dad hatte belustigt die Augenbrauen gerunzelt. Tatsächlich hätte Jane trotz all ihrer Begabung für das Kochen eine ganze Menge Malheure angerichtet, wenn Mrs. Jimmy John nicht gewesen wäre.

„Ich würde lieber einen gehäuften Teelöffel Maisstärke und keinen gestrichenen nehmen, Jane.“

„Im Kochbuch steht, ein gestrichener Teelöffel“, sagte Jane zweifelnd.

„Man kann nicht immer danach gehen, was in Büchern steht“, sagte Step-a-yard, der sich ebenso wie alle für Janes Fortschritte interessierte. „Gebrauche einfach deinen Grips. Zum Koch wird man geboren, nicht gemacht, habe ich immer gesagt, und du bist eine geborene Köchin, wenn mich nicht alles täuscht. Die Dorschbällchen, die du neulich gemacht hast, waren umwerfend.“

An dem Tag, an dem Jane ohne Hilfe eine Mahlzeit aus geröstetem Lamm mit Soße, cremigen Erbsen und einem Plumpudding zubereitet hatte, die sogar Onkel Tombstone hätte essen können, war sie so stolz wie noch nie im Leben. Es war ein Segen, daß Dad sagte:

„Bitte mehr davon, Jane. Was sind schon die Planetesimale Hypothese und die Quantentheorie gegen so ein Essen? Komm, Jane, erzähl mir nicht, daß du die Quantentheorie nicht kennst. Eine Frau kann zurechtkommen, ohne etwas von der Planetesimale Hypothese zu wissen, aber die Quantentheorie, Jane, ist in jedem gutorganisierten Haushalt nötig."

Jane machte es nichts aus, wenn ihr Vater sie aufzog. Wenn sie auch nicht wußte, was die Quantentheorie war, so wußte sie doch, daß der Plumpudding gut war. Sie hatte das Rezept von Mrs. Big Donald bekommen. Jane war eine begeisterte Rezeptesammlerin und betrachtete jeden Tag als verschwendet, an dessen Abend sie kein neues auf die leeren Seiten hinten in *Cookery for Beginners* schreiben konnte. Sogar von Mrs. Snowbeam bekam sie eines für Reispudding.

„Der einzige, den wir je bekommen", sagte Young John. „Er ist billig."

Young John kam immer, um Schüsseln leerzukratzen. Ein sechster Sinn sagte ihm, wann Jane Kuchen backen würde. Die Snowbeams fanden es lustig, daß Jane all ihren Küchenutensilien Namen gab. Der Teekessel, der immer auf dem Herd tanzte, wenn das Wasser kochte, hieß Tipsy, die Bratpfanne war Mr. Muffet, die Abwaschschüssel Polly, die Bratpfanne Timothy, der Kochtopf Booties und das Nudelholz Tillie Tid.

Aber Jane erlebte ihr Waterloo, als sie versuchte, Doughnuts zu machen. Es klang so einfach ... aber nicht einmal die Snowbeams konnten das Ergebnis essen. Jane, entschlossen, nicht aufzugeben, versuchte es immer wieder. Alle nahmen lebhaften Anteil an ihrem Kampf mit den Doughnuts. Mrs. Jimmy John machte Vorschläge und Mins Ma gab Ratschläge. Der Kaufmann in The Corners schickte ihr ein neue Sorte

Schmalz. Jane hatte zuerst versucht, sie in Timothy zu braten, dann in Mr. Muffet. Ohne Erfolg. Die bösartigen Doughnuts trieften jedesmal vor Fett. Jane wachte nachts deswegen auf und sorgte sich deswegen.

„Das geht nicht, meine geliebte Jane“, sagte Dad. „Weißt du nicht, daß die Sorge die Katze der Witwe umgebracht hat? Außerdem erzählen mir die Leute, daß du zu erwachsen für dein Alter seist. Schlag dir das Ganze aus dem Kopf, meine Jane, und denk nicht mehr an Doughnuts.“

Jane lernte wirklich nie, gute Doughnuts zu machen … so blieb sie demütig und prahlte nicht, wenn Tante Irene kam. Und Tante Irene kam ziemlich oft. Manchmal blieb sie über Nacht. Jane haßte es, sie in ihrem geliebten Gästezimmer einzuquartieren. Tante Irene war immer so liebenswürdig amüsiert, weil Jane ein Gästezimmer hatte. Und sie fand es zu komisch, daß Jane Holz hackte.

„Meistens macht Dad es, aber er ist den ganzen Tag so mit Schreiben beschäftigt, und ich wollte ihn nicht stören“, sagte Jane. „Außerdem hacke ich gern Holz.“

„Was für eine kleine Philosophin!“ sagte Tante Irene und wollte ihr einen Kuß geben.

Jane errötete bis unter die Haarwurzeln. „Bitte, Tante Irene, ich mag nicht geküßt werden.“

„Reizend von dir, das zu deiner eigenen Tante zu sagen, Schätzchen.“ Und ihre belustigt hochgezogenen Augenbrauen sprachen Bände. Die makellose, lächelnde Tante Irene wurde nie böse.

Jane dachte, daß sie sie nach einem handfesten Krach vielleicht lieber mögen würde. Sie wußte, daß Dad etwas ärgerlich war, weil sie und Tante Irene sich nicht besser verstanden und daß er ihr die Schuld daran gab. Vielleicht *war* es auch ihre Schuld – vielleicht war es sehr ungezogen von ihr, Tante Irene nicht zu mögen.

Sie sieht auf uns herab, dachte Jane empört. Es war nicht so sehr das, *was* sie sagte, sondern eher die Art, *wie* sie es sagte … als ob Jane nur die Haushälterin für ihren Vater spielte.

Manchmal gingen sie in die Stadt und aßen bei Tante Irene zu Abend … wirklich phantastische Abendessen. Zu Anfang war es Jane unangenehm, weil sie wußte, daß sie nicht so kochen konnte wie Tante Irene. Aber als die Wochen vergingen, bekam sie das Gefühl, daß sie es im Kochen mit Tante Irene aufnehmen konnte.

„Du bist wunderbar, Schätzchen, aber du hast zuviel Verantwortung. Ich sage es deinem Vater ständig."

„Ich mag Verantwortung", sagte Jane beleidigt.

„Sei nicht so empfindlich, Schätzchen …" Als wäre es ein Verbrechen.

Wenn Jane auch nicht lernte, Doughnuts zu machen, so lernte sie ohne Probleme, Marmelade zu kochen. „Ich liebe Marmeladekochen", sagte sie, als Dad sie fragte, warum sie sich die Mühe machte.

In die Speisekammer zu gehen und ein Regal über dem anderen mit roten und gelben Marmeladengläsern zu sehen, gab ihr die tiefe Zufriedenheit, gute Arbeit gemacht zu haben. Jeden Morgen stand sie früh auf, um mit Min oder den Snowbeams Himbeeren zu sammeln. Später duftete es auf ganz Lantern Hill würzig nach Eingemachtem. Als Jennie Lister aus The Corners vor ihrer Hochzeit eine Brautparty feierte und reichlich Marmelade und Eingemachtes bekam, ging Jane stolz mit den anderen und nahm einen Korb mit Marmelade- und Einmachgläsern mit. Sie hatte großen Spaß auf der Party, denn mittlerweile kannte sie jeden, und jeder kannte sie. Ein Spaziergang zum Dorf machte Freude … sie konnte jetzt mit jedem reden, den sie traf, und jeder Hund verbrachte gern seine Zeit mit ihr. Jane fand, daß beinahe jeder auf seine Weise nett war. Es gab so viele verschiedene Arten von Nettigkeit.

Ihr fiel es leicht, mit jedem über jedes Thema zu sprechen. Sie spielte gern mit den Kleinen, aber sie unterhielt sich auch gern mit den älteren Leuten. Sie hatte mit Step-a-yard die spannendsten Diskussionen über Grünfutter und den Preis von Schweinefleisch und warum Kühe auf Holz herumkauten. Sie ging jeden Sonntagmorgen mit Jimmy John über seine Farm und begutachtete die Ernte. Von Onkel Tombstone lernte sie, mit Pferd und Wagen zu fahren.

„Sie könnte ein Rad an einem Wagen anbringen, nachdem man es ihr einmal gezeigt hat“, erzählte er den Jimmy Johns.

Step-a-yard wollte nicht zurückstehen und ließ sie eines Tages eine Ladung Heu in Jimmy Johns große Scheune fahren.

„Hätte es selber nicht besser machen können. Du hast ein Gefühl für Pferde, Jane.“

Aber Janes bester Freund war der alte Timothy Salt, der beim Hafen in einem Haus mit niedrigem Dach inmitten von Fichten wohnte. Er hatte das vergnügteste, pfiffigste Gesicht und die runzligste Lederhaut, die Jane je gesehen hatte, mit tiefliegenden Augen, die wie Brunnen voller Lachen waren. Jane saß stundenlang bei ihm, wenn er Muscheln öffnete und ihr Geschichten von Schiffsunglücken erzählte, verblassende Legenden aus den Dünen und der Landzunge, alte Romanzen von der Nordküste, die ihr vorkamen wie neblige Gespenster. Manchmal waren andere alte Fischer und Seeleute da, holten Netze ein und legten neue aus. Jane saß da, hörte zu und scheuchte Timothys zahmes Schwein weg, wenn es ihr zu nahe kam. Der salzige Wind wehte ihr um die Nase. Die kleinen Wellen im Hafen strömten im Sonnenuntergang dahin, und später schaukelten die

Fischerboote im Mondschein. Manchmal stieg ein gespenstischer weißer Nebel über den Dünen auf, die Hügel hinter dem Hafen wurden zu schemenhaften Umrissen im Dunst, und sogar häßliche Dinge wurden schön und geheimnisvoll.

„Wie ist das Leben zu dir?“ pflegte Timothy ernst zu sagen, und Jane pflegte ihm ebenso ernst zu erzählen, daß das Leben gut zu ihr war.

Timothy gab ihr einen Glaskasten mit Korallen und Muscheln aus den West und den East Indies. Er half ihr, von der Küste flache Steine zu holen, um damit Gartenwege anzulegen. Er lehrte sie, zu sägen und Nägel einzuschlagen und zu schwimmen. Jane verschluckte fast den ganzen Atlantik, als sie schwimmen lernte – oder jedenfalls kam es ihr so vor –, aber sie lernte es und rannte nach Hause, ein triefendes, glückliches Geschöpf, um es stolz Dad zu erzählen. Und sie baute eine Schaukel aus Faßdauben. Ganz Lantern Hill sprach davon.

„Dieses Kind schreckt vor nichts zurück“, sagte Mrs. Snowbeam.

Timothy hängte sie zwischen zwei Fichten für sie auf ... Dad war nicht besonders gut in solchen Dingen, obwohl er sagte, er würde es machen, wenn sie ein Wort fand, das sich auf Silber reimte.

Timothy lehrte sie, die Zeichen des Himmels zu erkennen. Jane hatte sich dem Himmel nie verbunden gefühlt. Auf Lantern Hill zu stehen und den ganzen Himmel zu sehen, war herrlich. Jane konnte stundenlang unter den Fichten sitzen und den Himmel oder die See anstarren oder Licht, das zwischen den Dünen tanzte. Sie lernte, daß Schäfchenwolken ein Vorbote für schönes Wetter waren und daß Wolken, die wie Pferdeschweife aussahen, Wind ankündigten. Sie lernte, daß ein roter Morgenhimmel ein Vorzeichen für Regen war, ebenso wie die dunklen Fichten auf Little Donalds Hügel, wenn sie so deutlich sichtbar waren und so nah zu sein schienen. Auf Lantern Hill freute sich Jane über Regen. In der Stadt hatte sie Regen nie gemocht, aber hier am Meer liebte sie ihn. Sie hörte es gern, wenn er nachts vor ihrem Fenster auf das Farnkraut prasselte, sie mochte seinen Klang und die Frische. Sie ging sogar gern bei Regen hinaus … und wurde klatschnaß. Sie mochte die Schauer, die manchmal über dem Hafen niedergingen, neblig und purpurn, wenn es auf Lantern Hill wirklich schön war. Sie mochte sogar Unwetter, wenn sie sie aus sicherer Entfernung beobachten konnte. Aber eines Nachts gab es ein schreckliches Unwetter. Blaue Schwerter aus Blitzlicht zerrissen die Dunkelheit … Donner polterte über Lantern Hill. Jane kauerte sich im Bett zusammen und vergrub das Gesicht in ihrem Kopfkissen, bis sie merkte, wie Dad den Arm um sie legte. Er hob sie hoch und drückte sie an sich, wobei er zwei empörte Peter von ihrem Platz verdrängte.

„Hast du Angst, meine Jane?“

„Nei-ei-ein“, log Jane tapfer. „Es ist nur … unanständig.“

Dad lachte laut. „Das ist genau das richtige Wort. So ein Donner ist unanständig. Aber es ist bald vorbei. ‚Die Säulen des Himmels zittern und entsetzen sich vor seinem Schelten.‘ Weißt du, woher das stammt, Jane?“

„Es klingt nach der Bibel“, sagte Jane, als sie wieder zu Atem gekommen war – nach einem Krach, der den Hügel entzweigespalten haben mußte. „Ich mag die Bibel nicht.“

„Du magst die Bibel nicht? Jane, Jane, das geht nicht. Wenn jemand die Bibel nicht mag, stimmt entweder mit ihm etwas nicht oder mit der Art, wie er an sie herangeführt wurde. Wir müssen etwas dagegen tun.

Die Bibel ist ein wundervolles Buch, meine Jane. Voll von guten Geschichten und der besten Poesie der Welt. Voll von faszinierend menschlicher ‚menschlicher Natur'. Voll mit unglaublicher, zeitloser Weisheit und Wahrheit und Schönheit und gesundem Menschenverstand. Ja, ja, wir werden uns darum kümmern. Ich glaube, der erste Sturm ist vorbei … und morgen früh hören wir wieder, wie die kleinen Wellen im Sonnenlicht miteinander flüstern, und der Zauber von Silberflügeln wird über dem Strand sein, wenn die Möwen fliegen. Ich werde die zweite Strophe meines Epos über das Leben von Methusalem beginnen, und Jane wird hin- und hergerissen sein und versuchen, zu entscheiden, ob wir drinnen oder draußen frühstücken sollen. ‚Und alle Berge seien fröhlich' … das ist auch aus der Bibel, Jane. Du wirst sie lieben."

Vielleicht … obwohl Jane dachte, daß es dazu eines Wunders bedurfte. Wie auch immer, sie liebte Dad. Mutter war immer noch das Licht in ihrem Leben, wie eine Erinnerung an den Abendstern. Aber Dad war … Dad!

Jane schlief wieder ein und hatte einen schrecklichen Traum, in dem sie die Zwiebeln und Dads Strümpfe mit den blauen Zehen, die gestopft werden mußten, nicht finden konnte.

23. Die Bibel

Schließlich stellte Jane fest, daß kein Wunder geschehen mußte, damit sie lernte, die Bibel zu mögen. Sie und Dad gingen jeden Sonntagnachmittag an den Strand, und er las ihr aus der Bibel vor. Jane liebte diese Sonntagnachmittage. Sie nahmen ihr

Abendessen mit, setzten sich in den Sand und aßen. Sie hatte eine angeborene Liebe zum Meer und allem, was damit verbunden war. Sie liebte die Dünen … sie liebte die Musik des Windes, der in der silbrigen Einsamkeit des Strandes sang … sie liebte die fernen nebligen Küsten, an denen Abends die Lichter der Häuser funkelten. Und sie liebte Dads Stimme, wenn er ihr aus der Bibel vorlas. Seine Stimme ließ alles schön klingen. Jane dachte, wenn Dad keine einzige andere gute Eigenschaft hätte, hätte sie ihn allein wegen seiner Stimme lieben müssen. Und sie liebte die kleinen Kommentare, die er beim Lesen machte … Dinge, durch die die Verse für sie lebendig wurden. Sie hätte nie gedacht, daß so etwas in der Bibel stand. Aber Dad las auch nichts über „gezwirnten Byssus“ vor.

„‚Da mich die Morgensterne miteinander lobten‘… Das ist der Inbegriff der Freude an der Schöpfung, Jane. Hörst du nicht die unsterbliche Musik der Sphären? ‚Sonne, stehe still zu Gibeon, und Mond, im Tal Ajalon!‘ So eine sublime Arroganz, Jane… Mussolini selbst konnte es nicht damit aufnehmen. ‚Hier sollen sich legen deine stolzen Wellen‘… sieh, wie sie heranwogen, Jane… ‚Bis hierher sollst du kommen und nicht weiter‘… Das majestätische Gesetz, dem sie gehorchen, ist nie falsch und scheitert nie. ‚Armut und Reichtum gib mir nicht‘… das Gebet von Agur, dem Sohn des Jake. Agur war ein vernünftiger Mann, meine Jane. Habe ich dir nicht gesagt, daß die Bibel viel gesunden Menschenverstand enthält? ‚Ein Narr schüttet seinen Geist ganz aus.‘ Das Buch der Sprüche geht mit Dummköpfen härter ins Gesicht als mit irgendwem sonst, Jane… und mit Recht. Die Dummköpfe verursachen allen Ärger auf der Welt, nicht die Bösen. ‚Denn wo du hingehst, da will ich auch hingehen, und wo du bleibst, da will ich auch bleiben; dein Volk ist mein Volk, und dein Gott ist mein Gott! Wo du stirbst, da sterbe auch ich, und dort will ich begraben werden; der Herr tue mir dies und das und noch mehr, wenn nicht der Tod allein uns scheiden soll!' Die Hochwasserscheide des Gefühlsausdrucks – in jeder Sprache, die ich kenne, Jane... Ruth zu Naomi ... und alles in so schlichten Worten. Kaum mehr als eine Silbe ... der Schreiber dieses Verses konnte mit Worten umgehen wie kein anderer nach ihm. Und er verstand sich darauf, nicht zuviele zu gebrauchen. Jane, die schrecklichsten und die schönsten Dinge auf der Welt können in drei oder noch weniger Worten gesagt werden... ‚Ich liebe dich'... ‚Er ist gegangen'... , Er ist gekommen'... ‚Sie ist tot'... ‚zu spät'... und das Leben erstrahlt in neuem Glanz, oder es ist ruiniert. ‚Und gedämpft sind alle Töchter des Gesangs'... Hast du nicht etwas Mitleid mit ihnen, Jane... mit den albernen, leichtsinnigen Töchtern des Gesangs? Findest du, daß sie eine solche Demütigung wirklich verdient hatten? ‚Sie haben meinen Herrn weggenommen, und ich weiß nicht, wo sie ihn hin gelegt haben ...' Dieser Schrei der äußersten Verzweiflung! ‚Tretet auf die Wege und schauet und fraget nach den vorigen Wegen, welches der gute Weg sei, und wandelt darin, so werdet ihr Ruhe finden für eure Seele!' Ah, Jane, einige von uns sind zu weit vom alten Pfad abgekommen ... und wir finden den Rückweg nicht, sosehr wir es uns auch wünschen. ‚Eine gute Botschaft aus fernen Landen ist wie kalt Wasser einer durstigen Seele.' Hattest du jemals richtigen Durst, Jane... so brennenden Durst, daß kaltes Wasser für dich den Himmel bedeutet hat? So durstig war ich mehr als einmal. ‚Denn tausend Jahre sind vor dir wie der Tag, der gestern vergangen ist, und wie eine Nachtwache.' Denk an ein solches Wesen, Jane, wenn kleine Momente dich quälen. ‚Und ihr werdet die Wahrheit erkennen, und die Wahrheit wird euch frei machen.‘ Der schrecklichste und großartigste Satz der Welt, Jane… weil wir alle Angst vor der Wahrheit und Angst vor der Freiheit haben … darum haben wir Jesus umgebracht.“

Jane verstand nicht alles, was Dad sagte, aber sie verstaute es in ihrem Gedächtnis, damit es wachsen konnte. Ihr Leben lang begriff sie plötzlich Dinge, wenn ihr etwas einfiel, das Das gesagt hatte. Nicht nur aus der Bibel, sondern auch aus all den Gedichten, die er ihr diesen Sommer vorgelesen hatte. Er lehrte sie die Schönheit der Worte… Dad las Worte, als würde er sie schmecken.

„‚Der flüchtige Schimmer des Mondes‘[1] … eine der unsterblichen Zeilen der Literatur, Jane. Manche enthalten echten Zauber …“

„Ich weiß“, sagte Jane. „‚Der Weg nach Mandalay‘[2] … das habe ich in einem von Miss Colwins Büchern gelesen … und ‚Die Hörner des Elflands, leise singend!‘[3] Das tut wunderbar weh.“

„Du hast eine Ader dafür, Jane. Aber oh, meine Jane … warum … warum … hat Shakespeare seiner Frau sein zweitbestes Bett gegeben?“

„Vielleicht, weil es ihr am besten gefiel“, sagte Jane praktisch.

„‚Aus dem Munde der Unmündigen und Säuglinge‘… ganz sicher. Ich frage mich, ob dieser naheliegende Gedanke jemals den Leuten gekommen ist, die sich darüber den Kopf zerbrochen haben. Kannst du dir vorstellen, wer ‚die dunkle Dame‘ war, Jane? Wenn ein Dichter eine Frau besingt, wird sie unsterblich … denk an Beatrice … Laura … Lucasta … Highland Mary.

---

1 Roman von Edith Wharton. deutsch von Inge Leipold.
2 „Mandalay“, Gedicht von Rudyard Kipling.
3 „The Splendour Falls“, Gedicht von Alred Tennyson; deutsch von Adolf Strodtmann.

Von ihnen wird noch Jahrhunderte nach ihrem Tod gesprochen, weil die großen Dichter sie geliebt haben. Troja ist schon längst vom Unkraut überwuchert, aber wir erinnern uns an Helena."

„Ich nehme an, daß sie keinen großen Mund hatte", sagte Jane wehmütig.

Dad verzog keine Miene. „Keinen zu kleinen, Jane. Du kannst dir die Göttin Helena sicher nicht mit einem Rosenknospenmund vorstellen, oder?"

„Ist mein Mund zu groß, Dad?" fragte Jane. „Die Mädchen in St. Agatha's haben es gesagt."

„Er ist nicht zu groß, Jane. Es ist ein großzügiger Mund … der Mund von einer, die gibt und nicht nimmt … ein offener, freundlicher Mund … mit sehr feingeschnittenen Mundwinkeln, Jane. Kein Zeichen von Schwäche in ihnen … du wärst nicht mit Paris durchgebrannt, Jane, und hättest nicht all dieses Unheil angerichtet. Du hättest deine Versprechen gehalten, Jane … in Gedanken und Taten, sogar in dieser unruhigen Welt."

Jane hatte das sonderbare Gefühl, daß Dad an Mutter dachte und nicht an Helena aus Argos. Aber was er über ihren Mund gesagt hatte, tröstete sie.

Dad las nicht immer aus den Klassikern vor. Eines Tages nahm er einen dünnen Gedichtband von Bernard Freeman Trotter mit an den Strand.

„Ich kannte ihn in Übersee … er ist gefallen … hör dir sein Lied über die Pappeln an, Jane.

And so I sing the poplars and when I come to die
I will not look for jasper walls but cast about my eye
For a row of wind-blown poplars against an English sky.[4]

Was willst du sehen, wenn du in den Himmel kommst, Jane?"

---

4 „The Poplars" von Bernard Freeman Trotter.

„Lantern Hill“, sagte Jane.

Dad lachte. Es war schön, Dad zum Lachen zu bringen … und so leicht. Obwohl Jane oft nicht genau wußte, worüber er eigentlich lachte. Aber es machte ihr gar nichts aus … nur fragte sie sich manchmal, ob es Mutter etwas ausgemacht hatte.

Eines Abends, an dem Dad Poesie hervorgesprudelt hatte, bis er müde war, sagte Jane schüchtern: „Möchtest du, daß ich dir etwas vortrage, Dad?“

Sie trug *The Little Baby of Mathieu* vor. Es war leicht … Dad war so ein gutes Publikum.

„Du kannst es, Jane. Das war gut. Du mußt es weiter üben … Ich war selber recht gut im Vortragen von Gedichten in dieser Mundart.“

„Jemand, den sie nicht mochte, war recht gut im Vortragen von Gedichten in Mundarten“ … Jane wußte noch, wer das gesagt hatte. Wieder verstand sie etwas.

Dad rollte zu einer Stelle, von der aus er ihr Haus sehen konnte – es war in einer Lücke zwischen den Dünen in der Dämmerung.

„Ich sehe Licht bei den Jimmy Johns … und bei den Snowbeams in Hungry Cove … aber unser Haus ist dunkel. Laß uns hingehen und Licht machen, Jane. Und ist noch etwas von der Apfelsoße da, die du gemacht hast?“

Sie gingen zusammen nach Hause, und Dad zündete seine Petroleumlampe an und setzte sich an seinen Schreibtisch, um an seinem Epos über Methusalem zu arbeiten … oder an etwas anderem … und Jane nahm eine Kerze mit, als sie ins Bett ging. Sie mochte Kerzen lieber als Lampen, weil eine Kerze so schön verlosch … die feine Rauchsäule … und der knisternde Docht, der noch einmal warnend zischte, bevor er einen im Dunkeln alleinließ.

Nachdem Dad Jane für die Bibel begeistert hatte, sorgte er dafür, daß Geschichte und Geographie für sie lebendig wurden. Sie hatte ihm gesagt, daß sie die beiden Fächer schwierig fand. Aber Geschichte erschien ihr nicht mehr als ein Wirrwar aus Jahreszahlen und Namen in einer verschwommenen, kalten Vergangenheit, sondern wurden Wirklichkeit, wenn Dad Geschichten von Wundern und stolzen Königen erzählte. Die einfachsten Dinge bekamen einen Hauch von Romantik und Geheimnis, wenn Dad sie erzählte, und wurden für Jane unvergeßlich. Theben … Babylon … Tyros … Athen … Galiläa … waren Orte, in denen echte Menschen lebten … Menschen, die sie kannte. Und da sie sie kannte, war es leicht, sich für alles zu interessieren, was mit ihnen zu tun hatte. Erdkunde – früher nur eine Weltkarte – war genauso spannend.

„Laß uns nach Indien gehen", sagte Dad … und sie gingen … obwohl Jane unterwegs die ganze Zeit Knöpfe an Dads Hemden nähte. Mins Ma war gut im Annähen von Knöpfen.

Bald kannte Jane alle fernen Länder ebensogut wie Lantern Hill … oder jedenfalls kam es ihr so vor, nachdem sie sie mit Dad bereist hatte.

„Eines Tages, Jane, werden wir beide wirklich auf Reisen gehen und alles sehen. Das Land der Mitternachtssonne … fasziniert dich der Name nicht, Jane? … das ferne Cathay … Damaskus … Samarkand … Japan zur Zeit der Kirschblüte … Euphrates zwischen seinen toten Reichen … der Mond, der über Karnak aufgeht … Lotusblütentäler in Kaschmir … Burgen an den Ufern des Rhein. Im Apennin – dem ‚wolkigen Apennin' – gibt es eine Villa, die ich dir zeigen will, meine Jane. Aber vorher laß uns eine Karte des verlorenen Atlantis zeichnen."

„Nächstes Jahr fange ich mit Französisch an“, sagte Jane. „Ich glaube, es wird mir gefallen.“

„Das wird es. Du wirst erleben, wie faszinierend Fremdsprachen sind. Stell sie dir vor wie Türen eines herrlichen Palastes, die sich für dich öffnen. Du wirst sogar Latein mögen, obwohl es tot ist. Ist es nicht traurig, daß eine Sprache tot ist, Jane? Einst hat sie gelebt und gebrannt und geglüht. Die Menschen haben liebevolle Dinge in ihr gesagt … bittere Worte … kluge und dumme. Ich frage mich, wer die letzte Person war, der den letzten Satz in lebendigem Latein gesagt hat. Jane, wieviele Stiefel würde ein Hundertfüßer brauchen, wenn er Stiefel trüge?“

Das war Dad, wie er leibte und lebte. Liebevoll … ernst … verträumt … und dann wieder ein herrlich unsinniger Ausspruch. Aber Jane wußte genau, wie Großmutter das gefunden hätte.

Sonntage waren auf Lantern Hill interessant – nicht nur wegen der Bibellesungen mit Dad, sondern auch, weil sie morgens mit den Jimmy Johns zur Kirche in Queen’s Shore ging. Jane liebte die Kirche. Sie trug das grüne Leinenkleid, das Großmutter ihr gekauft hatte, und hielt stolz ihr Gesangbuch in der Hand. Sie gingen auf einem Weg über die Felder, der um die Ecke von Big Donalds Wäldern führte, durch eine kühle Weide, auf der Schafe grasten, die Straße hinter dem Haus von Mins Ma hinunter, wo Min zu ihnen stieß, und schließlich einen langen, von Gras überwucherten Pfad entlang zu dem Gotteshaus, das „die kleine Südkirche“ genannt wurde … ein kleines, weißes Gebäude inmitten von Buchen und Fichten, in denen der Wind flüsterte. Es war in jeder Hinsicht anders als St. Barnabas, aber Jane gefiel es. Die Fenster waren aus einfachem Glas, und man konnte den Wald und den großen wilden Kirschbaum sehen, der bei der Kirche wuchs. Jane hätte den

Baum gern gesehen, wenn er blühte. Alle Leute machten ihr Sonntagsgesicht, wie Step-a-yard es nannte, und der Kirchenälteste Tommy Perkins sah so feierlich und weltfern aus, daß Jane kaum glauben konnte, daß es dieselbe Person war wie der fröhliche Tommy Perkins an Wochentagen. Mrs. Little Donald reichte ihr immer ein Pfefferminzbonbon über die Kante der Kirchenbank, und obwohl Jane Pfefferminzbonbons eigentlich nicht mochte, mochte sie dieses trotzdem. Es hatte etwas Feierliches an sich.

Zum erstenmal konnte Jane die Choräle mitsingen, und sie tat es mit Inbrunst. Niemand in Gay 60 war je auf den Gedanken gekommen, daß Jane singen konnte, aber sie stellte fest, daß sie wenigstens den Ton halten konnte und war dankbar, denn sonst hätte sie sich bei dem sonntäglichen „Chorabende“ der Jimmy Johns in ihrem alten Obstgarten als Außenseiterin gefühlt. In gewisser Hinsicht fand Jane, daß der Chorabend der beste Teil des Sonntags waren. Alle Jimmy Johns sangen wie Lerchen, und das Lieblingslied eines jeden wurde gesungen. Sie sangen „frechere“ Stücke als in der Kirche, wie Step-a-yard – ein ausgezeichneter Baß – es nannte und hatten kleine, in weiches Leder gebundene Gesangbücher voller Eselsohren. Manchmal versuchte auch der Hund mitzusingen, der im Haus bleiben mußte. In der Ferne ließ das Mondlicht das Meer funkeln.

Sie endeten immer mit *God Save the King,* und wenn Jane nach Hause ging, begleiteten alle Jimmy Johns und die drei Hunde, die nicht zu Hause blieben, sie bis zur Tür von Lantern Hill. Einmal saß Dad im Garten auf dem Steinsitz, den Timothy Salt für sie gebaut hatte, rauchte seine „Old Contemptible“ und „genoß die Schönheit der Dunkelheit“, wie er sagte. Jane setzte sich neben ihn, und er legte den Arm um sie. First Peter strich ihnen um die Beine. Es war so still, daß sie die Kühe auf Jimmy Johns Feld grasen hörten, und so kühl, daß Jane froh war, wenn Vater seinen Arm in der Tweedjacke um sie legte. Still und kühl und süß … und in Toronto stöhnten die Menschen unter einer Hitzewelle, hatte gestern in der Zeitung von Charlottetown gestanden. Aber Mutter war mit Freunden in Muskoka. Die arme Jody dagegen würde in ihrer kleinen Dachkammer beinahe ersticken. Wenn Jody nur hier wäre!

„Jane", sagte Dad, „hätte ich dich schon letzten Frühling kommen lassen sollen?"

„Natürlich", sagte Jane.

„Wirklich? Hat es jemandem … wehgetan?"

Janes Herz schlug schneller. Es war das erste Mal, daß Dad so nahe daran war, Mutter zu erwähnen.

„Nicht sehr … weil ich im September wieder nach Hause komme."

„Ah, ja. Ja, du wirst im September wieder nach Hause fahren."

Jane erwartete, daß er noch mehr sagen würde, aber es kam nichts mehr.

24. Noch ein Brief an Mutter

„Siehst Du Jody manchmal?" schrieb Jane an Mutter. „Ich frage mich, ob sie genug zu essen bekommt. Sie schreibt nie etwas davon in ihren Briefen … ich habe drei bekommen … aber manchmal klingen sie hungrig. Ich mag sie immer noch am liebsten von allen meinen Freunden, aber Shingle Snowbeam und Polly Garland und Min sind sehr nett. Shingle macht große Fortschritte. Sie wäscht sich jetzt hinter den Ohren und macht ihre Fingernägel sauber.

Und sie spuckt nicht mehr aus, obwohl es ihr Spaß macht. Young John spuckt immer noch. Young John sammelt Kronkorken und trägt sie auf seinem Hemd. Wir heben alle Kronkorken für ihn auf.

Miranda und ich schmücken die Kirche jeden Samstagabend mit Blumen. Wir haben selber viele und bekommen noch welche von den Titus-Damen. Wir gehen zum Blumenpflücken über den Hof von Ding-Dongs Bruder. Sie wohnen in einem Ort, der Brook Valley heißt. Ist das nicht ein schöner Name? Miss Justina ist die ältere und Miss Violet die jüngere. Sie sind beide groß und dünn und sehr damenhaft. Sie haben einen herrlichen Garten, und wenn man sich mit ihnen gutstellen will, sagt Miranda, muß man ihren Garten bewundern. Dann tun sie alles für einen. Sie haben eine Kirschbaumallee, die im Frühling wunderschön ist, sagt Miranda. Sie sind beide tragende Pfeiler in der Kirche, und alle haben großen Respekt vor ihnen, aber Miss Justina hat Mr. Snowbeam nie verziehen, daß er sie einmal ‚Mrs.' genannt hat, als er in Gedanken war. Er sagt, er dachte, sie würde sich darüber freuen.

Miss Violet will mir beibringen, wie man Säume mit Verzierungen näht. Sie sagt, jede Dame solle nähen können. Ihr Gesicht ist alt, aber ihre Augen sind jung. Ich mag sie beide sehr gern.

Manchmal streiten sie sich. Diesen Sommer war es ganz schlimm, es ging um einen Gummibaum, der ihrer Mutter gehört hat, die letztes Jahr gestorben ist. Sie finden ihn beide häßlich, aber er ist ihnen heilig, und sie würden ihn nie wegwerfen, aber Miss Violet meint, daß sie ihn jetzt, da ihre Mutter tot ist, in das Hinterzimmer stellen können, aber Miss Justina sagt, nein, er muß im Wohnzimmer bleiben. Manchmal haben sie nicht mehr miteinander gesprochen. Ich habe ihnen gesagt, daß sie den Gummibaum eine Woche im Wohnzimmer und eine Woche in das Hinterzimmer stellen können. Sie waren begeistert von der Idee und machen es so, und jetzt ist alles wieder gut in Brook Valley.

Miranda hat letzten Sonntag abend mit mir in der Kirche ‚Abide with me' gesungen. (Einmal im Monat gibt es Abendgottesdienste.) Sie sagt, daß sie gern singt, weil sie sich beim Singen immer dünn fühlt. Sie ist so dick, daß sie Angst hat, daß sie nie einen Verehrer haben wird, aber Step-a-yard sagt: ‚Keine Sorge, Männer mögen etwas Handfestes.' War das ordinär, Mummy? Mrs. Snowbeam sagt ja.

Wir singen jeden Sonntagabend im Obstgarten der Jimmy Johns – natürlich nur heilige Lieder. Ich mag den Obstgarten der Jimmy Johns. Das Gras ist so schön lang, und die Bäume wachsen, wie sie wollen. Die Jimmy Johns haben soviel Spaß miteinander. Ich finde, eine große Familie ist herrlich.

Punch Jimmy John zeigt mir, wie man barfuß über ein Stoppelfeld rennt, ohne daß es wehtut. Ich gehe hier manchmal barfuß. Die Jimmy Johns und Snowbeams machen das auch alle. Es ist so schön, durch das kühle nasse Gras zu laufen und die Zehen in den Sand zu bohren und zu fühlen, wie der Matsch zwischen ihnen hervorquillt. Du hast nichts dagegen, nicht wahr, Mutter?

Mins Ma macht die Wäsche für uns. Ich bin sicher, daß ich es selber könnte, aber ich darf nicht. Mins Ma wäscht auch für alle Sommergäste in Harbour Head. Das Schwein von Mins Ma war sehr krank, aber Onkel Tombstone hat es verarztet und geheilt. Ich bin so froh, daß es wieder gesund ist, denn ich weiß nicht, wovon Min und ihre Ma sonst nächsten Winter leben sollten. Mins Ma ist bekannt für ihre Muschelsuppe. Sie zeigt mir, wie man es macht. Shingle und ich sammeln die Muscheln.

Ich habe gestern einen Kuchen gebacken, und es sind Ameisen im Zuckerguß gelandet. Ich habe mich so geschämt, weil wir Gäste zum Essen hatten. Ich wünschte, ich wüßte, wie man Ameisen fernhält. Aber Onkel Tombstone sagt, ich kann Suppe machen, die Suppe ist! Morgen abend gibt es Hühnchen. Ich habe Young John versprochen, den Hals für ihn aufzuheben und für Shingle eine Keule. Und oh, Mutter, der Teich ist voll mit Forellen. Wir fangen sie und essen sie. Stell Dir vor, Fische aus dem eigenen Teich zu fangen und sie zum Mittagessen zu braten!

Step-a-yard hat falsche Zähne. Wenn er ißt, nimmt er sie immer heraus und steckt sie in die Tasche. Wenn er abends bei Leuten zu Besuch ist und sie ihm etwas zu essen anbieten, sagt er immer ‚Danke, beim nächsten Mal', aber wenn sie ihm beim nächsten Mal dann nichts mehr anbieten, geht er nie wieder hin. Er sagt, er muß seine Selbstachtung wahren.

Timothy Salt läßt mich durch sein Fernglas sehen. Es macht solchen Spaß, sich Sachen durch das falsche Ende anzusehen. Sie sehen dann so klein und weit weg aus, als sei man in einer anderen Welt.

Polly und ich haben gestern ein Beet aus Süßgras in den Dünen gefunden. Ich habe ein Bündel gepflückt, das bringe ich Dir mit, Mutter. Man legt es am besten zwischen Taschentücher, sagt Miss Violet Titus.

Heute haben wir den Kälbern der Jimmy Johns Namen gegeben. Die hübschen haben wir nach Leuten benannt, die wir mögen, und die häßlichen nach Leuten, die wir nicht mögen.

Shingle und Polly und ich verkaufen nächste Woche Bonbons beim Basar in The Corners.

Neulich haben wir abends am Strand ein Feuer aus Treibholz gemacht und sind darum herumgetanzt.

Penny Snowbeam und Punch Jimmy John haben zur Zeit viel damit zu tun, Käfer von den Kartoffeln einzusammeln. Ich mag keine Kartoffelkäfer. Als Punch

Jimmy John sagte, ich sei ein mutiges Mädchen, weil ich keine Angst vor Mäusen habe, hat Penny gesagt: ‚Oho, setz einen Käfer auf sie und sieh, wie mutig sie dann ist!‘ Ich bin froh, daß Punch mich nicht getestet hat, denn ich fürchte, ich hätte es nicht ausgehalten.

Die Vordertür hat geklemmt, deshalb habe ich mir Step-a-yards Hobel geliehen und sie in Ordnung gebracht. Ich habe auch Young Johns Hosen geflickt. Mrs. Snowbeam sagte, sie habe keine Flicken mehr, und sein kleiner Hosenboden war beinahe ganz weg.

Mrs. Little Donald will mir zeigen, wie man Marmelade macht. Sie füllt ihre Marmelade in solche niedlichen kleinen Steintöpfe, aber ich muß meine in Einmachgläsern aufbewahren.

Onkel Tombstone hat mich einen Brief an seine Frau schreiben lassen, die zu Besuch in Halifax ist. Ich habe angefangen mit ‚Meine liebe Frau‘, aber er sagte, er hat sie nie so genannt, und es könnte ihr einen Schrecken einjagen, ich sollte besser ‚Liebe Ma‘ schreiben. Er sagt, er kann selber schreiben, aber die Rechtschreibung stört ihn.

Mummy, ich liebe Dich, liebe Dich, liebe Dich.“

Jane legte den Kopf auf den Brief und schluckte einen Kloß hinunter, der in ihrer Kehle saß. Wäre nur Mutter hier … bei ihr und Daddy … und würde mit ihnen schwimmen gehen … mit ihnen im Sand liegen … frische Forellen aus dem Teich mit ihnen essen … mit ihnen über die kleinen häuslichen Witze lachen, die sich immer wieder ergaben … mit ihnen im Mondschein rennen … wie schön wäre dann alles!

25. Die kleine Tante Em

Die kleine Tante Em hatte ausrichten lassen, daß Jane Stuart zu ihr zu Besuch kommen sollte.

„Du mußt gehen“, sagte Dad. „Eine Einladung der kleinen Tante Em ist in dieser abgelegenen Gegend so etwas wie eine Einladung der Königsfamilie.“

„Wer ist die kleine Tante Em?“

„Wenn ich das so genau wüßte. Sie ist entweder Mrs. Bob Barker oder Mrs. Jim Gregory. Ich vergesse immer, wer von den beiden ihr letzter Ehemann war. Es spielt aber auch keine Rolle … jeder nennt sie ‚die kleine Tante Em‘. Sie reicht mir etwa bis zu den Knien und ist so dünn, daß es sie einmal über den Hafen und wieder zurück geweht hat. Aber sie ist ein weiser alter Kobold. Sie wohnt in der kleinen Seitenstraße, nach der du neulich gefragt hast, und webt und spinnt und färbt Teppiche. Sie färbt sie auf gute altmodische Art mit Kräutern und Rinde und Flechten. Was die kleine Tante Em nicht über die Farben weiß, die auf diese Art entstehen, braucht man nicht zu wissen. Sie verblassen nie. Geh am besten heute abend, Jane. Ich muß heute abend die dritte Strophe meines Methusalem-Epos zu Ende schreiben. Ich bin erst beim dreihundertsten Lebensjahr des jungen Spundes.“

Anfangs hatte Jane mit rührendem Vertrauen an dieses Epos über Methusalem geglaubt. Aber jetzt war es nur noch ein Standardwitz auf Lantern Hill. Wenn Dad sagte, er müsse mit einer neuen Strophe fertigwerden, dann wußte Jane, daß er eine gründliche Abhandlung für den *Saturday Evening* schreiben mußte und nicht gestört werden durfte. Sie durfte dabeisein, wenn er Gedichte schrieb – Liebesgedichte, Idyllen, goldene Sonette –, aber Poesie brachte wenig Geld ein und der *Saturday Evening* um so mehr.

Jane machte sich nach dem Abendessen auf den Weg zu Tante Em. Die Snowbeams, die am Nachmittag schon ein aufregendes Ereignis verpaßt hatten, wollten alle mit, aber Jane lehnte ab. Dann waren sie alle böse auf sie und folgten Jane ein ganzes Stück – bis auf Shingle, die beschloß, daß es nicht damenhaft sei, sich aufzudrängen, wenn man nicht erwünscht war, und nach Hause ging. Die anderen gingen mit gespielter Ehrfurcht nah am Zaun entlang und warfen ihr Gemeinheiten an den Kopf, als sie mit Todesverachtung mitten auf der Straße marschierte.

„Ist es nicht ein Jammer, daß ihre Ohren abstehen?" sagte Penny.

Jane wußte, daß ihre Ohren nicht abstanden, also störte es sie nicht. Das nächste aber schon.

„Stell dir vor, dir begegnet ein Krokodil am Straßenrand!" rief Caraway. „Das wäre schlimmer als eine Kuh!"

Jane fuhr zusammen. Woher in aller Welt wußten die Snowbeams, daß sie Angst vor Kühen hatte? Sie dachte, sie habe diese Tatsache sehr geschickt verborgen.

Die Snowbeams waren jetzt in Fahrt gekommen und piesackten Jane mit den ausgesuchtesten Beleidigungen.

„Hast du je so ein hochnäsiges, eingebildetes Biest gesehen?"

„Stolz wie ein Pfau, nicht wahr?"

„Zu fein für Leute wie uns."

„Ich habe immer gesagt, daß du einen hochnäsigen Mund hast."

„Glaubst du, die kleine Tante Em wird dir etwas zu essen geben?"

„Wenn ja, dann weiß ich schon, was es sein wird", kreischte Penny. „Himbeerschnaps und zwei Kekse und ein Stück Käse. Pah! Wer will das schon essen? Würg!"

„Ich wette, du hast Angst im Dunkeln."

Jane, die kein bißchen Angst im Dunkeln hatte, bewahrte immer noch eisernes Schweigen.

„Du bist eine Fremde", sagte Penny.

Nichts von den anderen Dingen, die sie gesagt hatten, hatte Jane gekümmert. Sie kannte ihre Snowbeams. Aber diese letzte Bemerkung machte sie wütend. Sie – eine Fremde! Auf ihrer heißgeliebten Insel, wo sie geboren war! Sie blieb stehen und ging auf Penny zu.

„Warte du nur", sagte sie mit unverhohlener Drohung in der Stimme, „bis du nächstesmal wieder eine Schüssel auskratzen willst!"

Die Snowbeams blieben alle wie angewurzelt stehen. Daran hatten sie nicht gedacht. Es war besser, Jane Stuart nicht weiter zu ärgern.

„Ach, wir wollten dich nicht kränken ... ehrlich nicht", beteuerte Caraway.

Sie machten sich sofort auf den Weg nach Hause, aber der unbändige Young John rief „Tschüs, Hungergerippe", als er ging.

Nachdem sie die Snowbeams losgeworden war, amüsierte Jane sich unterwegs prächtig. Daß sie überall hingehen durfte, ungehindert und ungetadelt, gehörte zu den schönsten Seiten des Lebens auf Lantern Hill. Sie freute sich, daß sie nun einen Anlaß hatte, die Seitenstraße zu erkunden, in der die kleine Tante Em wohnte. Sie hatte sich oft gefragt, wo der Weg hinführte – dieser schüchterne kleine rote Pfad, gesäumt von Fichten und Tannen, der versuchte, sich durch Schlangenlinien zu verstecken. Die Luft war schwer vom Duft der Gräser, die in der Hitze begonnen hatten zu blühen, die Bäume sprachen eine schöne Sprache aus vergangenen Tagen, Kaninchen hoppelten aus dem Farnkraut hervor und verschwanden darin. In einer kleinen Höhle am Straßenrand sah sie einen verblichenen Wegweiser ... krakelige schwarze Buchstaben auf weißem Grund, geschrieben vor vielen Jahren von einem alten Mann, der schon lange tot war. „Wohlan, alle, die ihr durstig seid, kommt her zum Wasser!“ Jane ging in die Richtung, in die der geschnitzte Finger zeigte – einen verwunschenen Pfad zwischen Bäumen hinab –, und fand eine tiefe, klare Quelle, eingerahmt von moosbewachsenen Steinen. Sie beugte sich hinunter und trank aus der hohlen Hand. Ein Eichhörnchen, das in einer alten Buche saß, war frech zu ihr, und Jane schimpfte zurück. Sie wäre gern länger dort geblieben, aber im Westen hing die Sonne schon tief über den Bäumen, und sie mußte sich beeilen. Als sie aus dem Bach in der Mulde herauskam, sah sie das Haus der kleinen Tante Em auf dem Hügel. Es sah aus wie eine zusammengerollte Katze. Ein langer, von weißen und goldenen Blumen gesäumter Weg führte zu ihm hinauf. Als Jane das Haus erreichte, traf sie die kleine Tante Em an, die vor der Küchentür an einem kleinen Spinnrad saß. Auf der Bank neben ihr türmte sich eine beachtliche Menge silbrig schimmernder Wollknäule. Sie stand auf, als Jane die Pforte öffnete – sie war etwas größer, als Dad gesagt hatte, aber kleiner als Jane. Auf ihrem grauen Lockenkopf trug sie einen alten Filzhut, der einem ihrer Ehemänner gehört hatte, und ihre kleinen schwarzen Augen funkelten freundlich – trotz ihrer brüsken Frage.

„Wer bist du?“

„Ich bin Jane Stuart.“

„Ich wußte es“, sagte Tante Em triumphierend. „Ich wußte es in dem Moment, in dem ich dich auf der Straße gesehen habe. Einen Stuart erkennt man immer an seinem Gang.“

Jane hatte ihren eigenen Gang … schnell, aber nicht stürmisch, mit leichten und doch festen Schritten. Die Snowbeams sagten, sie stolziere, aber Jane stolzierte nicht. Sie war froh, daß die kleine Tante Em fand, sie gehe wie die Stuarts. Und sie mochte die kleine Tante Em auf den ersten Blick.

„Komm und setz dich eine Weile, wenn du willst", sagte die kleine Tante Em und reichte ihr eine runzlige braune Hand. „Ich bin gerade mit der Arbeit fertig, die ich für Mrs. Big Donald gemacht habe. Ah, ich tauge nicht mehr viel, aber zu meiner Zeit war ich sehr tüchtig, Jane Stuart."

Kein Boden in Tante Ems Haus war eben. Alle sanken ein, aber in verschiedene Richtungen. Es war nicht blitzsauber, aber es herrschte eine gewisse Gemütlichkeit, die Jane gefiel. Der alte Stuhl, auf den sie sich setzte, war ein Freund.

„Jetzt können wir miteinander reden", sagte die kleine Tante Em. „Mir ist heute danach. Wenn mir nicht danach ist, bekommt niemand ein Wort aus mir heraus. Ich hole mein Strickzeug. Ich gebe mich nicht mit Knüpfen, Nähen, Sticken oder Häkeln ab, aber im Stricken können mich nicht einmal die Frauen aus den verrückten Seeprovinzen schlagen! Ich wollte dich schon lange einmal sehen … alle reden über dich. Ich höre, du seist klug. Mrs. Big Donald sagt, du könntest kochen wie ein Meister! Wo hast du das gelernt?"

„Oh, ich glaube, ich konnte es schon immer", sagte Jane leichthin. Nicht einmal unter Folter hätte sie der kleinen Tante Em verraten, daß sie noch nie gekocht hatte, bevor sie auf die Insel gekommen war. Das hätte vielleicht ein schlechtes Licht auf Mutter geworfen.

„Ich wußte nicht, daß du und dein Dad auf Lantern Hill wohnen – Mrs. Big Donald hat es mir erst letzte Woche auf Mary Howes Begräbnis erzählt. Ich gehe kaum noch aus dem Haus – eigentlich nur noch zu Beerdigungen. Ich richte es immer ein, daß ich hingehen kann. Dort sieht man jeden und hört alle Neuigkeiten. Als Mrs. Big Donald es mir erzählte, habe ich sofort beschlossen, daß ich dich sehen muß. Was für dichtes Haar du hast! Und was für niedliche kleine Ohren! Du hast einen Leberfleck am Hals … das bedeutet reichlich Geld! Du siehst deiner Mutter nicht ähnlich, Jane Stuart. Ich kannte sie gut."

Jane bekam eine Gänsehaut. „Oh, wirklich?" stieß sie atemlos hervor.

„Ja. Sie wohnten in einem Haus in Harbour Head, und ich wohnte auch dort, auf einem kleinen Hof, hinter dem Ödland. Es war kurz nachdem ich meinen Zweiten geheiratet hatte, ein Jammer. Wie schnell die Männer verschwinden! Ich habe deiner Ma immer Butter und Eier gebracht, und ich war im Haus in der Nacht, als du geboren wurdest … eine wunderschöne Nacht war das. Wie geht es deiner Ma? Ist sie immer noch so hübsch und albern wie damals?"

Jane versuchte, sich darüber zu ärgern, daß Mutter albern genannt wurde, aber sie brachte es nicht fertig. Irgendwie konnte man der kleinen Tante Em nichts übelnehmen. Sie hatte so eine Art, einem zuzublinzeln. Jane hatte plötzlich das Gefühl, daß sie mit der kleinen Tante Em über Mutter reden konnte … und sie nach Dingen fragen konnte, die sie sonst nie jemanden hatte fragen können.

„Mutter geht es gut … oh, Tante Em, kannst du mir erzählen … ich muß es herausbekommen … warum Vater und Mutter nicht mehr zusammenleben?"

„Nun stellst du eine Frage, Jane Stuart!" Tante Em kratzte sich mit einer Stricknadel am Kopf. „Niemand wußte es je genau. Jeder hatte eine andere Vermutung."

„Haben sie … waren sie … haben sie sich zu Anfang wirklich geliebt, Tante Em?"

„Das haben sie. Laß dir nichts anderes einreden, Jane Stuart. Sie hatten beide keinen Funken Verstand, aber sie waren verrückt nach einander. Willst du einen Apfel?“

„Und warum hat es nicht gehalten? Lag es an mir? Sie wollten mich nicht?“

„Wer hat das gesagt? Ich weiß, daß deine Mutter außer sich vor Freude war, als du geboren wurdest. Ich war doch dabei! Und ich fand immer, daß dein Pa in dich vernarrt war, obwohl er seine eigene Art hatte, es zu zeigen.“

„Dann … warum … warum …?“

„Viele Leute dachten, daß deine Großmutter Kennedy dahintersteckte. Sie war strikt gegen die Heirat. Sie wohnten in dem großen Hotel an der Südküste im Sommer nach dem Krieg. Dein Dad war gerade nach Hause gekommen. Es war Liebe auf den ersten Blick bei ihm. Ich kann es ihm nicht vorwerfen. Deine Ma war das hübscheste Geschöpf, das ich je gesehen habe … wie ein kleiner goldener Schmetterling. Ihr kleiner Kopf mit dem Haar leuchtete richtig!“

Als ob Jane das nicht wußte! Sie sah den herrlichen Knoten aus blaßgoldenem Haar auf Mutters weißem Nacken.

„Und ihr Lachen … es war ein leises, klingendes, junges Lachen. Lacht sie immer noch so, Jane Stuart?“

Jane wußte nicht, was sie sagen sollte. Mutter lachte oft … sehr klingend … aber auch jung?

„Mutter lacht viel“, sagte sie vorsichtig.

„Sie war natürlich verwöhnt. Sie hatte immer alles, was sie wollte. Und als sie deinen Pa wollte … nun, da mußte sie auch ihn haben. Zum ersten Mal in ihrem Leben – nehme ich an – wollte sie etwas, das ihre Mutter ihr nicht geben wollte. Die alte Dame war strikt dagegen. Deine Ma konnte sich nicht gegen sie durchsetzen, aber sie ist mit deinem Pa durchgebrannt. Die alte Mrs. Kennedy fuhr zornbebend zurück nach

Toronto. Aber sie hat deiner Mutter weiterhin Briefe geschrieben und ihr Geschenke geschickt und sie gebeten, zu Besuch zu kommen. Die Leute deines Pas waren ebensowenig begeistert von dieser Ehe wie die deiner Ma. Er hätte jedes Mädchen auf der Insel heiraten können. Besonders eins … Lilian Morrow. Sie war damals braun wie eine Mulattin und spindeldürr, aber sie ist eine hübsche Frau geworden. Hat nie geheiratet. Sie war die bevorzugte Kandidatin deiner Tante Irene. Ich habe immer gesagt, daß diese doppelgesichtige Irene mehr Ärger gemacht hat als deine Großmutter. Sie ist Gift, diese Frau, einfach süßes Gift. Schon als Mädchen konnte sie die giftigsten Dinge auf die süßeste Art sagen. Aber sie hatte deinen Pa unter ihrer Fuchtel… sie hat ihn immer umsorgt und verhätschelt … so sind Männer, Jane Stuart, alle ohne Ausnahme, ob sie nun klug oder dumm sind. Er hält Irene für vollkommen und würde nie glauben, daß sie Unheil anrichtet. Dein Pa und deine Ma hatten natürlich ihre Höhen und Tiefen, aber Irene hat ihre Giftpfeile abgeschossen – mit ihren ach so unschuldigen Bemerkungen … ‚Sie ist nur ein Kind, 'Drew'… als dein Dad glauben wollte, daß er eine Frau geheiratet hatte und kein Kind. ‚Du bist so jung, Schätzchen' … wenn deine Ma fürchtete, sie würde nie alt und weise genug für deinen Pa sein. Und sie war herablassend zu ihr … diese Frau würde sogar Gott herablassend behandeln … hat ihr den Haushalt geführt … nicht, daß deine Ma viel darüber wußte … das war eines ihrer Probleme, denke ich … sie hatte nie gelernt, einen Haushalt zu führen oder Nachsicht zu üben … aber keine Frau mag es, wenn eine andere Frau sich einmischt. Ich hätte sie zum Teufel gejagt … aber deine Mutter hatte zu wenig Mumm in den Knochen … sie konnte sich nicht gegen Irene durchsetzen."

Natürlich konnte Mutter sich nicht gegen Tante Irene durchsetzen … Mutter konnte sich gegen niemanden durchsetzen. Jane biß sehr kraftvoll in einen saftigen Apfel.

„Ich frage mich“, sagte sie, mehr zu sich selbst als zur kleinen Tante Em, „ob Vater und Mutter glücklicher gewesen wären, wenn sie andere Leute geheiratet hätten.“

„Nein, das wären sie nicht gewesen“, sagte Tante Em scharf. „Sie waren füreinander bestimmt, was auch immer sie auseinandergebracht hat. Glaube ja nichts anderes, Jane Stuart! Natürlich haben sie sich gestritten! Welches Ehepaar tut das nicht? Was hatte ich für Kräche mit meinem Ersten und meinem Zweiten! Wenn man sie in Ruhe gelassen hätte, hätten sie sich früher oder später zusammengerauft. Zuletzt, als du drei Jahre alt warst, ist deine Ma nach Toronto gefahren, um die alte Dame zu besuchen, und sie kam nie zurück. Mehr weiß niemand darüber, Jane Stuart. Dein Pa hat das Haus verkauft und ist auf eine Reise rund um die Welt gegangen. Das wurde jedenfalls behauptet, aber ich glaube nicht, daß die Welt rund ist. Wenn sie es wäre, würde bei ihren Umdrehungen doch alles Wasser aus dem Teich strömen, oder? Jetzt gebe ich dir einen Happen zu essen. Ich habe etwas kalten Schinken und eingemachte Rote Beete, und es gibt rote Johannisbeeren im Garten.“

Sie aßen den Schinken und die Roten Beete und gingen dann in den Garten, um die Johannisbeeren zu pflücken. Der Garten war klein und verwildert und fiel nach Süden steil ab, was ihn irgendwie noch schöner machte. Am Zaun wuchs Geißblatt … „Um die Hummeln anzulocken“, sagte die kleine Tante Em … und weiße und rote Stockrosen vor dem dunklen Grün der

Fichten und wild wuchernde Tigerlilien am Wegesrand. Und in einer Ecke blühten reichlich Nelken.

„Es ist schön hier draußen, nicht wahr?“ sagte die kleine Tante Em. „Die Welt ist wunderbar … oh, sie ist wunderbar. Du liebst du das Leben, nicht wahr, Jane Stuart?“

„Ja“, stimmte Jane von Herzen zu.

„Ich auch. Ich genieße es! Am liebsten würde ich ewig leben und alle Neuigkeiten hören. Ich war immer neugierig. Irgendwann in nächster Zeit nehme ich all meinen Mut zusammen und fahre in einem Auto. Das habe ich noch nie getan, aber ich werde es tun. Mrs. Big Donald sagt, es sei ihr Lebenstraum, einmal mit einem Flugzeug zu fliegen, aber da ziehe ich die Grenze. Was, wenn die Maschine ausfällt, wenn man oben ist? Wie kommt man dann hinunter? Nun, ich freue mich, daß du gekommen bist, Jane Stuart. Wir beide sind aus dem gleichen Holz geschnitzt.“

Die kleine Tante Em gab Jane einen Strauß Stiefmütterchen und eine Handvoll Geraniensamen, als sie ging.

„Es ist jetzt die richtige Zeit, sie zu pflanzen der Mond steht günstig“, sagte sie. „Auf Wiedersehen, Jane Stuart. Mögest du nie aus einem leeren Becher trinken.“

Jane ging langsam nach Hause und dachte nach. Sie war gern abends allein draußen. Sie mochte die großen weißen Wolken, die manchmal an den Sternen vorbeizogen. Sie hatte das gleiche Gefühl wie immer, wenn sie in der Nacht allein war – daß sie ein wunderbares Geheimnis mit ihr teilte.

Dann ging der Mond auf … ein großer honigfarbener Mond, der sein Licht über die Felder goß. Die Gruppe Fichten auf einem Hügel im Osten sah aus wie eine verzauberte Stadt aus schmalen Kirchtürmen.

Jane stapfte vergnügt drauflos und sang vor sich hin, während ihr schwarzer Schatten auf der mondhellen Straße vor ihr herlief. Und dann, als sie gerade um eine Kurve bog, sah sie Kühe. Eine von ihnen, eine große schwarze mit einem seltsamen weißen Gesicht, stand groß und breit mitten auf der Straße.

Jane bekam eine Gänsehaut. Sie konnte nicht an diesen Kühen vorbeigehen … sie konnte nicht. Der einzige Ausweg war, über den Zaun zu klettern und über Big Donalds Weide zu gehen, bis sie an den Kühen vorbei war. Wenig heldenhaft entschied sich Jane dafür. Aber auf halbem Weg blieb sie plötzlich stehen.

Wie kann ich Mutter vorwerfen, daß sie sich nicht gegen Großmutter durchsetzt, wenn ich vor ein paar Kühen weglaufe? dachte sie.

Sie kehrte um. Sie kletterte über den Zaun auf die Straße. Die Kühe waren noch da. Die mit dem weißen Gesicht hatte sich nicht vom Fleck gerührt.

Jane biß die Zähne zusammen und ging mit entschlossener Miene vorwärts. Die Kuh rührte sich nicht. Jane ging an ihr vorbei, die Nase hoch in der Luft. Als sie die letzte Kuh passiert hatte, drehte sie sich um und blickte zurück. Keine der Kühe hatte auch nur die leiseste Notiz von ihr genommen.

„Daß ich vor euch mal Angst hatte!“ sagte Jane verächtlich.

Dann sah sie Lantern Hill, und das silberne Glitzern des Hafens im Mondlicht lachte ihr entgegen. Jimmy Johns kleine rote Färse stand auf dem Hof, und Jane verjagte sie ohne Furcht.

Dad schrieb wie besessen, als sie ins Arbeitszimmer schaute. Normalerweise hätte Jane ihn nicht unterbrochen, aber ihr fiel ein, daß sie ihm noch etwas zu erzählen hatte.

„Dad, ich habe vergessen zu erzählen, daß es hier heute nachmittag gebrannt hat.“

Dad ließ seinen Stift fallen und starrte sie an. „Gebrannt? Hier im Haus?“

„Ja, durch einen Funken, der aufs Dach gefallen ist. Aber ich bin mit einem Wassereimer nach oben gegangen und habe das Feuer gelöscht. Das Dach hat nur ein kleines Loch. Onkel Tombstone wird es bald reparieren. Die Snowbeams waren furchtbar wütend, weil sie nicht dabei waren.“

Dad schüttelte hilflos den Kopf. „Was für eine Jane!“ sagte er.

Jane, die ihr Gewissen erleichtert hatte und nach ihrem langem Spaziergang hungrig war, aß etwas von einer kalten gebratenen Forelle und ging zu Bett.

26. Die Nacht in der Scheune

„Einmal in der Woche habe ich gern ein bißchen Aufregung“, sagte Dad, und dann stiegen sie in das alte Auto, nahmen Happy mit, und stellten den Petern Milch hin und fuhren nach Osten, Westen oder querfeldein, je nachdem, wo die Straße hinführte. Montag war meistens der Tag für diese Unternehmungen.

Auf Lantern Hill hatte jeder Tag seine Bedeutung. Dienstags flickte Jane, mittwochs putzte sie das Silber, donnerstags fegte sie unten und freitags oben, samstags schrubbte sie den Boden und buk etwas für den Sonntag. Montags, sagte Dad, machten sie nur Dummheiten.

Sie erkundeten auf diese Art einen großen Teil der Insel und aßen ihre Mahlzeiten am Straßenrand, wann immer sie Hunger hatten.

„Wie ein Zigeuner-Pärchen“, sagte Tante Irene mit herablassendem Lächeln.

Jane wußte, daß Tante Irene ihr die Schuld dafür gab, daß Dad neuerdings so ein Vagabundenleben führte. Aber Jane war dabei, sich mit einer robusten eigenen Philosophie gegen Tante Irene immun zu machen. Tante Irene spürte es, obwohl sie es nicht in Worte fassen konnte. Wenn sie es gekonnt hätte, hätte sie gesagt, daß Jane sie ansah und dann ruhig und höflich eine Tür zu ihrer Seele vor ihrer Nase zumachte.

„Ich komme nicht an sie heran, Andrew“, beklagte sie sich.

Dad lachte. „Jane hat gern ihren Freiraum … genau wie ich.“

Sie bezogen Charlottetown nicht oft in ihre Montage ein, aber Ende August beschwichtigten sie eines Tages Irene, indem sie bei ihr zu Mittag aßen. Es war noch eine Dame da … eine Miss Morrow, die Jane nicht sehr gefiel … vielleicht weil sie, wenn sie Jane anlächelte, eine große Ähnlichkeit mit einer Zahnpasta-Reklame hatte. Vielleicht auch, weil Dad sie zu mögen schien. Er lachte und scherzte viel mit ihr. Sie war groß, dunkelhaarig und gutaussehend und hatte ziemlich hervorquellende braune Augen. Und sie strengte sich so sehr an, nett zu Jane zu sein, daß es beinahe wehtat.

„Dein Vater und ich waren immer gute Freunde. Also sollten wir beide auch Freunde sein.“

„Eine alte Liebe deines Vaters, Schätzchen“, flüsterte Tante Irene Jane zu, als Miss Morrow gegangen war und Vater sie zur Pforte begleitet hatte. „Wenn deine Mutter nicht aufgetaucht wäre … wer weiß? Selbst jetzt noch … aber ich weiß nicht, ob eine Scheidung nach dem Recht der Vereinigten Staaten auf Prince Edward Island legal wäre.“

Sie gingen noch in eine Galerie, und es war spät, als sie aufbrachen. Nicht, daß es etwas ausmachte. Die Peter störte es nicht.

„Wir nehmen die Mercer Road“, sagte Dad. „Das ist eine abgelegene Straße, es gibt nicht viele Häuser in der Nähe, aber ich habe gehört, daß es dort von Leuten des kleinen Volkes wimmelt. Vielleicht bekommen wir einen zu sehen, der vor dem Scheinwerferlicht flüchtet! Halt die Augen offen, Jane.“

Mit oder ohne Leute des kleinen Volkes – die Mercer Road war kein guter Platz für eine Autopanne. Als sie vergnügt einen schmalen dunklen Hügel hinunterpolterten, auf den Fichten und Tannen ihre langen Schatten warfen. Dann blieb das Auto plötzlich stehen, um nie wieder anzuspringen … jedenfalls nicht, bevor etwas Entscheidendes an seinem Innenleben getan wurde. Das entschied Dad nach viel fruchtlosem Hantieren.

„Wir sind zehn Meilen von einer Werkstatt entfernt und eine vom nächsten Haus, wo alle schon fest schlafen werden, Jane. Es ist nach zwölf. Was sollen wir machen?“

„Im Auto übernachten“, sagte Jane ungerührt.

„Ich habe einen besseren Plan. Siehst du die alte Scheune da? Das ist Jake Mallorys Scheune, und sie ist voll mit Heu. Ich würde liebend gern einmal auf einem Heuboden schlafen, Jane.“

„Ich glaube, das macht Spaß“, stimmte Jane zu.

Die Scheune stand auf einer Weide, die „von den Fichten erobert“ worden war. Winzige Bäumchen schossen überall aus dem Boden … jedenfalls sahen sie in der weichen Dunkelheit wie Bäume aus. Vielleicht waren es in Wirklichkeit Kobolde, die dort hockten. Die Scheune hatte einen Heuboden, der mit Kleeblattheu gefüllt war, und sie legten sich hin[5]ein. Durch das offene Fenster konnte man die Sterne leuchten sehen. Happy lag zusammengerollt neben Jane und träumte selig von Kaninchen.

Jane dachte, daß Vater auch eingeschlafen sei. Aus irgendeinem Grund konnte sie nicht schlafen, aber sie wollte auch gar nicht unbedingt. Sie war gleichzeitig sehr glücklich und ein bißchen traurig. Glücklich, weil sie mit Dad in einer mondlosen Nacht hier war. Jane mochte Nächte ohne Mond eigentlich recht gern. Man war den geheimen Stimmungen des Feldes näher und hörte in einer dunklen Nacht so schöne mysteriöse Klänge. Sie waren zu weit vom Meer entfernt, um den Klang der See zu hören, den man nie mehr vergißt, aber in den Pappeln hinter der Scheune raschelte und flüsterte es … „Es ist Zauber in den Pappeln, wenn der Wind in ihnen rauscht“, erinnerte sich Jane … und es klang, als würden Feen vorüberhuschen. Wer wußte schon, ob es nicht wirklich Elfen im Farnkraut gab? Und jeder ferne waldige Hügel, der einen Stern zum Freund hatte, schien zu lauschen … zu lauschen … konnte sie es nicht auch hören, wenn sie lauschte? Jane hatte, bevor sie auf die Insel gekommen war, nie gewußt, wie schön die Nacht sein konnte.

Aber gleichzeitig dachte sie daran, was Tante Irene über Miss Morrow und eine Scheidung in den Vereinigten Staaten gesagt hatte. Jane hatte das Gefühl, daß diese geheimnisvollen Scheidungen der Vereinigten Staaten sie verfolgten. Hatte Phyllis nicht auch davon gesprochen? Jane wünschte sich mißmutig, daß die Vereinigten Staaten ihre Scheidungen für sich behielten.

Die kleine Tante Em hatte ihr erzählt, daß Vater viele Mädchen hätte haben können. Jane phantasierte eigentlich recht gern über diese Mädchen, die Vater

5 Aus „The Poplars“ von Bernard Freeman Trotter.

hätte haben können – in der beruhigenden Gewißheit, daß er sie jetzt nicht mehr haben konnte. Aber durch Miss Morrow erschienen sie jetzt unangenehm wirklich. Hatte Dad ihre Hand ein wenig zu lange gehalten, als sie sich verabschiedet hatten? Irgendwie war das Leben kompliziert. Jane unterdrückte mehrere Seufzer, und schließlich entschlüpfte ihr einer.

Sofort drehte Dad sich um, und eine schmale, kräftige Hand legte sich auf ihre. „Ich kann nicht umhin zu bemerken, daß etwas meine geniale Jane bedrückt. Erzähle es Happy, und ich höre zu."

Jane lag still und schweigend da. Oh, wenn sie ihm nur alles erzählen könnte – und alles herausfinden, was sie so sehr wissen wollte! Aber sie konnte nicht. Etwas stand zwischen ihnen.

„Hat deine Mutter dich gelehrt, mich zu hassen, Jane?"

Janes Herz machte einen solchen Satz, daß es sie beinahe erstickte. Sie hatte Mutter versprochen, sie Dad gegenüber nicht zu erwähnen, und dieses Versprechen gehalten. Aber nun hatte Dad Mutter selbst erwähnt. War es falsch, es ihm zu erlauben?

Jane beschloß, das Risiko einzugehen.

„Nein, o nein, Dad. Bis vor anderthalb Jahren wußte ich nicht einmal, daß du noch lebst."

„Du wußtest es nicht! Ah, dafür hat natürlich deine Großmutter gesorgt. Und wer hat dir erzählt, daß ich noch lebe?"

„Ein Mädchen in der Schule. Und ich dachte, du seist nicht gut zu Mutter gewesen, sonst hätte sie dich nicht verlassen … und ich habe dich dafür gehaßt. Aber niemand hat mir je gesagt, ich solle dich hassen … nur Großmutter sagte, du wolltest mich nur zu dir kommen lassen, um Mutter zu ärgern. Das stimmt nicht, oder, Dad?"

„Nein. Ich mag selbstsüchtig sein, Jane, kein Zweifel, ich bin es … es wurde mir mehr als einmal gesagt … aber *so* selbstsüchtig bin ich auch wieder nicht. Ich dachte, man würde dich dazu erziehen, mich zu hassen, und das fand ich nicht fair. Ich fand, du solltest die Chance bekommen, mich zu mögen, wenn du könntest. Darum habe ich dich kommen lassen. Deine Mutter und ich haben unsere Ehe vermasselt, Jane, wie es viele andere junge Dummköpfe getan haben. Das ist die ganze Geschichte."

„Aber warum … warum … Mutter ist so lieb …"

„Du brauchst mir nicht zu erzählen, wie lieb sie ist, Jane. Als ich sie zum ersten Mal gesehen habe, hatte ich gerade den Matsch und den Gestank und die Obszönität der Schützengräben hinter mir, und ich dachte, sie sei ein Wesen von einem anderen Stern. Davor hatte ich nie den Trojanischen Krieg verstanden. Dann begriff ich, daß Helena von Troja es vielleicht wert war, daß man um sie kämpfte, wenn sie so war wie meine Robin mit dem goldenen Haar. Und ihre Augen. Blaue Augen sind nicht immer schön, aber ihre waren so hinreißend, daß man das Gefühl hatte, nur blaue Augen seien eines Blickes würdig. Und ihre Wimpern! Sie trug ein grünes Kleid, als ich sie zum ersten Mal gesehen habe … nun, wenn ein anderes Mädchen das Kleid getragen hätte, wäre es ein grünes Kleid gewesen und nichts weiter. An Robin war es Zauber … Geheimnis … die Robe von Titantia. Ich hätte den Saum küssen können."

„Und hat sie sich in dich verliebt, Dad?"

„Etwas in der Art. Ja, sie muß mich für eine Weile geliebt haben. Wir sind durchgebrannt, weißt du. Ihre Mutter wollte nichts von mir wissen. Ich glaube, kein Mann, der ihr Robin wegnehmen wollte, hätte Gnade vor ihren Augen gefunden … aber ich war arm und ein Niemand, also war ich völlig inakzeptabel. Ich habe

Robin in einer Mondnacht gebeten, mit mir wegzugehen. Der alte Mondscheinzauber hat seine Wirkung nicht verfehlt. Sei immer auf der Hut vor Mondlicht, geniale Jane. Wenn es nach mir ginge, würde in Mondnächten jeder eingesperrt werden. Wir zogen nach Harbour Head und waren glücklich … ach, ich fand jeden Tag ein neues Wort für ‚Liebling'… ich entdeckte, daß ich ein Dichter bin … ich faselte von Seen und Grotten, Jane … ja, im ersten Jahr waren wir glücklich. Das ist mir geblieben … nicht einmal die Götter können es mir wegnehmen." Dads Stimme klang beinahe heftig.

„Und dann", sagte Jane bitter, „bin ich gekommen … und keiner von euch beiden wollte mich … und ihr wart nie wieder glücklich."

„Laß dir das von niemandem einreden, Jane. Ich gebe zu, daß ich dich anfangs nicht unbedingt wollte … ich war so glücklich, daß ich keine dritte Person dabeihaben wollte. Aber eins weiß ich noch genau – als ich zum ersten Mal deine großen runden Augen gesehen habe, hast du mein Herz erobert. Da wußte ich, wie sehr ich dich wollte. Vielleicht wollte deine Mutter dich zu sehr … jedenfalls schien es ihr nicht zu gefallen, daß noch jemand anders dich liebte. Es war, als habe ich keinerlei Anrecht auf dich. Sie war so mit dir beschäftigt, daß nichts mehr von ihrer Zeit oder Liebe für mich übrigblieb. Wenn du geniest hast, war sie sicher, du habest Lungenentzündung, und fand mich herzlos, weil ich mich nicht aufregte. Ich durfte dich kaum auf den Arm nehmen, sie schien zu fürchten, ich würde dich fallenlassen. Nun ja, es war nicht nur deinetwegen. Ich nehme an, daß sie sich gewünscht hatte, einen mythischen John Doe aus ihrer Phantasie zu heiraten und daß er sich nicht als strahlender Held entpuppt hatte, sondern als ganz alltäglicher Richard Roe. Es waren so viele Dinge … ich war arm, und wir mußten von meinen Mitteln leben … ich wollte nicht, daß meine Frau von dem Geld lebte, das ihre Mutter ihr schickte … ich habe es sie zurückschicken lassen. Ich wage zu behaupten, daß es ihr recht war. Aber wir fingen an, über Kleinigkeiten zu streiten … oh, du weißt, daß ich wütend werden kann, Jane. Ich erinnere mich, daß ich ihr einmal sagte, sie solle den Mund halten … aber das sagt jeder normale Mann mindestens einmal im Leben zu seiner Frau, Jane. Ich wundere mich nicht, daß es sie kränkte … aber sie fühlte sich durch so viele Dinge gekränkt, von denen ich es nie erwartet hätte. Vielleicht verstehe ich Frauen nicht, Jane."

„Nein, das tust du nicht", gab Jane ihm recht.

„He! Was?" Dad schien ein bißchen verblüfft und nur halb zufrieden mit Janes ehrlicher Zustimmung. „Nun, bei meinem Wort … ach, laß uns nicht darüber streiten. Aber Robin hat mich auch nicht verstanden. Sie war eifersüchtig auf meine Arbeit … sie dachte, meine Arbeit sei mir wichtiger als sie. Ich weiß, daß sie sich insgeheim gefreut hat, als mein Buch abgelehnt wurde."

Jane erinnerte sich, daß Mutter ihrerseits Dad für eifersüchtig gehalten hatte.

„Glaubst du nicht, daß Tante Irene etwas damit zu tun hatte, Dad?"

„Irene? Unsinn! Irene war ihre beste Freundin. Und deine Mutter war eifersüchtig, weil ich Irene so lieb hatte. Deine Mutter konnte nichts dafür, daß sie etwas eifersüchtig war … ihre Mutter ist das eifersüchtigste Geschöpf, das es je gab. Es ist krankhaft bei ihr. Zuletzt fuhr Robin zu Besuch nach Toronto … und als sie dort ankam, schrieb sie mir, daß sie nicht zurückkommen würde."

„Oh, Dad!"

„Nun, ich nehme an, daß ihre Mutter sie dazu überredet hat. Aber sie hatte aufgehört, mich zu lieben. Ich wußte das. Ich wollte nicht sehen, wie Haß aus den Augen sprach, in denen ich soviel Liebe gesehen hatte. Das ist etwas Schreckliches, Jane. Also habe ich den Brief nicht beantwortet.“

„Oh, Dad … wenn du … wenn du sie gebeten hättest …“

„Ich gebe Emerson recht, wenn er sagt, der höchste Preis, den man für etwas bezahlen könne, sei, darum zu bitten. Ein Jahr später wurde ich schwach … ich schrieb ihr wirklich und bat sie, zurückzukommen. Ich wußte, daß es ebenso meine Schuld war wie ihre … ich hatte sie geärgert… einmal habe ich gesagt, du habest ein Gesicht wie ein Affe … nun, Jane, das hattest du damals wirklich … ich schwöre es. Ich habe nie eine Antwort bekommen. Also wußte ich, daß es keinen Sinn hatte.“

Jane kam ein Gedanke. Hatte Mutter den Brief überhaupt zu Gesicht bekommen?

„Es ist gut so, wie es ist, Jane. Wir waren nicht füreinander geschaffen … ich bin zehn Jahre älter als sie, und durch den Krieg war es, als seien es zwanzig Jahre. Ich konnte ihr nicht den Luxus und die Unterhaltungen bieten, die sie wollte. Es war klug von ihr … sehr klug … mich zu verlassen. Laß uns nicht weiter darüber reden, Jane. Ich wollte nur, daß du weißt, wie es war. Und du darfst nichts davon deiner Mutter erzählen. Versprich mir das, Jane.“

Jane versprach es bekümmert. Sie wollte soviel sagen und konnte nicht. Es war nicht fair Mutter gegenüber.

Aber sie konnte sich nicht verkneifen, zu sagen: „Vielleicht … ist es noch nicht zu spät, Dad.“

„Setz dir keine solchen Flausen in den Kopf, meine Jane. Es *ist* zu spät. Ich werde Mrs. Robert Kennedys Tochter nie wieder bitten, zu mir zurückzukommen. Wir müssen die Dinge nehmen, wie sie sind, und das

Beste daraus machen. Du und ich lieben einander … dazu beglückwünsche ich mich.“

Einen Augenblick war Jane vollkommen glücklich. Dad liebte sie … endlich war sie sicher.

„Oh, Dad, kann ich nicht nächsten Sommer wiederkommen … jeden Sommer?“ platzte sie eifrig heraus.

„Willst du das wirklich, Jane?“

„Ja“, sagte Jane, ohne zu zögern.

„Dann machen wir es so. Wenn Robin dich im Winter hat, sollte ich dich im Sommer haben. Sie braucht es mir nicht zu mißgönnen. Und du bist ein gutes Mädchen, Jane. Ich finde uns wirklich beide ganz nett.“

„Dad“, Jane mußte die Frage stellen – sie mußte zum Kern des Problems vordringen. „Liebst du … Mutter noch?“

Einen Moment herrschte Stille, und Jane zitterte. Dann hörte sie, wie Dad im Heu die Achseln zuckte.

„‚Die Rose, deren Blätter gefallen sind, stirbt für immer‘[6]“, sagte er.

Jane fand, daß das keine Antwort war, aber sie wußte, daß sie nicht mehr erfahren würde. Sie ließ sich alles gründlich durch den Kopf gehen, bevor sie einschlief. Dad hatte sie also nicht nur kommen lassen, um Mutter zu ärgern. Aber er verstand Mutter nicht. Diese Angewohnheit von ihm, Unfug zu treiben … ihr, Jane, gefiel es, aber Mutter hatte es vielleicht nicht verstanden. Und Vater hatte gefunden, daß Mutter ihn wegen des Babys vernachlässigte. Und er durchschaute Tante Irene nicht. Und hatte Mutter deswegen nachts im Dunkeln geweint? Jane konnte die Vorstellung nicht ertragen, daß Mutter im Dunkeln weinte.

Dank der kleinen Tante Em und Dad wußte sie nun vieles, was sie früher nicht gewußt hatte, aber …

---

6 Omar Khayyam.

Ich möchte Mummys Version der Geschichte hören, war Janes letzter Gedanke, als sie endlich einschlief.

Die Morgendämmerung schimmerte perlgrau über den Hügeln im Osten, als sie aufwachte … aufwachte und etwas wußte, das sie nicht gewußt hatte, als sie eingeschlafen war. Dad liebte Mutter immer noch. Das stand für Jane jetzt zweifellos fest.

Dad schlief noch, aber sie und Happy rutschten die Leiter hinunter und schlüpften hinaus. Es hatte sicher noch nie eine so schöne Morgendämmerung gegeben. Die alte Weide, auf der die Scheune stand, war er ruhigste Ort, den Jane je betreten hatte, und auf dem Gras zwischen den kleinen Fichten … oder jedenfalls waren es tagsüber Fichten, was auch immer sie bei Nacht sein mochten … hingen Spinnweben, gewoben von Feen auf einem Webstuhl. Jane wusch sich das Gesicht mit Morgentau, als Dad erschien.

„Es ist das größte Abenteuer, einen neuen Tag anbrechen zu sehen, Jane. Was mag er nicht alles bringen? Heute kann ein Reich untergehen … ein Baby geboren werden, das eines Tages ein Heilmittel für Krebs entdecken wird … ein wunderbares Gedicht kann geschrieben werden …“

„Unser Auto muß repariert werden“, erinnerte Jane ihn.

Sie gingen eine Meile bis zum nächsten Haus und riefen eine Werkstatt an. Kurz vor Mittag war das Auto wieder auf den Beinen.

„Sieh unseren Rauch“, sagte Dad.

Zu Hause … und die Peter hießen sie willkommen … der Golf sang … und Millicent Mary tapste ehrerbietig durch die Pforte. Es war ein herrlicher Tag im August, aber das Weizenfeld der Jimmy Johns war braungolden, und hinter den Hügeln wartete der September … und September bedeutete: Zurück nach

Toronto und zu Großmutter und St. Agatha's, wo sie das fünfte Rad am Wagen sein würde statt mittendrin im Geschehen wie hier. Die fünfundneunzig Morgen waren auf ein paar wenige zusammengeschrumpft. Jane seufzte … dann schüttelte sie sich. Was war mit ihr los? Sie liebte Mutter … sie sehnte sich danach, sie wiederzusehen … aber…

„Ich will bei Dad bleiben", sagte Jane.

27. Der Herbststurm

August wurde September. Jimmy John fing an, das große Feld am Teich zu pflügen. Jane gefielen die frischen roten Furchen. Und sie mochte Mrs. Jimmy Johns weiße Gänse, die auf dem Teich schwammen. Es hatte eine Zeit gegeben, in der Jane weiße Schwäne in einem purpurnen See auf dem Mond hatte schwimmen lassen, aber jetzt waren ihr die Gänse lieber. Tag für Tag wurden die Weizen- und Haferfelder goldener. Dann war Erntezeit, und Step-a-yard erntete den Weizen der Jimmy Johns. Die Peter fingen Feldmäuse, deren Behausungen zwangsgeräumt worden waren, und wurden so dick, daß Dad Jane sagte, sie müsse die beiden auf Diät setzen.

Der Sommer war zu Ende. Nach einer Woche sonderbarer Ruhe bildete ein heftiger Sturm seinen Schlußakkord.

Step-a-yard schüttelte den Kopf, ihm war die Stille unbehaglich. „Es braut sich etwas zusammen", sagte er.

Das Wetter hatte sich den ganzen Sommer über gut benommen … es hatte Tage mit Sonne und Tage mit leichtem Regen gegeben. Jane hatte von den Stürmen an der Nordküste gehört und wollte gern einen erleben. Ihr

Wunsch ging in Erfüllung, ihre Erwartungen wurden weit übertroffen.

Eines Tages veränderte sich das Blau des Ozeans in ein mürrisches Grau. Die Hügel zeichneten sich scharf vor dem Horizont ab und verkündeten Regen. Der Himmel im Nordosten war schwarz, die Wolken ballten sich im Wind finster zusammen.

„Es ist spannendes Wetter im Anmarsch … gib nicht mir die Schuld", warnte Step-a-yard, als Jane sich bei den Jimmy Johns auf den Nachhauseweg machte.

Es wehte sie buchstäblich den Pfad entlang, und wenn Lantern Hill nicht im Weg gestanden hätte, hätte sie vielleicht die angebliche Heldentat der kleinen Tante Em nachgemacht und wäre über den Hafen geflogen. Die ganze Welt sah wild, sonderbar und feindselig aus. Sogar die Bäume wirkten im Sturm wie Fremde.

„Schließ die Türen und die Fenster fest zu, Jane", sagte Dad. „Unser Haus wird über den Ostwind nur lachen."

Der Sturm brach an und dauerte zwei Tage. Der Wind in der Nacht klang nicht wie Wind … sondern wie das Brüllen einer wilden Bestie. Zwei Tage sah man nichts als einen Wirbel aus grauem Regen über einer noch graueren See … hörte nichts als die überwältigende Musik riesiger Wellen, die gegen die trotzigen Felsen von Queen's Shore donnerten. Jane mochte dieses Wetter, als sie sich daran gewöhnt hatte. Etwas in ihr fand es aufregend. Und sie hatten es in diesen wilden Nächten gemütlich vor dem Feuer aus weißem Birkenholz, während der Regen an die Scheiben klatschte und der Wind brüllte und das Meer brauste.

„Das ist etwas, Jane", sagte Dad. Er hatte einen Peter auf jeder Schulter und zog an seiner „Old Contemptible". „Ein Mensch braucht sein eigenes Feuer! Man friert, wenn man sich am Ofen anderer wärmen muß."

Und dann erzählte er Jane, daß er beschlossen hatte, auf Lantern Hill wohnen zu bleiben.

Jane stieß einen Seufzer der Freude und der Erleichterung aus. Anfangs hatte es eine vage Vereinbarung gegeben, daß Dad nach Janes Abreise Lantern Hill abschließen und den Winter in der Stadt leben würde, und deshalb hatte Jane sich Sorgen gemacht.

Was würde aus den Geranien am Fenster werden? Die Jimmy Johns hatten genug eigene, um die sie sich kümmern mußten. Dad würde Happy mitnehmen, aber was war mit den Petern? Und das Haus selbst … der Gedanke, daß in seinen Fenstern kein Licht mehr brennen würde, war unerträglich. Es würde so einsam sein … so verlassen.

„Oh, Dad, ich bin so froh … ich konnte den Gedanken nicht ertragen, daß das Haus uns vermißt. Aber wirst du nicht … Wo bekommst du etwas zu essen her?“

„Oh, ich kann schon selbst ein bißchen was zusammenschmurgeln.“

„Bevor ich gehe, zeige ich dir, wie man ein Steak brät und Kartoffeln kocht“, sagte Jane entschieden. „Dann kannst du nicht verhungern.“

„Jane, du wirst deinen Mann schlagen … ich weiß es. Es hat keinen Sinn, daß ich versuche, kochen zu lernen. Denk an unser erstes Porridge. Ich wage zu behaupten, daß die Jimmy Johns mich nicht verhungern lassen. Ich werde es einrichten, daß ich dort jeden Tag ein gutes Essen bekomme. Ja, ich bleibe hier, Jane. Ich halte Lantern Hill für dich am Leben. Ich gieße die Geranien und sorge dafür, daß die Peter kein Rheuma in den Beinen bekommen. Aber ich kann mir nicht vorstellen, wie es hier ohne dich sein wird …“

„Du wirst mich ein bißchen vermissen, nicht wahr, Dad?“

„Ein bißchen! Meine Jane will witzig sein! Aber ein Trost ist, daß ich wahrscheinlich mit meinem Methusalem-Epos ein ganzes Stück vorankommen werde. Es wird nicht so viele Unterbrechungen geben. Und ich kann knurren, ohne böse auszusehen."

„Ein Knurren am Tag ist erlaubt", grinste Jane. „Oh, ich bin so froh, daß ich viel Marmelade gemacht habe. Die Speisekammer ist voll davon."

Am nächsten Abend zeigte Dad ihr die Briefe. Er saß an seinem Tisch, und Second Peter döste zu seinen Füßen, als Jane hereinkam. Sie hatte gerade abgewaschen. Er stützte den Kopf in die Hand, und Jane gab es plötzlich einen Stich – er sah alt und müde aus. Die Katze mit den grünen Punkten und den Diamantaugen blinzelte ihm zu.

„Wo hast du die Katze her, Dad?"

„Deine Mutter hat sie mir geschenkt … aus Spaß … bevor wir geheiratet haben. Wir haben sie in einem Schaufenster gesehen und waren fasziniert, weil sie so seltsam aussah. Und hier … hier sind ein paar Briefe, die ich ihr geschrieben habe, Jane … in einer Woche, in der sie mit ihrer Mutter drüben in Halifax war. Ich habe sie heute abend gefunden, als ich eine Schublade aufgeräumt habe. Ich habe über mich selbst gelacht … das bitterste Lachen der Welt. Du wirst auch lachen, Jane. Hör nur… ‚Heute habe ich versucht, ein Gedicht für Dich zu schreiben, Robin, aber es ging nicht, weil ich keine Worte finden konnte, die schön genug sind, wie ein Liebhaber kein Kleid findet, das prächtig genug für seine Braut ist. Die Worte, die andere Männer in ihren Gedichten für ihre Liebsten gesagt haben, schienen mir zu abgedroschen und alltäglich für Dich. Ich wollte neue Worte, kristallklare Worte oder Worte, die nur vom Licht des Regenbogens gefärbt sind. Keine Worte, die abgedroschen sind, weil sie von anderen Männern gedacht und gesagt wurden … War ich nicht ein sentimentaler Narr, Jane? … ‚Ich habe heute nacht den Neumond gesehen, Robin. Du hast mir erzählt, daß du immer den Neumond betrachtet hast. Es ist seit jeher eine Verbindung zwischen uns … Oh, wie wundervoll und menschlich und mädchenhaft und majestätisch du bist … halb Heilige und halb Frau … Es ist so herrlich, etwas für jemanden zu tun, den man liebt, auch wenn man nur eine Tür aufhält oder ein Buch überreicht … Du bist wie eine Rose, meine Robin… wie eine weiße Teerose im Mondlicht…"

Ich frage mich, ob jemals jemand mich mit einer Rose vergleichen wird, dachte Jane. Sie hielt es für unwahrscheinlich. Ihr fiel keine Blume ein, mit der sie Ähnlichkeit hatte.

„Ihr waren die Briefe nicht wichtig genug, um sie mitzunehmen, Jane. Nachdem sie gegangen war, habe ich sie in der Schublade des kleinen Schreibtischs gefunden, den ich ihr geschenkt hatte."

„Aber da wußte sie noch nicht, daß sie nicht zurückkommen würde, Dad."

Second Peter fauchte, als habe er einen Fußtritt bekommen.

„Nicht? Ich glaube, sie wußte es."

„Ich bin sicher, daß sie es nicht wußte." Jane *war* sicher, obwohl sie nicht sagen konnte, warum. „Laß mich die Briefe zu ihr zurückbringen."

„Nein!" Dad schlug so heftig auf den Tisch, daß er sich wehtat und zusammenfuhr. „Ich werde sie verbrennen."

„Oh, nein, nein." Irgendwie konnte Jane den Gedanken nicht ertragen, daß diese Briefe verbrannt werden sollten. „Gib sie mir, Dad. Ich nehme sie nicht mit nach Toronto … ich lasse sie in meiner Schublade … aber bitte verbrenne sie nicht."

„Nun gut.“ Dad schob ihr die Briefe hin und nahm einen Stift zur Hand – ein Zeichen, daß er das Thema Briefe zu den Akten legen und in Ruhe gelassen werden wollte.

Jane ging langsam hinaus und sah sich nach ihm um. Wie sehr sie ihn liebte … sie liebte sogar seinen Schatten an der Wand … seinen schönen, scharfgeschnittenen Schatten. Wie hatte Mutter ihn nur je verlassen können?

Der Sturm tobte sich in dieser Nacht aus und endete mit einem glühendroten Sonnenuntergang bei kräftigem Nordwestwind … einem Wind, der schönes Wetter verkündete. Der Strand war am nächsten Tag immer noch ein Hexenkessel aus Schaum, und die Schatten der wilden schwarzen Wolken jagten über den Sand, aber der Regen hatte aufgehört, und zwischen den Wolken schaute die Sonne hervor. Die abgeernteten Felder waren matschig, der Boden im Obstgarten der Jimmy Johns mit Äpfeln übersät … und der Sommer war zu Ende. Alles hatte sich verändert, und das bedeutete Herbst.

28. Der Abschied

Für Jane waren die letzten Tage des Sommers eine Mischung aus Freude und Traurigkeit. Sie machte so viele Sachen, die sie liebte und die sie erst nächsten Sommer wieder machen würde … und der nächste Sommer schien noch hundert Jahre weit weg zu sein. Es war seltsam. Sie hatte nicht kommen wollen, und jetzt wollte sie nicht gehen. Sie räumte alles auf und wusch alles Geschirr und polierte das ganze Silber und schrubbte Mr. Muffet und Co., bis sie glänzen. Sie fühlte sich einsam und ausgeschlossen, als sie hörte, wie die Jimmy Johns und die Snowbeams davon sprachen, daß sie im Oktober Preiselbeeren pflücken würden. Und als Dad sagte: „Ich wünschte, du könntest die Ahornbäume dort drüben auf dem Fichtenhügel in zwei Wochen sehen“, und ihr klar wurde, daß in zwei Wochen tausend Meilen zwischen ihnen liegen würden … da war ihr, als könne sie es nicht ertragen.

Tante Irene kam eines Tages, als Jane mit grimmigem Eifer das Haus putzte. „Hast du es immer noch nicht satt, Hausfrau zu spielen, Schätzchen?“

Aber dieser echte tante-irenische Seitenhieb konnte Jane nichts anhaben. „Ich komme nächsten Sommer wieder“, sagte sie triumphierend.

Tante Irene seufzte. „Ich nehme an, das wäre schön … in mancher Hinsicht. Aber bis dahin kann noch viel passieren. Deinem Vater ist zur Zeit danach, hier zu wohnen, aber man weiß nie, wann er sich etwas Neues in den Kopf setzt. Aber man kann ja immer auf das Beste hoffen, nicht wahr, Schätzchen?“

Der letzte Tag kam. Jane packte ihren Koffer und vergaß nicht, ein Glas mit ganz besonderer Marmelade aus wilden Erdbeeren für Mutter mitzunehmen – und von Polly Snowbeam bekam sie zwei Dutzend rotbraune Äpfel, die sie sich mit Jody teilen sollte. Polly wußte alles über Jody und ließ sie herzlich grüßen.

Zum Mittagessen gab es Hühnchen – der Ella-Zwilling und der George-Zwilling hatten die Vögel mit Grüßen von Miranda gebracht, und Jane fragte sich, wann sie je wieder ein Stück Hühnerbrust bekommen würde. Am Nachmittag ging sie allein an den Strand, um sich von ihm zu verabschieden. Sie konnte kaum die Einsamkeit der Wellen ertragen, die ans Ufer schwappten. Der Klang und der Tang und der Sog der See wollten sie nicht gehen lassen. Sie wußte, daß die Felder und die windige goldene Küste ein Teil von ihr waren. Sie und ihre Insel verstanden sich.

„Ich gehöre hierher“, sagte Jane.

„Komm bald wieder. Prince Edward Island braucht dich“, sagte Timothy Salt und bot ihr ein Viertel eines Apfels auf der Spitze seines Messers an. „Du wirst zurückkommen“, fügte er hinzu. „Die Insel ist dir in Fleisch und Blut übergegangen. Das passiert bei manchen Leuten.“

Jane und Dad hatten erwartet, einen letzten ruhigen gemeinsamen Abend zu haben, aber statt dessen gab es eine Überraschungsparty. Janes besondere Freunde, alt und jung, kamen alle, sogar Mary Millicent, die den ganzen Abend in einer Ecke saß, Jane anstarrte und kein Wort sagte. Step-a-yard kam, Timothy Salt und Min und Mins Ma und Ding-Dong Bell und die Big Donalds und die Little Donalds und Leute aus The Corners, von denen Jane nicht einmal gewußt hatte, daß sie sie kannten.

Jeder brachte ihr ein Abschiedsgeschenk.

Die Snowbeams hatten zusammengelegt und brachten ihr ein weißes Gipsbild, das sie in ihrem Zimmer an die Wand hängen konnte. Es kostete fünfundzwanzig Cent und zeigte ein Bild von Moses und Aaron mit blauen Turbanen und roten Gewändern … und Jane sah vor sich, was Großmutter für ein Gesicht machen würde!

Die kleine Tante Em konnte nicht kommen, aber sie ließ Jane Stuart ausrichten, sie würde etwas Stockrosensamen für sie aufheben.

Sie hatten einen sehr lustigen Abend, obwohl alle Mädchen weinten, nachdem sie *For she's a jolly good fellow* gesungen hatten. Shingle Snowbeam weinte so sehr in das Geschirrtuch, mit dem sie Polly beim Abtrocknen half, daß Jane ein trockenes holen mußte.

Jane weinte nicht, aber sie dachte: Soviel Spaß wie heute abend werde ich ewig nicht mehr haben. Und alle waren so nett zu mir.

„Du weißt nicht, wie nahe es mir geht, Jane, es geht mir wirklich ans Herz", sagte Step-a-yard und strich sich über den Bauch.

Dad und Jane saßen noch eine Weile zusammen, nachdem die Gäste gegangen waren.

„Sie lieben dich hier, Jane."

„Polly und Shingle und Min wollen mir jede Woche schreiben", sagte Jane.

„Dann erfährst du alle Neuigkeiten aus Lantern Hill und The Corners", sagte Dad lächelnd. „Du weißt, ich kann dir nicht schreiben, Jane … nicht, solange du in dem Haus wohnst."

„Und Großmutter wird nicht erlauben, daß ich dir schreibe", sagte Jane traurig.

„Aber solange du weißt, daß es einen Dad gibt und ich weiß, daß es eine Jane gibt, ist es nicht so schlimm, oder? Ich werde ein Tagebuch führen, Jane, und du kannst es lesen, wenn du nächsten Sommer kommst. Es wird sein, als bekämest du ein Bündel Briefe auf einmal. Und auch wenn wir oft aneinander denken werden, können wir ja einen bestimmten Zeitpunkt dafür abmachen. Wenn es hier sieben Uhr abends ist, ist es in Toronto sechs Uhr. Jeden Samstagabend um sieben werde ich an dich denken – und du denkst um sechs an mich."

Es sah Dad ähnlich, so etwas zu planen.

„Und Dad, kannst du nächsten Frühling ein paar Blumen für mich säen? Ich bin nicht rechtzeitig hier, um es selber zu machen. Kapuzinerkresse und Kosmeen und Phlox und Ringelblumen … oh, Mrs. Jimmy John sagt es dir schon! Und ich hätte auch gern ein kleines Gemüsebeet."

„Betrachte es als angelegt, Königin Jane.“

„Und kann ich nächsten Sommer ein paar Hühner haben, Dad?“

„Die Hühner sind schon geschlüpft“, sagte Dad. Er drückte ihr die Hand. „Wir hatten es schön zusammen, nicht wahr, Jane?“

„Wir haben soviel miteinander gelacht“, sagte Jane und dachte an Gay 60, wo es kein Lachen gab. „Du vergißt nicht, mich nächsten Frühling kommen zu lassen, nicht wahr, Dad?“

„Nein“, war alles, was Dad sagte. „Nein“ ist manchmal ein schreckliches Wort, aber es gibt Augenblicke, in denen es wunderschön ist.

Sie mußten am nächsten Morgen früh aufstehen, weil Dad Jane in die Stadt fahren wollte, damit sie den Zug erreichte und er sie einer gewissen Mrs. Wesley anvertrauen konnte, die nach Toronto fuhr. Jane fand, daß sie sehr gut allein reisen konnte, aber ausnahmsweise ließ Dad sich nicht umstimmen.

Der Morgenhimmel war leuchtend rot, und die Bäume zeichneten sich schwarz vor ihm ab. Der Mond war noch über den Birken auf Big Donalds Hügel zu sehen. Es war immer noch neblig in den Tälern. Jane sagte jedem Zimmer auf Wiedersehen, und kurz bevor sie abfuhren, hielt Dad die Uhr an.

„Wir ziehen sie wieder auf, wenn du zurückkommst, Janekin. Meine Armbanduhr reicht mir für den Winter.“

Sie mußten sich von den schnurrenden Petern verabschieden, aber Happy kam mit ihnen in die Stadt. Tante Irene war am Bahnhof und Lilian Morrow ebenfalls, letztere duftete nach Parfüm und hatte welliges Haar. Dad schien sich zu freuen, sie zu sehen, er ging mit ihr auf dem Bahnsteig auf und ab. Sie nannte ihn „’Drew“. Man konnte den Apostroph davor hören wie einen Kuß oder ein Gurren. Jane hätte gut darauf verzichten können, daß Miss Morrow bei ihrer Abreise dabei war.

Tante Irene küßte sie zweimal und weinte. „Vergiß nie, daß du in mir eine Freundin hast, Schätzchen“, als dächte sie, Jane habe keine andere.

„Sieh nicht so bekümmert drein, Liebes“, lächelte Lilian Morrow. „Denk daran, daß du nach Hause fährst.“

Nach Hause! „Zu Hause ist man da, wo man mit dem Herzen ist.“ Das hatte Jane gehört oder gelesen. Und sie wußte, daß ihr Herz bei Dad auf der Insel bleiben würde. Sie sagte ihm auf Wiedersehen, und noch nie hatte sie einen Abschied so schmerzlich empfunden.

Jane starrte die rote Küste der Insel vom Schiff aus an, bis sie nur noch ein schmaler Streifen am Horizont war. Und nun mußte sie wieder Victoria sein!

Als Jane durch das Tor des Bahnhofs von Toronto ging, hörte sie ein Lachen, das sie überall erkannt hätte. Dieses Lachen gab es nur einmal auf der Welt. Und da war Mutter in einem wunderschönen neuen Mantel aus blutrotem Samt mit weißem Pelzkragen. Darunter trug sie ein Kleid aus weißem Chiffon, das mit Brillanten besetzt war. Jane wußte, was das bedeutete – Mutter würde heute ausgehen, und Großmutter hatte nicht erlaubt, daß sie die Einladung absagte, um Janes ersten Abend gemeinsam mit ihr zu Hause zu verbringen. Mutter duftete nach Veilchen, sie drückte Jane an sich und lachte und weinte.

„Mein Liebling … mein kleines Mädchen, du bist wieder zu Hause. Oh, Liebling, ich habe dich so vermißt … ich habe dich so vermißt.“

Jane umarmte Mutter stürmisch … Mutter, die so schön war wie eh und je, ihre Augen so blau wie immer, aber sie war, wie Jane sofort sah, ein wenig dünner als im Juni.

„Freust du dich, wieder hier zu sein, Liebling?“

„Ich freue mich, daß ich wieder bei dir bin, Mummy“, sagte Jane.

„Du bist gewachsen, Liebling … du reichst mir schon bis zur Schulter … und wie braun du geworden bist! Aber ich kann dich nie wieder weggehen lassen … nie wieder.“

Jane behielt ihre Meinung darüber für sich. Sie fühlte sich seltsam verändert und erwachsen, als sie mit Mutter durch den großen, hellerleuchteten Bahnhof ging. Frank wartete mit der Limousine, und sie fuhren durch die belebten, überfüllten Straßen bis zum Haus Gay 60. Gay 60 war nie belebt oder überfüllt. Das Scheppern der Eisenpforten, die hinter ihr zufielen, klang für Jane wie der Hammerschlag eines Richters, der ein Urteil fällt. Sie kehrte ins Gefängnis zurück. Das große, kalte, stille Haus jagte ihr einen Schauer über den Rücken. Mutter war ausgegangen, und Großmutter und Tante Gertrude erwarteten sie. Sie küßte Tante Gertrudes knochige blasse und Großmutters weiche runzlige Wange.

„Du bist gewachsen, Victoria“, sagte Großmutter eisig. Es gefiel ihr nicht, daß Jane ihr jetzt direkt in die Augen sehen konnte. Und Großmutter erkannte mit einem Blick, daß Jane irgendwie gelernt hatte, was sie mit ihren Armen und Beinen anfangen sollte, und viel zu selbstsicher wirkte. „Lächle nicht mit geschlossenen Lippen, wenn ich bitten darf. Ich habe nie verstanden, was die Leute an der Mona Lisa finden.“

Sie aßen zu Abend. Es war sechs Uhr. Zu Hause würde es sieben Uhr sein. Dad würde … Jane hatte das Gefühl, daß sie keinen Bissen hinunterbringen konnte.

„Würdest du so freundlich sein, zuzuhören, wenn ich mit dir spreche, Victoria?“

„Entschuldige bitte, Großmutter.“

„Ich fragte dich, was du im Sommer angehabt hast. Ich habe in deinen Koffer geschaut, und die Sachen, die du mitgenommen hast, scheinen überhaupt nicht getragen worden zu sein.“

„Ich habe nur das grüne Leinenkleid getragen“, sagte Jane, „in der Kirche und als wir auf dem Basar Eiscreme verkauft haben. Zu Hause hatte ich immer Baumwollkleider an. Ich habe Vater den Haushalt geführt.“

Großmutter wischte sich sorgfältig den Mund mit der Serviette ab. Es sah aus, als würde sie einen unangenehmen Geschmack wegwischen. „Ich frage nicht nach deinen ländlichen Aktivitäten …“. Jane merkte, daß Großmutter ihre Hände ansah, „es wäre klug von dir, sie zu vergessen …“

„Aber ich fahre nächsten Sommer wieder hin, Großmutter …“

„Sei so gut und unterbrich mich nicht, Victoria. Und da du nach deiner Reise müde sein wirst, schlage ich vor, daß du sofort ins Bett gehst. Mary hat Badewasser für dich eingelassen. Ich nehme an, daß du froh bist, wieder eine richtige Badewanne zu haben.“

Und das, nachdem sie den Sommer über ein ganzes Meer als Badewanne gehabt hatte!

„Ich muß erst nach drüben und Jody sehen“, sagte Jane … und ging. Sie konnte ihre neue Freiheit nicht so schnell vergessen.

Großmutter sah ihr mit verkniffenem Mund nach. Vielleicht begriff sie, daß Jane nie wieder ganz die gefügige, eingeschüchterte Victoria von früher sein würde. Sie war nicht nur körperlich gewachsen, sondern auch geistig.

Jane und Jody feierten ein stürmisches Wiedersehen. Auch Jody war gewachsen. Sie war größer und dünner geworden, und ihre Augen blickten trauriger denn je.

„Oh, Jane, ich bin so froh, daß du wieder da bist. Du warst so lange weg!“

„Ich bin so froh, daß du noch hier bist, Jody. Ich hatte Angst, daß Miss West dich vielleicht ins Waisenhaus geschickt hat!“

„Sie sagt immer, sie würde es tun … ich denke, sie tut es noch irgendwann. Fandest du die Insel wirklich so schön, Jane?“

„Ich habe sie geliebt“, sagte Jane, froh, daß es wenigstens einen Menschen gab, mit dem sie unbefangen über die Insel und ihren Vater reden konnte.

Jane hatte schreckliches Heimweh, als sie die Treppe mit dem weichen Belag hinaufstieg, die zu ihrem Zimmer führte. Wenn sie nur die bloßen, gestrichenen Stufen von Lantern Hill hinaufrennen würde! Ihr Zimmer hier war nicht gemütlicher geworden. Sie rannte zum Fenster, öffnete es und schaute hinaus … aber sie sah keine Hügel und keinen Mond, der auf den Wald und die Felder schien. Der Lärm der Bloor Street schlug ihr entgegen. Die großen alten Bäume von Gay 60 waren sich selbst genug … es waren nicht ihre freundlichen Birken und Fichten. Der Wind versuchte zu wehen … Jane hatte Mitleid mit ihm … überall wurde er gebändigt und eingeengt! Aber aus dem Westen kam richtiger Wind. Würde er bis zur Insel wehen … in der samtig schwarzen Nacht, in der die Lichter im Hafen unter Lantern Hill wie Sterne funkelten?

Jane lehnte sich aus dem Fenster und schickte Dad mit dem Wind einen Kuß.

„Und nun“, sagte Jane zu Victoria, „muß ich nur noch neun Monate überstehen.“

29. Striche im Kalender

„Sie wird Lantern Hill bald vergessen haben“, sagte Großmutter.

Mutter war nicht so sicher. Sie spürte wie alle anderen, daß Jane sich verändert hatte. Onkel Davids Familie fand, Jane habe „sich sehr gemacht“. Tante Sylvia sagte, Victoria sei mittlerweile tatsächlich in der Lage, ein Zimmer zu durchqueren, ohne daß die Möbel in Gefahr waren. Und Phyllis war einen Hauch weniger gönnerhaft, aber es gab noch viel Spielraum für Verbesserung.

„Ich habe gehört, daß du dort barfuß gegangen bist“, sagte sie neugierig.

„Natürlich“, sagte Jane. „Das machen alle Kinder im Sommer.“

„Victoria ist eine echte Insulanerin geworden“, sagte Großmutter mit ihrem bitteren kleinen Lächeln, als wollte sie sagen: „Victoria ist völlig verwildert.“

Großmutter hatte schon eine neue Methode gelernt, Jane wehzutun, indem sie gehässige kleine Bemerkungen über die Insel von sich gab, und sie machte rücksichtslosen Gebrauch davon. Sie spürte, daß Jane in vieler Hinsicht immun gegen ihre Kränkungen geworden war. Jane schrumpfte in Großmutters Gegenwart immer noch in sich zusammen, aber nicht mehr so sehr wie früher. Jane hatte nicht umsonst den ganzen Sommer lang als Hausherrin von Lantern Hill und in Gesellschaft eines wißbegierigen, reifen Geistes verbracht. Ein neuer Geist blickte aus ihren haselnußbraunen Augen … etwas Freies und Unabhängiges … etwas, das sich von Großmutter nicht unterkriegen ließ. Das Gift ihrer Stiche konnte dieser neuen Jane nichts mehr anhaben … außer, wenn sie sich abfällig über die Insel äußerte.

Denn für Jane war es, als sei sie immer noch auf der Insel. Das half ihr, das unerträgliche Heimweh der ersten beiden Wochen zu überstehen. Wenn sie ihre Tonleitern übte, lauschte sie auf das Rauschen der Wellen am Strand von Queen's Shore, wenn sie beim Essen saß, wartete sie darauf, daß Dad von seinen langen Wanderungen zurückkam und Happy neben ihm hertrottete, wenn sie in dem großen düsteren Haus allein war, leisteten ihr die Peter Gesellschaft … wer hätte gedacht, daß zwei Kater, die tausend Meilen weit weg waren, so ein Trost sein konnten? … Wenn sie nachts wachlag, hörte sie all die Klänge, die sie mit ihrem Zuhause auf der Insel verband. Und wenn sie Großmutter und Tante Gertrude in dem schrecklichen, unveränderten Wohnzimmer aus der Bibel vorlas, las sie eigentlich Dad auf dem alten Watch Tower vor.

„Ich würde etwas mehr Ehrfurcht beim Lesen der Bibel bevorzugen, Victoria“, sagte Großmutter. Jane hatte eine alte hebräische Kriegsgeschichte so vorgelesen, wie Vater sie gelesen hätte, mit einem Klang von Triumph in der Stimme. Großmutter sah sie feindselig an. Es war offensichtlich, daß das Lesen der Bibel für Jane keine Bußübung mehr war. Sie schien es sogar zu genießen. Und was konnte Großmutter dagegen schon tun?

Jane hatte auf der Rückseite ihres Rechenheftes eine Liste mit den Monaten angelegt, die vergehen mußten, bevor sie auf die Insel zurückkehrte, und lächelte, als sie September durchstrich.

Sie hatte gar keine Lust gehabt, wieder nach St. Agatha's zu gehen. Aber nach kurzer Zeit sagte sie zu ihrer eigenen Überraschung: „Ich gehe gern zur Schule.“

Sie hatte sich immer ausgeschlossen und außen vor gefühlt, aber aus irgendeinem Grund, den sie nicht kannte, fühlte sie sich nicht mehr so. Es war, als sei sie über Nacht eine Kameradin und Anführerin geworden. Die Mädchen aus ihrer Klasse blickten zu ihr auf. Die Lehrer begannen sich zu fragen, warum sie nicht eher mitbekommen hatten, was für ein bemerkenswertes Kind Victoria Stuart war. In ihr steckte eine Menge Tatkraft.

Und das Lernen war keine Qual mehr. Es war ein Vergnügen. Sie wollte soviel lernen wie möglich, um genauso klug zu werden wie Dad. Nebelhafte Geister aus der Geschichte … unglückliche Königinnen … grimmige Tyrannen … waren lebendig geworden … Gedichte in dem Buch, das Dad und sie zusammen gelesen hatten, hatten eine Bedeutung für sie … die versunkenen Reiche, die sie in ihrer Phantasie bereist hatten, waren Orte geworden, die sie kannte und liebte. Es war so leicht, etwas über sie zu lernen. Jane brachte keine schlechten Zeugnisse mehr nach Hause. Mutter war hocherfreut, aber Großmutter wirkte nicht sehr zufrieden.

Eines Tages nahm sie einen Brief in die Hand, den Jane an Polly Jimmy John schrieb, warf einen flüchtigen Blick darauf und ließ ihn verächtlich fallen. „‚Phlox‘ schreibt man nicht F-l-o-x, Victoria. Aber wahrscheinlich kümmert es deine schlampigen Freunde nicht, wie du schreibst.“

Jane wurde rot. Sie wußte genau, wie man „Phlox“ schreibt, aber sie hatte Polly soviel zu erzählen … soviele Fragen … soviele Nachrichten an die Leute auf der fernen, lieben Insel … daß sie einfach wild drauflosschrieb, ohne nachzudenken.

„Polly Garland ist die Beste in Rechtschreibung an der Schule in Lantern Corners“, sagte Jane.

„Oh, ich habe keinen Zweifel … nicht den leisesten Zweifel … daß sie alle Tugenden eines Hinterwäldlers hat“, sagte Großmutter.

Großmutters Spötteleien konnten Jane nicht die Freude verderben, die sie an den Briefen von der Insel hatte. Sie kamen so reichlich, wie im Herbst die Blätter in Vallambroso fielen. Irgend jemand in Lantern Hill oder Hungry Cove oder The Corners schrieb immer an Jane. Die Snowbeams schickten gemeinsam verfaßte Briefe in fürchterlicher Rechtschreibung und voller Tintenkleckse, ohne Punkt und Komma. Sie hatten ein Talent, die witzigsten Dinge zu schreiben, illustriert mit erstaunlich guten Miniatur-Skizzen von Shingle. Jane schüttete sich immer aus vor Lachen über die Briefe der Snowbeams.

Der Kirchenälteste Tommy hatte Mumps … man stelle sich ihn mit Mumps vor … Shingle hatte den Anblick mit ein paar schwungvollen Kurven auf Papier gebannt … Der Anhänger von Big Donalds Wagen hatte sich gelöst, als er Little Donalds Hügel hinauffuhr, und alle seine Steckrüben waren herausgefallen und den Hügel hinuntergekullert, und er war wütend gewesen! Die Schweine hatten sich auf den Friedhof von The Corners verirrt, Mins Ma machte eine Patchworkdecke aus Seide … Jane begann sofort, Flicken für die Decke zu sammeln … Ding-Dongs Hund hatte den Hosenboden aus Andy Pearsons bester Hose gerissen, die Dahlien waren im Frost erfroren, Step-a-yard hatte ein Furunkel, im Herbst hatte es eine schöne Menge Beerdigungen gegeben, die alte Mrs. Dougald MacKay war gestorben, und die Leute, die bei dem Begräbnis gewesen waren, sagten, sie habe ganz wunderbar ausgesehen, das Baby der Jimmy Johns hatte endlich gelacht, der große Baum auf Big Donalds Hügel war im Sturm umgestürzt … Jane war traurig darüber, sie hatte diesen Baum sehr gemocht…

„Wir vermissen Dich ganz schrecklich, Jane … Oh, Jane, wir wünschten, Du könntest zu Halloween hier sein!"

Das wünschte Jane sich auch. Wenn sie nur fliegen könnte – durch die Dunkelheit, über Flüsse und Berge und Wälder – auf die Insel für diesen einen Abend! Wieviel Spaß würde es machen, mit allen zusammen herumzulaufen, Steckrüben und ausgehöhlte Kürbisse mit Kerzen darin an Gartenpforten zu hängen und vielleicht mitzuhelfen, wenn eine Gartenpforte entführt wurde.

„Worüber lachst du, Liebling?" fragte Mutter.

„Über einen Brief von zu Hause", sagte Jane, ohne nachzudenken.

„Oh, Jane Victoria, bist du nicht hier zu Hause?" rief Mutter kläglich.

Jane bereute, was sie gesagt hatte. Aber sie mußte ehrlich sein. Zu Hause! Ein kleines Haus mit Blick auf das Meer … eine weiße Möwe … Schiffe, die vorbeifuhren … Fichtenwälder … neblige Landschaften … kalte salzige Seeluft … Stille. Das war zu Hause … das einzige Zuhause, das sie kannte. Aber sie haßte es, Mutter wehzutun. Jane hatte in letzter Zeit das seltsame Gefühl, Mutter beschützen zu müssen … als müsse sie irgendwie abgeschirmt und behütet werden. Oh, wenn sie nur mit Mutter über alles reden könnte … ihr alles über Dad erzählen … alles herausfinden. Wie lustig wäre es, Mutter diese Briefe vorzulesen! Sie las sie statt dessen Jody vor. Jody interessierte sich ebenso sehr für die Leute von Lantern Hill wie Jane selbst. Sie begann, selber an Polly und Shingle und Min zu schreiben.

Die Ulmen rund um Gay 60 verfärbten sich gelb. Weit weg würden die roten Blätter von den Ahornbäumen fallen … vom Meer würde herbstlicher Nebel heraufziehen.

Jane öffnete ihr Notizbuch und strich Oktober durch.

Der November war ein dunkler, trockener, windiger Monat. Eines Tages feierte Jane einen heimlichen Triumph über Großmutter.

„Lassen Sie mich die Kroketten für das Mittagessen machen, Mary", bat sie eines Tages.

Mary stimmte trotz großer Bedenken zu, nachdem ihr eingefallen war, daß noch reichlich Hühnersalat im Kühlschrank war, wenn die Kroketten mißlingen würden. Sie mißlangen nicht. Sie waren genauso, wie Kroketten sein sollten. Niemand wußte, wer sie gemacht hatte, aber Jane hatte das Vergnügen, zu sehen, wie die Leute sie aßen.

Großmutter nahm sich eine zweite Portion. „Mary scheint endlich gelernt zu haben, wie man Kroketten richtig macht", sagte sie.

Jane trug am Armistice Day ein Weidenkätzchen, weil Dad eine Distinguished Service Medal hatte. Sie wollte unbedingt von ihm hören, aber sie konnte nicht ihre Brieffreunde auf der Insel fragen. Die durften nicht wissen, daß sie und Dad einander keine Briefe schrieben. Aber manchmal stand in einigen Briefen ein wenig über ihn … vielleicht nur ein oder zwei Sätze. Dafür lebte Jane. Sie stand nachts auf, um diese Briefe noch einmal zu lesen. Und jeden Samstagnachmittag schloß sie sich in ihrem Zimmer ein und schrieb ihm einen Brief, den sie versiegelte und Mary übergab, damit die ihn in ihrem Koffer versteckte. Sie würde sie nächsten Sommer mitnehmen und sie Dad lesen lassen, während sie sein Tagebuch las. Sie schuf sich ein kleines Ritual und zog sich ihre besten Sachen an, bevor sie an Dad schrieb. Es war herrlich, ihm zu schreiben, wenn der Wind draußen heulte – an einen Vater, der so weit weg und doch so nah war, und ihm alles zu erzählen, was sie in der Woche gemacht hatte, all die kleinen privaten Dinge, die sie liebte.

Eines Nachmittags, als sie gerade schrieb, kam der erste Schnee in riesigen Flocken. Ob es auf der Insel auch schneite? Jane stöberte die Morgenzeitung auf und sah sich den Wetterbericht für die Seeprovinzen an. Ja … Kälte und starke Schneefälle am Tag … klare und kalte Nächte. Jane schloß die Augen und sah es vor sich. Große weiche Flocken, die vor dem Hintergrund der dunklen Fichten auf die graue Landschaft sanken … ihr kleiner Garten ein Hort feenhafter Schönheit … Schneeflocken in dem leeren Rotkehlchennest, von dem sie und Shingle wußten … die dunkle See rund um die weiße Landschaft. „Nachts klar und kalt." Frostige Sterne, die an einem noch frostigeren blauen Abendhimmel schienen. Stille Felder mit einer dünnen weißen Schneedecke. Ob Dad daran dachte, die Peter hereinzulassen?

Jane strich November durch.

30. Weihnachten

Weihnachten hatte Jane nie viel bedeutet. Sie machten immer dasselbe und immer auf dieselbe Art. Es gab weder einen Baum noch Strümpfe in Gay 60 und keine Feier am Morgen, weil Großmutter dagegen war. Sie wollte einen ruhigen Vormittag, und sie ging immer zum Gottesdienst nach St. Barnabas, aber aus irgendeinem seltsamen Grund, den nur sie kannte, wollte sie an diesem Tag immer allein in die Kirche. Dann gingen sie alle zum Mittagessen zu Onkel William oder Onkel David, und abends gab es eine große Familienfeier in Gay 60, bei der die

Geschenke kunstvoll aufgebaut waren. Jane bekam immer viele Sachen, die sie nicht haben wollte, und ein oder zwei, die sie wollte. Mutter schien Weihnachten immer etwas fröhlicher zu sein als sonst … *zu* fröhlich, als ob sie, wie Jane in ihrer neuen Weisheit ahnte, fürchtete, sich an etwas zu erinnern, wenn sie nur einen Moment innehielt.

Aber dieses Jahr hatte Weihnachten eine subtile Bedeutung für Jane, die es früher nie gehabt hatte. Da war zum einen die Aufführung in St. Agatha's, bei der Jane einer der Stars war. Sie trug wieder ein Gedicht in frankokanadischer Mundart vor und tat es meisterhaft … weil sie es für einen einzigen Zuhörer tat, der tausend Meilen entfernt war, und kümmerte sich kein bißchen um Großmutters verächtliche Miene und ihre verkniffenen Lippen. Der letzte Teil war ein lebendes Bild, bei dem vier Mädchen die vier Jahreszeiten darstellten, die rund um den Weihnachtsgeist knieten. Jane war der Herbst, mit Ahornblättern in ihrem rotbraunen Haar.

„Ihre Enkelin wird ein sehr hübsches Mädchen", sagte eine Dame zu Großmutter. „Sie hat natürlich keine Ähnlichkeit mit ihrer schönen Mutter, aber ihr Gesicht hat etwas sehr Eindrucksvolles."

„Schön ist nur, wer Gutes tut", sagte Großmutter in einem Ton, der sagte, daß Jane nach diesem Standard nicht die leiseste Chance auf Schönheit hatte. Aber Jane hörte es nicht – und wenn, hätte es sie nicht gekümmert. Sie wußte ja, wie Dad ihre Knochen fand.

Jane konnte keine Geschenke auf die Insel schicken … sie hatte kein Geld, um welche zu kaufen. Taschengeld hatte Jane nie bekommen. Also schrieb sie ihren Freunden statt dessen einen besonderen Brief. Sie schickten ihr kleine Geschenke, über die sie sich viel mehr freute als über die schönen Sachen, die sie in Toronto bekam.

Mins Ma schickte ihr ein Päckchen Sommer-Bohnenkraut.

„Niemand hier braucht Sommer-Bohnenkraut“, sagte Großmutter und meinte damit, sie es nicht brauchte. „Wir bevorzugen Salbei.“

„Mrs. Jimmy John benutzt immer Sommer-Bohnenkraut für ihre Bratenfüllungen und Mins Ma und Mrs. Big Donald auch“, sagte Jane.

„Oh, wir sind hier zweifellos bedauerlich rückständig“, sagte Großmutter, und als Jane das Päckchen Kaugummi öffnete, das Young John ihr geschickt hatte, sagte Großmutter: „So, so, heutzutage kauen junge Damen also Kaugummi. Andere Zeiten, andere Sitten.“

Sie nahm die Karte, die Ding-Dong Jane geschickt hatte. Sie zeigte einen blauen und goldenen Engel, und darunter hatte Ding-Dong geschrieben: „Er sieht aus wie Du.“

„Ich habe immer gehört“, sagte Großmutter, „daß Liebe blind macht.“

Großmutter schaffte es wirklich, daß man sich albern vorkam.

Aber selbst Großmutter hatte nichts gegen das Bündel Treibholz einzuwenden, das der alte Timothy Salt geschickt hatte. Sie erlaubte Jane, am Weihnachtsabend damit Feuer im Kamin zu machen, und Mutter fand die blauen, grünen und purpurnen Flammen herrlich.

Jane saß vor dem Feuer und träumte. Es war eine sehr kalte Nacht … eine Nacht mit Frost und Sternen. Ob es auf der Insel auch so kalt war? Würden ihre Geranien erfrieren? Ob ein dichter weißer Pelz die Fenster von Lantern Hill bedeckte? Wie würde Weihnachten für Dad sein? Sie wußte, daß er zum Abendessen zu Tante Irene gehen würde. Tante Irene hatte ihrem Geschenk für Jane – einem schönen gestrickten Pullover – einen kurzen Brief beigelegt und es ihr geschrieben. „Mit einigen seiner alten Freunde“, schrieb Tante Irene.

Ob Lilian Morrow unter den alten Freunden war? Irgendwie hoffte Jane, daß es nicht der Fall sein möge. In ihrem Herzen machte sich immer ein wenig sonderbare, diffuse, namenlose Angst breit, wenn sie an Lilian Morrow und ihr liebevolles „'Drew“ dachte.

Lantern Hill würde Weihnachten leerstehen. Das gefiel Jane nicht. Dad würde Happy mitnehmen, und die armen Peters würden ganz allein sein.

Jane hatte Weihnachten noch eine besondere Freude, von der niemand wußte. Sie gingen zum Mittagessen bei Onkel David, und in der Bibliothek fand sie eine Ausgabe des *Saturday Evening.* Jane stürzte sich darauf. Würde etwas von Dad darin stehen? Ja. Wieder ein Artikel auf der ersten Seite, diesmal über „Die Folgen der Kanadischen Konföderation für die Seeprovinzen“. Jane verstand kein Wort davon, aber sie las jeden Satz mit Stolz und Freude.

Und dann kam der Kater.

31. Snowball

Sie hatten zu Mittag gegessen und saßen alle in dem großen Wohnzimmer, das selbst mit einem Feuer im Kamin noch kalt und grimmig wirkte. Frank kam mit einem Korb herein.

„Es ist da, Mrs. Kennedy“, sagte er.

Großmutter nahm Frank den Korb ab und öffnete ihn. Zum Vorschein kam eine prächtige weiße Perserkatze, die sich mit ihren blaßgrünen Augen verächtlich und mißtrauisch umsah. Mary und Frank hatten in der Küche über die Katze gesprochen.

„Was hat sich die alte Dame jetzt in den Kopf gesetzt?“ sagte Frank. „Ich dachte, sie hasse Katzen und würde Miss Victoria niemals erlauben, eine zu halten. Und nun schenkt sie ihr eine… die fünfundsiebzig Dollar gekostet hat. Fünfundsiebzig Dollar für eine Katze!“

„Geld ist kein Problem für sie“, sagte Mary. „Und ich sage dir, was sie sich in den Kopf gesetzt hat. Ich koche nicht umsonst seit zwanzig Jahren für sie – ich kann ihre Gedanken lesen. Miss Victoria hat eine Katze auf ihrer Insel. Ihre Großmutter will die Katze dort in den Schatten stellen. Sie kann nicht zulassen, daß Andrew Stuart Miss Victoria Katzen halten läßt, wenn sie hier keine haben darf. Die alte Dame weiß nicht mehr, wie sie Miss Victoria die Insel verleiden soll – deshalb diese Katze. Sie glaubt, ein echter Perserkater, der fünfundsiebzig Dollar gekostet hat und aussieht wie der König der Katzen, wird das Kind ihre armseligen gewöhnlichen Katzen vergessen lassen. Sieh dir nur an, was sie Miss Victoria dieses Jahr alles zu Weihnachten geschenkt hat. Als wolle sie sagen: ‚Von deinem Vater bekommst du nicht so etwas!‘ Oh, ich kenne sie. Aber jetzt beißt sie auf Granit, wenn mich nicht alles täuscht. Sie kann Victoria nicht mehr einschüchtern und ist gerade dabei, es herauszufinden.“

„Das ist ein Weihnachtsgeschenk für dich, Victoria“, sagte Großmutter. „Es hätte gestern abend schon kommen sollen, aber es gab eine Verzögerung … jemand war krank.“

Alle sahen Jane an, als erwarteten sie, daß sie Freudensprünge machte.

„Danke, Großmutter“, sagte Jane nur.

Sie mochte keine Perserkatzen. Tante Minnie hatte eine … mit rauchblauem Fell und Stammbaum … und Jane hatte sie nie gemocht. Perserkatzen waren so enttäuschend. Sie sahen dick und plüschig aus, aber wenn man sie auf den Arm nahm und sie knuddeln wollte, bestanden sie nur aus Knochen. Jane brauchte keine Perserkatzen.

„Er heißt Snowball“, sagte Großmutter.

Also durfte sie nicht einmal den Namen ihrer eigenen Katze aussuchen. Aber Großmutter erwartete von ihr, daß sie den Kater mochte, und in den nächsten Tagen unternahm Jane heldenhafte Anstrengungen, ihn zu mögen. Das Problem war nur, daß der Kater nicht gemocht werden wollte. Nie erwärmte Freundlichkeit das blaßgrüne Feuer seiner Augen. Er wollte nicht gestreichelt werden. Die Peter wollten immer auf den Schoß, hatten Augen aus Bernstein, und Jane hatte von Anfang die gleiche Sprache gesprochen wie sie. Aber Snowball weigerte sich, ein Wort zu verstehen, das sie sagte.

„Ich meine mich zu erinnern … korrigiere mich, wenn ich unrecht habe … daß du gesagt hast, du hättest Katzen gern“, sagte Großmutter.

„Snowball mag mich nicht“, sagte Jane.

„Oh!“ sagte Großmutter. „Nun, ich glaube, du hast bei Katzen den gleichen Geschmack wie bei Freunden. Ich fürchte, dagegen kann man nicht viel tun.“

„Liebling, kannst du Snowball nicht etwas mehr mögen?“ bat Mutter, sobald sie allein waren. „Nur, um deiner Großmutter eine Freude zu machen. Sie dachte, du würdest begeistert sein. Kannst du nicht so tun, als würdest du ihn mögen?“

Jane war nicht gut darin, so zu tun als ob. Sie kümmerte sich pflichtschuldig um Snowball, kämmte und bürstete ihn jeden Tag, sorgte dafür, daß er das richtige Futter und reichlich davon hatte, paßte auf, daß er nicht nach draußen ging, wenn es kalt war, damit er sich keine Lungenentzündung holte … wenn er eine bekommen hätte, wäre es ihr aber auch egal gewesen. Sie mochte Katzen, die mutig ihre geheimnisvollen Wege gingen und danach vor der Tür erschienen und ins Haus wollten, wo sie ein warmes Kissen und eine Schüssel Sahne erwartete. Snowball nahm all ihre Aufmerksamkeit als selbstverständlich hin, stolzierte durch Gay 60, wedelte mit seinem buschigen Schwanz, und alle Besucher beteten ihn an.

„Armer Snowball", sagte Großmutter ironisch.

In diesem ungünstigen Moment kicherte Jane. Sie konnte nicht anders, denn Snowball sah wirklich nicht aus, als brauche er Mitleid. Er thronte auf der Armlehne des Sofas, war der Herrscher über alle und sehr zufrieden damit.

„Ich mag Katzen, die ich auf den Arm nehmen kann", sagte Jane. „Katzen, die auf den Arm genommen werden wollen."

„Du vergißt, daß du mit mir sprichst und nicht mit Jody", sagte Großmutter.

Nach drei Wochen verschwand Snowball. Glücklicherweise war Jane in der Schule, sonst hätte Großmutter sie verdächtigt, etwas mit seinem Verschwinden zu tun zu haben. Alle waren außer Haus, und Mary hatte die Vordertür für ein paar Augenblicke offengelassen. Snowball ging nach draußen und betrat offenbar die vierte Dimension. Eine Zeitungsannonce brachte kein Ergebnis.

„Er ist gestohlen worden", sagte Frank. „Das kommt davon, wenn man solche teuren Katzen hält!"

„Mir tut es nicht leid. Er brauchte mehr Pflege als ein Säugling", sagte Mary. „Und ich glaube auch nicht, daß es Miss Victoria das Herz brechen wird. Sie trauert immer noch ihren Petern nach … Sie ändert sich nicht, und das muß die alte Dame erst einmal verdauen."

Jane konnte keinen allzu großen Kummer heucheln, und Großmutter war sehr ärgerlich. Ihr Zorn schwelte tagelang, und Jane fühlte sich unbehaglich. Vielleicht war sie undankbar … vielleicht hatte sie sich nicht genug bemüht, Snowball zu mögen. Wie auch immer – eines Abends, als sie und Mutter im Schneegestöber an der Straßenecke standen und auf die Straßenbahn warteten, erschien eine weiße Katze und strich Jane um die Beine, miaute heiser und schien glücklich über das Wiedersehen zu sein. Jane jubelte auf, denn sie freute sich wirklich.

„Mummy … Mummy … hier ist Snowball!"

Daß sie und Mutter allein an einer Straßenecke standen und auf eine Straßenbahn warteten, noch dazu an einem klirrend kalten Abend im Januar, war noch nie dagewesen. In der Schule hatte eine Feier stattgefunden … die älteren Mädchen hatten ein Theaterstück aufgeführt, und Mutter war eingeladen gewesen. Frank lag mit Grippe im Bett, und sie mußten mit Mrs. Austen fahren. Mitten in der Aufführung war eine Nachricht für Mrs. Austen gekommen. Sie mußte nach Hause, weil jemand aus der Familie plötzlich krank geworden war, und Mutter hatte gesagt: „Machen Sie sich unseretwegen keine Gedanken. Jane und ich können gut mit der Straßenbahn nach Hause fahren."

Jane fuhr liebend gern Straßenbahn, und zusammen mit Mutter machte es noch mehr Spaß. Es kam so selten vor, daß sie und Mutter allein irgendwo hingingen. Aber wenn sie es einmal taten, war Mutter eine gute Gesellschaft. Sie sah alles von der komischen Seite, und ihre Augen lachten Jane an, wenn sie etwas lustig fand. Jane war traurig, als sie in der Bloor Street ausstiegen, denn das bedeutete, daß sie bald zu Hause sein würden.

„Liebling, wie kann das Snowball sein?" rief Mutter. „Er sieht genauso aus wie er, das stimmt … aber wir sind eine Meile von zu Hause entfernt …"

„Frank hat immer gesagt, er sei gestohlen worden, Mummy. Es muß Snowball sein… eine fremde Katze würde sich nicht so freuen, mich zu sehen…“

„Ich hätte auch nicht gedacht, daß Snowball sich so freuen würde“, lachte Mutter.

„Ich glaube, er ist froh, daß er eine Freundin trifft“, sagte Jane. „Wir wissen ja nicht, wie er behandelt wurde. Er fühlt sich schrecklich mager an. Wir müssen ihn nach Hause bringen.“

„In der Straßenbahn…“

„Wir können ihn nicht hierlassen. Ich halte ihn fest … er bleibt sicher ruhig.“

Snowball blieb für einige Augenblicke ruhig, nachdem sie in die Bahn gestiegen waren. Es waren nicht viele Fahrgäste anwesend. Drei Jungen, die ganz hinten saßen, kicherten, als Jane sich mit ihrer Katze auf dem Arm hinsetzte. Ein pummeliges Kind rückte erschrocken beiseite. Ein Mann mit pickligem Gesicht sah sie finster an, als fühle er sich durch den Anblick einer Perserkatze persönlich beleidigt.

Plötzlich wurde Snowball fuchsteufelswild. Er befreite sich mit einem gewaltigen Satz aus Janes Armen, denn sie hatte ihren Griff unvorsichtigerweise gelockert, und sauste durch die Bahn, fegte über die Sitze und sprang gegen die Fenster. Frauen kreischten. Das pummelige Kind sprang auf und quietschte. Der pickelgesichtige Mann fluchte, als Snowball ihm den Hut vom Kopf riß. Der Schaffner öffnete die Tür.

„Lassen Sie die Katze nicht hinaus“, schrie Jane atemlos. „Machen Sie die Tür zu … schnell … es ist meine verschwundene Katze, und ich nehme sie mit nach Hause.“

„Dann fängst du sie am besten ein“, sagte der Schaffner unwirsch.

Snowball dachte offenbar, daß es genug war, denn er ließ sich von Jane einfangen. Die Jungen lachten unverschämt, als Jane zu ihrem Platz zurückging, ohne nach links oder rechts zu sehen. Ein Knopf hatte sich von einem ihrer Schuhe gelöst, und sie war gestolpert und hatte sich die Nase an der Lehne eines Sitzes aufgeschürft. Aber sie kehrte siegreich zurück … sie mußte auch ihrem zweiten Vornamen Ehre machen.

„Oh, Liebling … Liebling", sagte Mutter, die sich vor Lachen schüttelte … vor echtem Lachen. Wann hatte Mutter je so gelacht? Wenn Großmutter das gesehen hätte!

„Das ist ein gefährliches Tier", sagte der picklige Mann warnend.

Jane sah die Jungen an. Sie schnitten ihr Grimassen, die sie erwiderte. Sie mochte Snowball mehr als je zuvor. Aber sie lockerte ihren Griff erst, als die Tür von Gay 60 hinter ihr ins Schloß gefallen war.

„Wir haben Snowball gefunden, Großmutter", rief Jane triumphierend.

Sie ließ die Katze los, die sich verwirrt umsah.

„Das ist nicht Snowball", sagte Großmutter. „Es ist eine weibliche Katze."

Aus Großmutters Ton konnte man schließen, daß weibliche Katzen eine Schande waren.

Der Besitzer der weiblichen Katze wurde schließlich durch noch eine Zeitungsannonce gefunden, und in Gay 60 tauchten keine Perserkatzen mehr auf.

Jane hatte Dezember durchgestrichen, und der Januar verging wie im Flug. Die Nachrichten aus Lantern Hill waren immer noch spannend. Alle liefen Schlittschuh… auf dem Teich oder dem kleinen, runden Tümpel inmitten der Bäume von The Corners … Shingle Snowbeam hatte in einer Weihnachtsaufführung die Königin gespielt und eine Krone aus vergoldetem Blech getragen, die Frau des neuen Pfarrers konnte Orgel spielen, das Baby der Jimmy Johns hatte alle Blüten von Mrs. Jimmy Johns Weihnachtskaktus gegessen – wirklich alle –, Mrs. Little Donald hatte ihren Truthahn zu Weihnachten aufgetischt … Jane erinnerte sich an den prächtigen weißen Truthahn und bedauerte sein Ende; Onkel Tombstone hatte das Schwein von Mins Ma geschlachtet, und Mins Ma hatte Dad einen Braten geschickt; Mins Ma hatte ein neues Schwein, das sie großzog, ein hübsches rosa Schwein, das genauso aussah wie der Kirchenälteste Tommy; Mr. Spraggs' Hund hatte Mr. Loneys Hund so gebissen, daß dieser ein Auge eingebüßt hatte, und Mr. Loney wollte deswegen vor Gericht gehen; Mrs. Angus Scatterby, deren Mann im Oktober gestorben war, war enttäuscht über das Ergebnis … „Es macht nicht soviel Spaß, Witwe zu sein, wie ich dachte", sollte sie gesagt haben, Sherwood Morton war in den Chor eingetreten, und die Verwalter hatten ein paar neue Nägel in das Dach eingeschlagen … Jane hatte den Verdacht, daß Step-a-yard hinter diesem Scherz steckte; auf Big Donalds Hügel konnte man wunderbar Schlitten fahren, ihr Dad hatte einen neuen Hund, einen dicken weißen Hund namens Bubbles, ihre Geranien blühten herrlich … Und ich bin weit weg und kann sie nicht sehen! dachte Jane, und es gab ihr einen Stich. William MacAllister hatte Krach mit Thomas Crowder gehabt, weil Thomas zu William gesagt hatte, daß ihm sein Backenbart nicht stehen würde, wenn er einen hätte; die Tautropfen waren silbern gewesen … Jane sah es vor sich … Juwelen aus Eis … der Ahornwald von unirdischer Schönheit … jeder Zweig, der aus der Schneekruste im Garten herausragte, war ein Speer aus Kristall; Step-a-yard war mit dem „Mudding" beschäftigt … Was in aller Welt war „Mudding"? … Sie mußte es nächsten Sommer herausfinden. Der Sturm hatte das Dach von Mr. Snowbeams Schweinestall weggeweht … Wenn er den Dachfirst letzten Sommer richtig festgenagelt hätte, wie ich ihm geraten habe, wäre das nicht passiert, dachte Jane weise. Bob Woods war auf seinen Hund gefallen und hatte seinen Rücken verrenkt … wessen Rücken, seinen eigenen oder den des Hundes? … Caraway Snowbeam waren die Mandeln herausgenommen worden, und sie bildete sich sehr viel darauf ein, Jabez Gibbs hatte eine Stinktierfalle aufgestellt und seine eigene Katze gefangen, Onkel Tombstone hatte alle seine Freunde zum Austernessen eingeladen, einige sagten, Mrs. Alec Carson in The Corners habe wieder ein Baby bekommen, andere hielten das für ein Gerücht.

Was hatte Gay 60 schon zu bieten – gegen solche aufregenden Neuigkeiten?

Jane strich Januar durch.

Der Februar war stürmisch. Jane verbrachte viele Abende, an denen der Wind durch die Gay Street heulte, damit, über Saatkatalogen zu brüten. Sie wählte aus, was Dad im Frühling pflanzen sollte. Sie las gern die Beschreibung des Gemüses und sah lange Beete auf Lantern Hill vor sich. Sie schrieb Marys beste Rezepte ab, damit sie sie nächsten Sommer für Dad machen konnte … Dad, der wahrscheinlich in diesem Moment gemütlich am Feuer saß, während zwei glückliche Hunde zu seinen Füßen lag und draußen der Schnee wirbelte.

Jane strich Februar durch.

32. Die lang ersehnte Nachricht

Als Jane März durchstrich, flüsterte sie: „Nur noch zweieinhalb Monate.“ Das Leben in Gay 60 und St. Agatha's ging weiter wie gewohnt. Es wurde Ostern, und Tante Gertrude, die die ganze Fastenzeit über auf Zucker im Tee verzichtet hatte, genehmigte sich ihn jetzt wieder. Großmutter kaufte herrliche Frühlingskleider für Mutter, die sich aber nicht übermäßig dafür zu interessieren schien. Und Jane hörte, wie ihre Insel in der Nacht nach ihr rief.

An einem stürmischen, verregneten Morgen im April kam der Brief. Jane hatte wochenlang darauf gewartet und angefangen, sich Sorgen zu machen. Jetzt brachte sie Mutter den Brief, und ihr Gesicht sah aus wie das von

Einer, die frohe Kunde erhielt
Aus der fernen Heimat nach langem Exil.[7]

Mutter wurde blaß, als sie den Brief sah, und Großmutter schoß die Röte ins Gesicht.

„Noch ein Brief von Andrew Stuart?“ sagte Großmutter, als würde der Name ihre Zunge beschmutzen.

„Ja“, sagte Mutter matt. „Er … er sagt, daß Jane Victoria im Sommer wieder zu ihm kommen soll … wenn sie will. Sie soll es selbst entscheiden.“

„Dann“, sagte Großmutter, „wird sie nicht hinfahren.“

„Natürlich wirst du nicht hinfahren, nicht wahr, Liebling?“

„Nicht hinfahren? Aber ich muß! Ich habe es versprochen!“ rief Jane.

---

7 Barbara Miller Macandrew, aus: Elijah and Other Poems.

„Dein … dein Vater wird nicht darauf bestehen, daß du das Versprechen hältst. Er sagt ausdrücklich, daß du selbst entscheiden sollst."

„Ich will wieder zu ihm", sagte Jane. „Ich fahre wieder hin."

„Liebling", sagte Mutter bittend, „fahre nicht hin. Du bist letzten Sommer von mir fortgewachsen. Wenn du wieder hinfährst, verliere ich dich noch mehr …"

Jane sah zu Boden, und ihr zusammengekniffener Mund hatte eine seltsame Ähnlichkeit mit dem von Großmutter.

Großmutter nahm Mutter den Brief aus der Hand, warf einen Blick darauf und sah Jane an.

„Victoria", sagte sie ungewohnt freundlich, „ich glaube, du hast dir die Sache nicht richtig überlegt. Ich rede nicht von mir selbst … ich habe nie Dankbarkeit erwartet … aber die Wünsche deiner Mutter sollten dir etwas wichtiger sein. Victoria", Großmutters Ton wurde schärfer, „tu mir den Gefallen und sieh mich an, wenn ich mit dir spreche."

Jane sah Großmutter an … sah ihr direkt in die Augen, unnachgiebig und ohne zu blinzeln. Großmutter schien sich auf ungewohnte Art zurückzuhalten. Sie sprach immer noch freundlich.

„Ich habe bisher noch nichts davon gesagt, Victoria, aber ich habe vor einiger Zeit beschlossen, diesen Sommer mit dir und deiner Mutter nach England zu fahren. Wir werden Juli und August dort verbringen. Es wird dir sicher gefallen. Ich denke, wenn du die Wahl zwischen einem Sommer in England und einer Hütte auf Prince Edward Island hast, wird die Entscheidung nicht schwerfallen."

Es fiel Jane nicht schwer. „Danke, Großmutter. Es ist sehr gütig von dir, mir eine so schöne Reise anzubieten. Ich hoffe, du und Mutter werdet sie genießen. Aber ich möchte lieber auf die Insel."

Sogar Mrs. Robert Kennedy wußte, wann sie geschlagen war. Aber sie war keine gute Verliererin.

„Du bist genauso eigensinnig wie dein Vater", sagte sie, und ihr Gesicht verzerrte sich vor Zorn. Einen Moment lang sah sie aus wie eine böse alte Hexe. „Du wirst ihm jeden Tag ähnlicher … du hast sogar sein Kinn!"

Jane war dankbar, daß sie einen eigenen Sinn von jemandem hatte. Sie war froh, daß sie aussah wie Dad und sein Kinn hatte. Aber sie wünschte, Mutter würde nicht weinen.

„Verschwende deine Tränen nicht, Robin", sagte Großmutter und wandte sich verächtlich von Jane ab. „Die Stuart in ihr macht sich bemerkbar … es war nichts anderes zu erwarten. Wenn sie ihre proletenhaften Freunde dort unten dir vorzieht, kann man nichts tun. Ich habe zu dem Thema nichts mehr zu sagen."

Mutter stand auf und trocknete sich mit einem feinen Taschentuch die Augen. „Nun gut, Liebes", sagte sie. Es klang kalt und hart. „Du hast deine Wahl getroffen. Ich gebe deiner Großmutter recht – es ist nichts mehr zu sagen."

Sie ging hinaus, und Jane brach es fast das Herz. Noch nie hatte Mutter in so einem Ton mit ihr gesprochen. Sie fühlte sich, als habe man sie plötzlich weit von ihr weggestoßen. Aber sie bereute ihre Wahl nicht – eigentlich hatte sie gar keine Wahl gehabt. Sie mußte zurück zu Dad. Wenn sie sich zwischen ihm und Mutter entscheiden mußte … Jane rannte auf ihr Zimmer, warf sich auf das große weiße Eisbärfell und erlebte eine tränenlose Pein, wie sie kein Kind jemals durchmachen sollte.

Es dauerte eine Woche, bis Jane wieder sie selbst war, obwohl Mutter nach diesem kleinen Ausbruch von Bitterkeit gleich wieder so liebevoll gewesen war wie immer. Als sie zum Gutenachtsagen gekommen war, hatte sie Jane schweigend an sich gedrückt.

Jane klammerte sich an ihre Mutter.

„Ich muß gehen, Mutter … ich muß … aber ich liebe dich …"

„Oh, Jane, das hoffe ich sehr … aber manchmal scheinst du mir so fern zu sein, als befändest du dich auf dem Sirius. Laß … laß niemanden zwischen uns stehen. Mehr verlange ich nicht."

„Das kann niemand … das will auch niemand, Mutter."

Jane war bewußt, daß das nicht ganz stimmte. Sie wußte schon lange, daß Großmutter nur zu gern zwischen ihnen gestanden hätte, wenn es ihr nur gelingen würde. Aber Jane wußte auch, daß Mutter mit „niemand" Dad meinte, und deshalb war ihre Antwort richtig.

Am letzten Tag im April kam ein Brief von Polly Garland … von einer glücklichen Polly.

„Wir freuen uns alle so, daß Du diesen Sommer wiederkommst, Jane. Oh, Jane, ich wünschte, Du könntest die Weidenkätzchen in unserem Sumpf sehen."

Das wünschte Jane sich auch. Und es standen noch mehr spannende Neuigkeiten in Pollys Brief. Die Kuh von Mins Ma wurde alt, und Mins Ma wollte sich eine neue kaufen. Polly hatte eine Henne, die auf einem Nest mit neun Eiern saß und brütete … Jane sah vor sich, wie neun wahrhaftige kleine Küken umherliefen. Nun, Vater hatte ihr für diesen Sommer ein paar Hühner versprochen … Step-a-yard hatte Polly aufgetragen, ihr zu erzählen, daß es ein phantastischer Frühling war und sogar die Hähne Eier legten, das Baby war auf den

Namen William Charles getauft worden, machte seine ersten Schritte und war nicht mehr so dick, Big Donalds Hund war vergiftet worden und hatte Krämpfe gehabt, sich aber wieder erholt.

„Nur noch sechs Wochen." Es waren keine Monate mehr, sondern nur noch Wochen. Zu Hause auf Lantern Hill würden die Rotkehlchen herumhüpfen, und über dem Meer würde der Nebel aufsteigen.

Jane strich April durch.

33. Das Haus in Lakeside Gardens

In der letzten Maiwoche sah Jane das Haus. Mutter besuchte eines Abends eine Freundin, die gerade in ein neues Haus in die neue Siedlung in Lakeside am Ufer des Humber gezogen war. Sie nahm Jane mit, und es war eine Offenbarung für Jane. Ihr Kommen und Gehen war so eingeengt gewesen, daß sie sich nicht hatte träumen lassen, daß es so schöne Stellen in Toronto gab. Es war wie in einem hübschen Dorf hier draußen … Hügel und Schluchten, in denen Farnkraut und wilden Akelei wuchsen, und Flüsse und Bäume … das grüne Leuchten der Weiden, die gewaltigen Baumkronen der Eichen, die Pinien und – gar nicht weit weg – ein blauer Nebel. Das war der Ontario-See.

Mrs. Townley wohnte in der Straße Lakeside Gardens und führte sie stolz durch ihr neues Haus. Es war so groß und prächtig, daß Jane nicht sehr interessiert war. Nach einer Weile schlüpfte sie in der Dämmerung nach draußen, um die Straße auf eigene Faust zu erkunden, und ließ Mutter und Mrs. Townley über Schränke und Badezimmer reden.

Jane entschied, daß sie Lakeside Gardens mochte. Sie mochte die Straße, weil sie viele Biegungen hatte. Es war eine freundliche Straße. Die Häuser trugen die Nase nicht hoch, nicht einmal die großen. Sie saßen in ihren Gärten, umgeben von blühenden Spiersträuchern und Tulpen und Osterglocken zu ihren Füßen, und sagten: „Wir haben viel Platz … wir müssen nicht unsere Ellbogen einsetzen … wir können es uns leisten, großzügig zu sein."

Jane sah sie sich eingehend an, als sie vorbeiging, aber erst als sie fast am Ende der Straße angelangt war, die sich zum See hinabschlängelte, sah sie das Haus. Ihr hatten viele der Häuser gefallen, an denen sie vorbeigekommen war, aber als sie dieses Haus sah, wußte sie auf den ersten Blick, daß es ihr gehörte … genau wie Lantern Hill.

Es war ein kleines Haus für Lakeside Gardens, aber viel größer als Lantern Hill. Es war aus grauem Stein und hatte Flügelfenster … einige davon an Stellen, an denen man sie nicht erwartete, und das war besonders schön … und Dachpfannen von einem sehr dunklen Braun. Es stand direkt am Rand der Schlucht und überragte die Baumwipfel. Dahinter wuchsen fünf große Pinien.

„Was für ein herrlicher Platz!" hauchte Jane.

Es war ein neues Haus. Es war gerade erst gebaut worden, und auf dem Rasen stand ein „Zu verkaufen"-Schild. Jane ging um das Haus herum und schielte durch jedes Fenster. Das Wohnzimmer würde wirklich leben, wenn es erst eingerichtet war. Die Tür des Eßzimmers führte in einen sonnenhellen Raum mit einer schönen Frühstücksecke in Hellgelb mit Einbauschränken für das Porzellan. Der Tisch und die Stühle sollten auch gelb sein, und die Gardinen am hinteren Fenster zwischen Gold und Grün – dann würde es auch an düsteren Tagen sonnig aussehen. Ja, dieses Haus gehörte ihr … sie sah sich selbst darin Gardinen aufhängen, die Glastüren polieren und in der Küche Kekse backen. Sie haßte das „Zu verkaufen“-Schild. Die Vorstellung, daß jemand das Haus kaufte … ihr Haus … war eine Qual.

Sie ging immer wieder um das Haus herum. Hinten lag eine Terrasse, die bis zur Schlucht hinabführte. Es gab einen Felsengarten und eine Gruppe Forsythienbüsche, die zu Beginn des Frühlings Fontänen aus blassem Gold gewesen sein mußten. Drei Steintreppen führten im Schatten der Birken die Terrasse hinab. Auf einer Seite lag ein verwilderter Garten mit schlanken jungen Schwarz-Pappeln. Ein Rotkehlchen blinzelte ihr zu, eine niedliche dicke Katze kam aus dem benachbarten Felsengarten. Jane rannte zu ihr, aber …

„Entschuldigung, ich habe heute keine Zeit“, sagte die Katze und trippelte die steinernen Stufen hinunter.

Schließlich setzte sich Jane auf die Stufen vor der Haustür und überließ sich einer geheimen Freude. Zwischen den Bäumen auf der anderen Seite der Straße befand sich eine Lücke, durch die man einen entlegenen, purpur und grau schimmernden Hügel sah. Jenseits des Flusses lagen neblige, blaßgrüne Wälder. Die Wälder um Lantern Hill würden auch von einem nebligen Grün sein. Die Banner einer Stadt bei Nacht wehten im Sonnenuntergang hinter den Pinien. Die weißen Möwen zogen ihre Kreise über dem Fluß.

Es wurde dunkler. In den Häusern gingen die Lichter an. Jane war immer fasziniert von Häusern, in denen abends Licht brannte. In dem Haus hinter ihr sollte auch Licht brennen. Sie sollte das Licht darin anzünden. Sie sollte darin wohnen. Sie könnte dort glücklich sein. Sie könnte sich hier sogar mit Wind und Regen anfreunden und den See lieben, obwohl er nicht das Funkeln und das Rauschen des Meeres hatte, sie konnte den frechen Eichhörnchen Nüsse hinlegen und Vogelhäuser für das gefiederte Volk aufhängen und die Fasane füttern, die laut Mrs. Townley in der Schlucht lebten.

Plötzlich erschien ein schmaler, goldener neuer Mond über den Eichen, und die Welt war still … fast so still wie Queen's Shore in einer ruhigen Sommernacht, und die funkelnden Lichter am Lake Drive sahen aus wie das Perlenhalsband einer dunklen Schönheit.

„Wo warst du den ganzen Abend, Liebling?" fragte Mutter, als sie nach Hause fuhren.

„Ich habe nach einem Haus gesucht, das man kaufen kann", sagte Jane träumerisch. „Ich wünschte, wir würden hier wohnen statt in Gay 60, Mummy."

Mutter schwieg einen Moment. „Du magst Gay 60 nicht besonders, nicht wahr, Schatz?"

„Nein", sagte Jane. Und dann fügte sie zu ihrer eigenen Überraschung hinzu: „Magst du es?"

Sie war noch überraschter, als Mutter kurz und heftig sagte: „Ich hasse es!"

An diesem Abend strich Jane den Mai in ihrem Kalender durch. Nur noch zehn Tage. Nur noch Tage, wo vorher Wochen gewesen waren. Oh, wenn sie nun krank wurde und nicht fahren konnte! Aber nein! Das würde Gott nicht zulassen! Es konnte nicht sein!

34. Die Heimkehr

Großmutter sagte Mutter in eisigem Ton, was für Kleidung Jane brauchte … wenn sie überhaupt welche brauchte. Jane und Mutter verbrachten einen fröhlichen Nachmittag beim Einkaufen. Jane suchte ihre Sachen selbst aus … Sachen, die zu Lantern

Hill und einem Sommer auf der Insel paßten. Mutter bestand auf einigen schönen gestrickten Pullovern und einem hübschen Kleid aus rosarotem Organdy mit herrlichen Spitzen. Jane wußte nicht, wo sie das jemals tragen sollte … es war zu prächtig für die kleine Kirche, aber sie ließ es Mutter kaufen, um ihr eine Freude zu machen. Und Mutter kaufte ihr den schönsten kleinen grünen Badeanzug.

„Stell dir vor“, sagte Jane glücklich, „in einer Woche bin ich in Queen's Shore. Ich hoffe, das Wasser wird nicht zu kalt zum Schwimmen sein …“

„Wir fahren vielleicht im August auf die Insel“, sagte Phyllis. „Dad sagt, er sei so lange nicht dort gewesen und würde gern noch einmal dort Urlaub machen. Wenn wir hinfahren, wohnen wir im Harbour Head Hotel, und von da ist es nicht weit bis nach Queen's Shore. Also sehen wir uns wahrscheinlich.“

Jane wußte nicht, ob ihr dieser Gedanke gefiel oder nicht. Sie wollte nicht, daß Phyllis auf die Insel kam und gönnerhaft war … daß sie auf Lantern Hill, das Stiefelregal und die Snowbeams herabsah.

Jane reiste diesmal mit den Randolphs. Sie fuhren morgens und nicht abends. Es war ein grauer, wolkiger Tag, aber Jane war so glücklich, daß sie Sonnenschein um sich herum verbreitete. Mrs. Randolphs Eindruck von Jane war genau das Gegenteil von dem, den Mrs. Stanley bekommen hatte. Mrs. Randolph fand, daß sie nie ein liebenswerteres Kind erlebt hatte. Jane interessierte sich für alles und entdeckte überall etwas Schönes, sogar in den endlosen Weiten der Bau- und Papierholzwälder in New Brunswick. Jane studierte den Fahrplan und begrüßte jede Station als einen Freund, besonders die mit malerischen, schönen Namen … Red Pine, Bartibog, Memramcook. Und dann Sackville, wo sie in den kleinen Zug nach Cape Tormentine umstiegen. Wie bedauerte Jane alle, die nicht auf die Insel fuhren!

Cape Tormentine … die Autofähre … Jane hielt Ausschau nach den roten Klippen der Insel … da waren sie … sie hatte wirklich vergessen, wie rot sie waren… und dahinter in Nebel gehüllte grüne Hügel. Es regnete wieder, aber was machte das schon? Alles, was die Insel tat, war richtig. Wenn es regnen wollte … ach, Jane hatte auch nichts gegen Regen.

Da sie Toronto am Morgen verlassen hatten, waren sie schon am frühen Nachmittag in Charlottetown.

Jane sah Dad, sobald sie aus dem Zug stieg … er lachte und sagte: „Entschuldigung, aber dein Gesicht kommt mir bekannt vor. Bist du vielleicht …“, aber da hatte Jane sich schon in seine Arme geworfen. Es war, als seien sie nie getrennt gewesen … als sei sie nie weg gewesen. Die Welt war wieder echt. Sie war wieder Jane. Oh, Dad, Dad!

Sie hatte gefürchtet, daß Tante Irene auch dasein würde … vielleicht auch Miss Lilian Morrow. Aber Tante Irene war, wie sich herausstellte, zu einem Besuch in Boston und hatte Miss Morrow mitgenommen. Jane hoffte insgeheim, daß Tante Irene ihre Zeit in Boston so genießen würde, daß sie sich für lange Zeit nicht losreißen konnte.

„Und das Auto hat wieder Temperamentsausbrüche“, sagte Dad. „Ich mußte es in der Garage in The Corners lassen und mir Step-a-yards Pferd und Wagen leihen. Du hast doch nichts dagegen?“

Dagegen? Jane war begeistert. Sie wollte, daß die Fahrt nach Lantern Hill so langsam ging, daß sie alles sehen konnte, was es unterwegs zu sehen gab. Und sie saß gern hinter einem Pferd. Mit einem Pferd konnte man reden, mit einem Auto nicht. Und wenn Dad gesagt hätte, daß sie zu Fuß nach Lantern Hill gehen müßten, hätte es Jane auch nichts ausgemacht.

Dad faßte sie mit seinen schmalen kräftigen Händen unter den Armen und setzte sie mit Schwung auf den Kutschbock.

„Laß uns da weitermachen, wo wir aufgehört haben. Du bist seit letztem Sommer gewachsen, meine Jane.“

„Einen Zoll“, sagte Jane stolz.

Es hatte aufgehört zu regnen. Die Sonne kam durch. In der Ferne lachten die weißen Schaumkronen auf dem Meer und winkten ihr zu.

„Laß uns in die Stadt gehen und Geschenke für unser Haus kaufen, Jane.“

„Einen Wasserbadtopf, der nicht leckt, Dad. Booties hat immer ein bißchen geleckt. Und eine Kartoffelpresse … können wir eine Kartoffelpresse kaufen, Dad?“

Dad dachte, daß sein Budget eine Kartoffelpresse verkraften würde.

Alles war herrlich. Aber Jane glühte vor Freude, als sie die Stadt hinter sich ließen und auf dem Weg nach Hause waren – zu allem, was sie liebten.

„Fahr langsam, Dad. Ich will nichts auf der Straße verpassen.“

Sie heftete ihren Blick auf alles … fichtenbewachsene Hügel, Gärten voll unbesungener Schönheit hier und da, flüchtige Blicke auf die schimmernde See, blaue Flüsse … waren diese Flüsse letzten Sommer wirklich schon so blau gewesen? Der Frühling war zeitig gekommen, und die erste Blütenpracht war vorbei. Jane war traurig darüber. Sie fragte sich, ob sie jemals rechtzeitig auf die Insel kommen würde, um die berühmte Kirschbaumallee der Titus-Damen in voller Blüte zu sehen.

Sie schauten bei Mrs. Meade vorbei, die Jane einen Kuß gab und bedauerte, daß Mr. Meade nicht herunterkommen konnte, er lag im Bett mit Mittelohrentzündung. Sie gab ihnen ein Paket mit Schinken-Sandwiches und Käse, falls sie unterwegs Hunger bekommen würden.

Sie hörten den Ozean, bevor sie ihn sahen. Jane liebte seinen Klang. Es war, als ob der Geist der See sie riefe. Und dann der erste Geruch von Salz in der Luft … es gab einen besonderen Hügel, von dem aus man den ersten Hauch erschnuppern konnte. Und von diesem Hügel hatten sie auch den ersten Blick auf das ferne Lantern Hill. Es war herrlich, sein eigenes Zuhause aus solchem Abstand zu sehen … zu merken, wie jeder Schritt des Pferdes einen näher dorthin brachte.

Von da an war Jane in ihrem Element. Es war so spannend, all die Stellen an der Straße wiederzusehen … grüne Waldwege, geliebte alte Farmen, die die Arme nach ihr ausstreckten. Die Reihe aus Fichten marschierte immer noch Little Donalds Hügel hinauf. Die Dünen … und die Fischerboote, die vorbeisegelten … und der kleine blaue Teich … und Lantern Hill. Heimkehr aus dem Exil!

Jemand … Jane fand später heraus, daß es die Snowbeams gewesen waren … hatte auf dem Weg mit weißen Kieselsteinen das Wort „Willkommen“ geformt. Happy erwartete sie auf dem Hof und fraß Jane beinahe bei lebendigem Leib auf. Bubbles, der neue dicke weiße Hund, saß abseits und sah sie an. Er war so niedlich, daß Jane ihm den Namen sofort verzieh.

Als erstes besuchte sie jedes Zimmer, und alle Zimmer hießen sie willkommen. Nichts hatte sich verändert. Sie sah sich das Haus an, um sicherzugehen, daß nichts fehlte. Der kleine Bronzesoldat ritt immer noch sein

Bronzepferd, die grüne Katze wachte über Dads Schreibtisch. Aber das Silber mußte geputzt werden, die Geranien mußten geschnitten werden, und wann war der Küchenfußboden zuletzt geschrubbt worden?

Sie war neun Monate nicht auf Lantern Hill gewesen, aber jetzt kam es ihr so vor, als sei sie nie weg gewesen. Sie hatte wirklich immer hier gelebt – es war das Zuhause ihrer Seele.

Es gab ein paar kleine Überraschungen … schöne Überraschungen. Sie hatten sechs Hühner … hinten im Garten stand ein kleines Hühnerhaus … vor der Glastür war eine Veranda mit spitzem Dach gebaut worden … und Dad hatte ein Telefon installieren lassen.

First Peter saß auf der Türschwelle, als Jane herunterkam, hatte eine große Maus in der Schnauze und war sichtlich stolz auf seinen Jagderfolg. Jane nahm ihn auf den Arm, ohne sich an der Maus zu stören, und sah sich dann nach Second Peter um. Wo war Second Peter?

Dad legte den Arm fest um Jane. „Second Peter ist letzte Woche gestorben, Jane. Ich weiß nicht, was er hatte … er wurde plötzlich krank. Der Tierarzt ist gekommen, aber er konnte nichts tun."

Janes Augen brannten. Sie weinte nicht, aber sie schluckte. „Ich … ich … dachte nicht, daß etwas sterben könnte, das ich geliebt habe", flüsterte sie an Dads Schulter.

„Ah, Jane, Liebe kann den Tod nicht abschrecken. Er hatte ein kurzes Leben, aber ein glückliches … und wir haben ihn im Garten begraben. Komm hinaus und sieh dir den Garten an, Jane … er hat angefangen zu blühen, sobald er hörte, daß du kommst."

Ein Windstoß sauste durch den Garten, als sie ihn betraten, und es sah aus, als würden alle Blumen und Sträucher ihr zunicken oder zuwinken. Dad hatte in einer Ecke ein Gemüsebeet mit ordentlichen kleinen Reihen und neue Beete mit einjährigen Pflanzen.

„Miranda hat alles besorgt, was du wolltest … ich glaube, du wirst alles finden, sogar die Skabiosen. Was willst du mit Skabiosen, Jane? Es ist ein abscheulicher Name … klingt wie eine Krankheit."

„Oh, die Blumen sind hübsch, Dad. Und es gibt so viele schönere Namen für sie … Katzenpfötchen und Ballerina. Sind die Stiefmütterchen nicht herrlich? Ich bin so froh, daß ich sie letzten August gesät habe."

„Du siehst selber aus wie ein Stiefmütterchen, Jane … wie das rotbraune dort mit den goldenen Augen."

Jane erinnerte sich, daß sie sich gefragt hatte, ob sie jemals jemand mit einer Blume vergleichen würde. Trotz des kleinen Haufens aus Steinen unter dem Flieder … die Young John auf dem Grab von Second Peter aufgetürmt hatte … war sie glücklich. Alles war so schön. Sogar Mrs. Big Donalds Wäsche, die oben auf dem Hügel tapfer vor dem blauen Himmel flatterte, war hinreißend. Und unten beim Watch Tower schwappten die Wellen an den Strand. Jane wollte hinaus in den Tumult und sich in die Wellen stürzen. Aber das mußte bis morgen warten. Jetzt war Zeit, das Essen zu machen.

Wie schön, wieder in einer Küche zu sein, dachte Jane und band sich eine Schürze um.

„Ich bin froh, daß meine Köchin wieder da ist", sagte Dad. „Ich habe den ganzen Winter über praktisch von gesalzenem Dorsch gelebt. Der war am einfachsten zu kochen. Aber ich streite nicht ab, daß die Nachbarn dem Junggesellen ausgeholfen haben. Und sie haben eine Unmenge von Sachen zum Abendessen gebracht."

Jane fand die Speisekammer gefüllt mit diesen Sachen vor. Ein kaltes Huhn von den Jimmy Johns, eine

Schüssel Butter von Mrs. Big Donald, eine Kanne Sahne von Mrs. Little Donald, etwas Käse von Mrs. Snowbeam, ein paar frühe rosarote Radieschen von Mins Ma und ein Auflauf von Mrs. Bell.

„Sie sagte, sie wisse, daß du ebenso gute Aufläufe machst wie sie, aber sie meinte, es sei ein guter Vorrat, bis du Zeit hast, welche zu machen. Es ist noch viel Marmelade da und beinahe das ganze Eingemachte."

Jane und Dad unterhielten sich beim Essen. Sie mußten einen ganzen Winter nachholen, in dem sie nicht miteinander gesprochen hatten. Hatte er sie vermißt? Nun, hatte er? Was dachte sie? Sie musterten einander mit Zufriedenheit. Jane sah den Neumond durch die offene Tür. Und Dad stand auf und zog die Schiffsuhr auf. Die Zeitrechnung hatte wieder begonnen.

Janes Freunde hatten absichtlich gewartet, bis sie die erste Wiedersehensfreude hinter sich hatte, und kamen am Abend, um sie zu sehen … die braungebrannten, rosigen Jimmy Johns und die Snowbeams und Min und Ding-Dong. Sie waren alle froh, sie zu sehen. Queen's Shore hatte sie im Herzen behalten. Es war wunderbar, wieder jemand zu sein … wunderbar, wieder soviel lachen zu können, wie man wollte, ohne daß es jemanden störte … wunderbar, wieder unter glücklichen Menschen zu sein. Ganz plötzlich wurde Jane klar, daß niemand in Gay 60 glücklich war … außer vielleicht Mary und Frank. Großmutter war es nicht … Tante Gertrude war es nicht … Mutter war es nicht.

Step-a-yard flüsterte ihr zu, daß er eine Schubkarre mit Schafdung für ihren Garten gebracht hatte. „Du findest sie an der Pforte … nichts ist so gut für einen Garten wie gut durchgerotteter Schafdung!"

Ding-Dong hatte ihr ein Kätzchen gebracht, um Second Peter zu ersetzen … ein winziges Ding, so groß wie die Pfote seiner Mutter, aber es würde einmal eine prächtige Katze werden, schwarz mit vier weißen Pfoten. Jane und Dad probierten vor dem Zubettgehen noch alle möglichen Namen aus und einigten sich schließlich auf Silver Penny, weil er einen runden weißen Fleck zwischen den Ohren hatte.

In ihr eigenes geliebtes Zimmer zu gehen, wo eine junge Birke vom Hügel aus kühn einen Arm durchs Fenster streckte … in der Nacht das Meer rauschen zu hören … morgens aufzuwachen und daran zu denken, daß sie den ganzen Tag mit Dad verbringen würde! Jane sang das Lied der Morgensterne, als sie sich anzog und zum Frühstück hinunterging.

Nach dem Frühstück rannte Jane als erstes mit dem Wind um die Wette an die Küste und stürzte sich in die stürmischen Wellen. Sie warf sich buchstäblich dem Meer in die Arme.

Und was für ein Vormittag es war! Jane verbrachte ihn damit, das Silber und die Fenster zu putzen. Nichts hatte sich geändert, bis auf ein paar Kleinigkeiten. Step-a-yard hatte sich einen Bart wachsen lassen, der vor Erkältungen schützen sollte … Big Donald hatte sein Haus neu gestrichen … die Kälber vom letzten Sommer waren groß geworden … Little Donald überließ seine Weide auf dem Hügel den Fichten. Es war gut, zu Hause zu sein.

„Timothy Salt nimmt mich nächsten Samstag mit auf den Dorschfang, Dad.“

35. Besuch von Phyllis

Im Juli kamen Onkel David und Tante Sylvia mit Phyllis nach Prince Edward Island. Sie wohnten im Harbour Head Hotel, konnten aber nur eine Woche bleiben. An einem späten Nachmittag brachten sie Phyllis nach Lantern Hill und ließen sie dort. Sie wollten Freunde in der Stadt besuchen.

„Wir holen sie gegen neun Uhr ab“, sagte Tante Sylvia mit einem entsetzten Blick auf Jane, die gerade aus Queen’s Creek zurück war. Dort hatte sie für Joe Gautier einen Liebesbrief an seine Freundin in Boston geschrieben. Offenbar gab es nichts, an das Jane sich nicht heranwagte. Sie trug immer noch den khakifarbenen Overall, den sie den ganzen Vormittag angehabt hatte, als sie Wagenladungen Heu in Jimmy Johns Scheune gefahren hatte. Der Overall war alt und verblichen, und ein breiter Streifen grüner Farbe auf einem bestimmten Körperteil trug nicht zu seiner Verschönerung bei. Jane hatte eines Tages die alte Gartenbank grün gestrichen und sich daraufgesetzt, bevor sie trocken war.

Dad war nicht zu Hause, also konnte niemand Phyllis die Stirn bieten. Sie war gönnerhafter als je zuvor.

„Dein Garten ist ganz nett“, sagte sie.

Jane machte ein Geräusch, das wie ein Schnauben klang. Ganz nett! Wo jeder zugab, daß es der schönste Garten im Queen’s Shore Distrikt war, gleich nach dem der Titus-Damen! Sah Phyllis nicht das Wunder der goldenen Kapuzinerkresse, die das Schönste weit und breit waren? Begriff sie nicht, daß die Rote Beete und die goldenen Mohrrüben zwei Wochen weiter waren als die von allen anderen im Umkreis von Meilen? Konnte ihr wirklich entgehen, daß Janes rosa Pfingstrosen, reichlich gedüngt mit Step-a-yards Schafdung, das Gespräch der Gemeinde waren?

Aber Jane war an diesem Tag sowieso etwas empfindlich. Am Tag zuvor waren Tante Irene und Miss Morrow, soeben aus Boston zurück, zu Besuch gewesen, und Tante Irene war wie immer zuckersüß und herablassend gewesen und hatte Jane auf dem falschen Fuß erwischt.

„Ich bin so froh, daß dein Vater ein Telefon installiert hat … ich hoffte, er würde es tun, nachdem ich ihm einen kleinen Hinweis gegeben habe."

„Ich wollte nie ein Telefon", sagte Jane ziemlich mürrisch.

„Oh, aber Liebling, du solltest eins haben, wenn du soviel allein hier bist. Wenn etwas passiert …"

„Was kann hier schon passieren, Tante Irene?"

„Im Haus könnte ein Feuer ausbrechen …"

„Letztes Jahr ist eins ausgebrochen. Ich habe es gelöscht."

„Oder du könntest beim Schwimmen Krämpfe bekommen. Ich hätte nie gedacht …"

„Von dort aus könnte ich wohl kaum telefonieren", sagte Jane.

„Oder wenn Landstreicher kommen …"

„Diesen Sommer war nur ein Landstreicher hier, und Happy hat ihn ins Bein gebissen. Der arme Mann tat mir so leid… ich habe Jod auf die Wunde getan und ihm Abendessen gemacht."

„Liebling, du mußt immer das letzte Wort haben, nicht wahr? Genau wie deine Großmutter Kennedy."

Jane hörte nicht gern, daß sie wie ihre Großmutter Kennedy war. Noch weniger gefiel ihr, daß Dad und Miss Morrow nach dem Abendessen zu einem gemeinsamen Spaziergang an die Küste aufbrachen.

Tante Irene sah den beiden gedankenverloren nach. „Sie haben soviel gemeinsam … es ist ein Jammer …"

Jane fragte nicht, was ein Jammer war. Aber sie lag nachts lange wach und hatte ihre gute Laune noch nicht wiedergefunden, als Phyllis kam und auf ihren Garten herabsah. Aber eine Gastgeberin hat natürlich Pflichten, und Jane wollte Lantern Hill Ehre machen, auch wenn sie ihren Töpfen und Pfannen Grimassen schnitt.

Als Jane das Abendessen auftischte, machte die junge Dame große Augen. „Victoria … das hast du doch nicht alles selbst gemacht!“

„Natürlich! Es ist kinderleicht.“

Nach dem Abendessen erschienen ein paar von den Jimmy Johns und den Snowbeams, und Phyllis, deren Überlegenheit durch das Essen etwas gedämpft war, war tatsächlich sehr freundlich zu ihnen. Sie gingen alle an die Küste, um ein wenig zu schwimmen, aber Phyllis hatte Angst vor den anbrandenden Wogen. Sie saß nur im Sand und ließ sich von den Wellen umspülen, während die anderen sich tummelten wie Meerjungfrauen.

„Ich wußte nicht, daß du so gut schwimmen kannst, Victoria.“

„Du solltest mich mal sehen, wenn das Wasser ruhig ist!“ sagte Jane.

Trotzdem war Jane erleichtert, als die Zeit kam, zu der Onkel David und Tante Sylvia Phyllis abholen wollten. Dann klingelte das Telefon. Onkel David rief aus der Stadt an und sagte, sie hätten Schwierigkeiten mit dem Auto und würden wohl erst spät zurückkommen. Konnte man sich auf Lantern Hill darum kümmern, daß Phyllis ins Hotel kam? O ja, ja, natürlich, versicherte Jane ihm.

„Dad kommt nicht vor Mitternacht nach Hause, also müssen wir zu Fuß gehen“, sagte sie zu Phyllis. „Ich gehe mit dir mit …“

„Aber es sind vier Meilen bis Harbour Head“, keuchte Phyllis.

„Nur zwei, wenn man die Abkürzung durch die Felder nimmt. Ich kenne sie gut.“

„Aber es ist dunkel!“

„Also, du hast doch keine Angst im Dunkeln, oder?“

Phyllis beantwortete die Frage nicht. Sie warf einen Blick auf Janes Overall. „Gehst du so?“

„Nein, den Overall trage ich nur zu Hause“, erklärte Jane geduldig. „Ich habe heute den ganzen Vormittag beim Einbringen des Heus geholfen. Mr. Jimmy John war nicht da, und Punch hatte sich am Fuß verletzt. Ich ziehe mir eine Jacke an, und wir starten.“

Jane schlüpfte in einen Rock und einen ihrer hübschen Pullover und fuhr sich mit dem Kamm durch ihr rotbraunes Haar. Die Leute fingen an, einen zweiten Blick auf Janes Haar zu werfen. Phyllis sah mehr als zweimal hin. Es war wirklich wundervolles Haar. Was war eigentlich mit Victoria passiert … Victoria, die sie für so dumm gehalten hatte? Dieses große Mädchen, das nur aus Armen und Beinen bestanden hatte, war trotz Armen und Beinen nicht mehr linkisch – und ganz sicher nicht dumm. Phyllis seufzte leise, und obwohl es keiner der beiden bewußt war, besiegelte dieser Seufzer den Tausch ihrer bisherigen Rollen. Phyllis, die auf Jane herabgesehen hatte, blickte nun zu ihr auf.

Die kühle Abendluft war schwer vom Tau, als sie sich auf den Weg machten. Der Wind säuselte in den schattigen Tälern. Das Farnkraut duftete würzig auf den Weiden. Es war so friedlich und still, daß man alle möglichen fernen Geräusche hören konnte … einen Wagen, der den Hügel des alten Cooper hinunterratterte … gedämpftes Lachen aus Hungry Cove … eine Eule auf Big Donalds Hügel rief einer Eule auf Little Donalds Hügel etwas zu. Aber es wurde immer dunkler. Phyllis ging dicht neben Jane her.

„Oh, Victoria, ist das nicht die dunkelste Nacht, die es je gab?“

„Es ist nicht so dunkel. Ich habe schon dunklere Nächte gesehen.“

Jane hatte kein bißchen Angst, und Phyllis war tief beeindruckt. Jane merkte, daß sie beeindruckt war … sie wußte, daß sie Angst hatte … Jane begann Phyllis zu mögen.

Sie mußten über einen Zaun klettern, und Phyllis fiel hin, zerriß sich das Kleid und schlug sich das Knie auf. Also konnte Phyllis nicht einmal über einen Zaun klettern, dachte Jane … aber sie dachte es auf freundliche, beschützende Art.

„Oh, was ist das?“ Phyllis packte Jane am Arm.

„Das? Das sind nur Kühe.“

„Oh, Victoria, ich habe solche Angst vor Kühen. Ich kann nicht an ihnen vorbeigehen … ich kann nicht … vielleicht denken sie …“

„Wen kümmert es, was eine Kuh denkt?“ sagte Jane überlegen. Sie hatte vergessen, daß sie sich auch einmal wegen der Kühe und deren Meinung von ihr aufgeregt hatte.

Und Phyllis weinte. In diesem Moment verschwand Janes letzter Rest von Abneigung gegen Phyllis. Die herablassende, perfekte Phyllis in Toronto war ganz anders als eine verschreckte Phyllis auf einer nächtlichen Weide auf einem Hügel.

Jane legte den Arm um sie. „Komm schon, Schatz. Die Kühe werden dich nicht mal ansehen. Little Donalds Kühe sind alle Freundinnen von mir. Und es ist nur noch ein kleines Stück durch den Wald, dann sind wir beim Hotel.“

„Gehst du … zwischen mir … und den Kühen?“ schluchzte Phyllis. Sie klammerte sich fest an Jane und wurde sicher und wohlbehalten an den Kühen vorbeigeführt.

Der kleine Waldweg, der dann kam, war stockdunkel, aber kurz, und an seinem Ende sah man die Lichter des Hotels.

„So, jetzt bist du in Sicherheit. Ich kann nicht mit hinein", sagte Jane. „Ich muß mich beeilen, um Abendessen für Vater zu machen. Ich bin immer gern schon da, wenn er nach Hause kommt."

„Victoria! Gehst du allein zurück?"

„Natürlich. Wie sonst?"

„Wenn du wartest … Vater würde dich nach Hause fahren, wenn er kommt …"

Jane lachte. „Ich bin in einer halben Stunde auf Lantern Hill. Und ich gehe liebend gern zu Fuß."

„Victoria, du bist das mutigste Mädchen, das ich je im Leben gesehen habe", sagte Phyllis ernst. Alle Herablassung war aus ihrem Ton verschwunden und würde nie zurückkehren.

Jane hatte einen schönen Rückweg. Die liebe Nacht hing über ihr. Die Vögel schliefen in ihren kleinen Nestern, aber es herrschte trotzdem reges Leben. Sie hörte das ferne Bellen eines Fuchses … das Trappeln kleiner Pfoten im Farnkraut … sah den blassen Schimmer der Nachtfalter und beratschlagte freundlich mit den Sternen. Es war beinahe, als würden die Sterne in perfekter Harmonie singen. Jane kannte sie alles. Dad hatte ihr den ganzen Sommer Unterricht in Astronomie gegeben, nachdem er herausgefunden hatte, daß sie nur ein Sternbild kannte – den Großen Bären.

„Das geht nicht, meine Jane. Du mußt die Sterne kennen. Nicht, daß ich dir Vorwürfe mache, weil du dich nicht gut mit ihnen auskennst. In den großen beleuchteten Städten ist die Menschheit vom Sternenhimmel abgeschottet. Und sogar die Landbewohner sind zu sehr an die Sterne gewöhnt, um zu begreifen, was für ein Wunder sie sind. Emerson schreibt irgendwo etwas darüber, für was für ein großartiges Ereignis wir sie halten würden, wenn wir sie nur einmal in tausend Jahren sehen würden."

Also gingen sie mit Dads Feldstecher in mondlosen Nächten auf Sternenjagd, und Jane wurde Expertin für Lichtjahre entfernte Sonnen.

„Welchen Stern wollen wir heute abend besuchen, Janelet? Antares … Fomalhaut … Sirius?“

Jane liebte es. Es war so wunderbar, mit Dad im Dunkeln in der schönen Einsamkeit auf einem Hügel zu sitzen, während über ihnen die Gestirne ihre Bahn zogen. Der Polarstern, Arcturus, Vega, Capella, Altair … sie kannte sie alle. Sie wußte, wo Cassiopeia auf ihrem Juwelenstuhl thronte, wo der Schütze im klaren Südwesten mit der Milchkelle schöpfte, wo der große Adler endlos über die Milchstraße flog, und wo die goldene Sichel eine himmlische Ernte schnitt.

„Wenn du Sorgen hast, sieh dir die Sterne an, Jane“, sagte Dad. „Sie beruhigen … und trösten … machen ausgeglichen. Ich glaube, wenn ich sie angesehen hätte … vor Jahren … aber ich habe ihre Lektion zu spät gelernt.“

36. Tante Elmira

„Tante Elmira liegt wieder im Sterben“, sagte Ding-Dong vergnügt.

Jane half ihm gerade dabei, das Dach der kleinen Scheune seines Vaters mit neuen Dachziegeln zu decken. Sie machte es sehr gut und unterhielt sich glänzend. Es machte solchen Spaß, hoch oben in der Luft zu thronen, wo man die ganze Landschaft unter den fröhlichen windzerzausten Wolken überblicken und sehen konnte, was die Nachbarn machten.

„Geht es ihr diesmal sehr schlecht?“ fragte Jane und hämmerte eifrig drauflos.

Jane wußte alles über Tante Elmira und ihre Sterbeanfälle. Die kamen immer wieder, und es war ein echtes Ärgernis geworden. Tante Elmira suchte sich immer so ungünstige Zeitpunkte zum Sterben aus – immer dann, wenn etwas Besonderes anstand, beschloß Tante Elmira zu sterben, und manchmal schien sie dem Tod so knapp von der Schippe zu springen, daß die Bells den Atem anhielten. Tante Elmira hatte wirklich ein Herzleiden, mit dem nicht zu spaßen war, und wer konnte wissen, ob sie nicht wirklich sterben würde?

„Und die Bells wollen nicht, daß sie stirbt", hatte Step-a-yard Jane erzählt. „Sie brauchen das Geld, das sie ihnen bezahlt – ihre Rente würde mit ihr sterben. Außerdem kümmert sie sich gut um das Haus, wenn die Bells nicht da sind. Und sie lieben sie auch wirklich sehr. Elmira ist ein feiner Kerl, wenn sie nicht gerade im Sterben liegt."

Das wußte Jane. Sie und Tante Elmira waren gute Freunde. Aber Jane hatte sie nie gesehen, wenn sie im Sterben lag. Sie sei dann zu schwach, um Leute zu sehen, behauptete sie, und die Bells fürchteten das Risiko. Jane mit ihrem klaren Blick hatte ihre eigene Meinung über diese Anfälle von Tante Elmira. Sie hätte es nicht mit psychologischen Fachausdrücken formulieren können, aber einmal hatte sie zu Dad gesagt, daß Tante Elmira nur versuchte, mit etwas Schwerem fertigzuwerden, ohne daß es ihr bewußt sei. Sie spürte – mehr, als sie es wußte – , daß Tante Elmira gern im Rampenlicht stand und sich mit dem Älterwerden immer mehr darüber grämte, daß sie behutsam, aber unerbittlich beiseitegeschoben wurde. Beinahe zu sterben, war ein Weg, wenigstens für eine Weile wieder auf die Bühne zu kommen. Nicht, daß Tante Elmira simulierte. Sie dachte wirklich jedesmal, sie würde sterben, und war dann sehr melancholisch. Tante Elmira war ganz und gar nicht geneigt, das faszinierende Etwas namens Leben aufzugeben.

„Schrecklich“, sagte Ding-Dong. „Mutter sagt, sie habe sie noch nie so elend gesehen. Dr. Abbott sagt, sie habe den Lebenswillen verloren. Weißt du, was das bedeutet?“

„Ungefähr“, sagte Jane vorsichtig.

„Wir versuchen die aufzuheitern, aber sie ist furchtbar niedergeschlagen. Sie will nicht essen und ihre Medizin nicht nehmen, und Ma ist mit ihrer Weisheit am Ende. Wir hatten alles für Brendas Hochzeit geplant, und nun wissen wir nicht, was wir tun sollen.“

„Sie ist bisher nicht so oft gestorben“, tröstete Jane.

„Aber sie liegt schon seit Wochen im Bett und sagt jeden Tag, dies sei ihr letzter. Tante Elmira“, sagte Ding-Dong nachdenklich, „hat sich mindestens siebenmal von mir verabschiedet. Also, wie können die Leute eine große Hochzeit feiern, wenn ihre Tante im Sterben liegt? Und Brenda will eine große Feier. Sie heiratet in die Keyes-Familie ein und sagt, daß die Keyes es erwarten.“

Mrs. Bell lud Jane zum Abendessen ein, und Jane blieb, weil Dad den ganzen Tag weg war. Sie sah zu, wie Brenda ein Tablett für Tante Elmira deckte.

„Ich fürchte, sie wird keinen Bissen essen“, sagte Mrs. Bell besorgt. Sie war eine Frau mit einem freundlichen, müden Gesicht und gütigen, glanzlosen Augen, die sich über alles ewig Sorgen machte. „Ich weiß nicht, wovon sie lebt. Und sie ist so niedergeschlagen. Das kommt natürlich von den Attacken. Sie sagt, sie sei zu müde, um zu versuchen, gesund zu werden, das arme Ding. Das liegt an ihrem Herzen. Wir versuchen alle, sie aufzumuntern und erzählen ihr nie etwas, das sie beunruhigen könnte. Brenda, denk daran, ihr nicht zu erzählen, daß die weiße Kuh heute morgen erstickt ist.

Und wenn sie fragt, was der Doktor gestern abend gesagt habe, erzähl ihr, daß er glaubt, sie werde bald wieder gesund sein. Mein Vater sagt immer, man solle kranken Leuten immer die ganze Wahrheit sagen, aber wir müssen Tante Elmira bei Laune halten."

Jane ging nach dem Abendessen nicht sofort mit Ding-Dong mit. Sie blieb erstaunlicherweise sitzen, bis Brenda heruntergekommen war. Brenda berichtete, daß Tante Elmira keinen Bissen angerührt habe, und ging dann mit ihrer Mutter hinaus, um zu besprechen, wieviel Wolle zur Wollkämmerei gebracht werden sollte. Dann rannte Jane nach oben.

Tante Elmira lag im Bett, ein winziges, zusammengesunkenes Geschöpf mit grauen Locken, die wirr in ihr runzliges Gesicht hingen. Ihr Tablett stand unberührt auf dem Tisch.

„Wenn das nicht Jane Stuart ist!" sagte Tante Elmira mit schwacher Stimme. „Ich bin froh, daß es doch jemanden gibt, der mich nicht vergessen hat. Du bist also gekommen, um mich ein letztes Mal zu sehen, Jane?"

Jane widersprach ihr nicht. Sie setzte sich auf einen Stuhl und sah tief bekümmert Tante Elmira an, die mit ihrer klauenähnlichen Hand eine Bewegung in Richtung Tablett machte.

„Ich habe kein bißchen Appetit, Jane. Und das ist auch gut so … ach ja, es ist gut so. Ich habe das Gefühl, daß sie mir jeden Bissen mißgönnen, den ich esse."

„Nun", sagte Jane, „die Zeiten sind hart und die Preise hoch."

Das hatte Tante Elmira nicht erwartet. In ihren seltsamen kleinen bernsteinfarbenen Augen blitzte ein Funken auf. „Ich bezahle für meinen Aufenthalt hier", sagte sie, „und ich habe genug Geld dafür zurückgelegt. Ach ja, ich bedeute ihnen nichts mehr, Jane. Man bedeutet niemandem etwas mehr, wenn man krank ist.“

„Nein, wahrscheinlich nicht“, stimmte Jane zu.

„Oh, ich weiß nur zu gut, daß ich allen zur Last falle. Aber es wird nicht mehr lange dauern, Jane, es wird nicht mehr lange dauern. Der Tod streckt seine Hand nach mir aus, Jane. Mir ist das klar, wenn es auch sonst keiner begreift.“

„Oh, ich glaube, sie begreifen es“, sagte Jane. „Sie sind dabei, in aller Eile das Dach der Scheune neu zu decken, damit es vor dem Begräbnis fertig ist.“

Tante Elmiras Augen funkelten noch heftiger. „Ich nehme an, sie haben schon alles geplant, wie?“ sagte sie.

„Nun, ich habe gehört, wie Mr. Bell etwas darüber sagte, wo er das Grab schaufeln will. Aber vielleicht meinte er das Grab für die weiße Kuh. Sie ist heute morgen erstickt, weißt du. Und er sagte, er müsse die Südpforte weiß streichen, bevor … etwas … aber ich habe nicht ganz mitbekommen, wovor.“

„Weiß? Was für eine Idee! Diese Pforte war immer rot. Ach, was kümmert es mich? Ich bin mit allem fertig. Man macht sich keine Sorgen mehr, wenn man die Schritte des Sensenmannes hört, Jane. Sie decken also das Dach der Scheune neu? Ich dachte, ich hätte etwas hämmern hören. Die Scheune braucht kein neues Dach. Aber Silas ist von jeher extravagant – wenn ihm niemand auf die Finger sieht.“

„Nur die Dachpfannen kosten Geld. Die Arbeit nicht, denn Ding-Dong und ich machen sie.“

„Deshalb hast du wohl einen Overall an. Es gab eine Zeit, in der ich Mädchen im Overall nicht ausstehen konnte. Aber was spielt es jetzt noch für eine Rolle? Nur solltest du nicht barfuß gehen, Jane. Du könntest auf einen rostigen Nagel treten.“

„Es ist einfacher, ohne Schuhe auf dem Dach herumzuklettern. Und der kleine Sid hatte gestern einen rostigen Nagel im Fuß, obwohl er Schuhe anhatte."

„Das haben sie mir nicht erzählt! Ich denke, sie lassen das arme Kind eine Blutvergiftung bekommen, wenn ich nicht da bin und auf ihn aufpasse. Er ist ja auch mein Liebling. Ach ja, es wird nicht mehr lange dauern … sie wissen sogar schon, wo ich beerdigt werde … aber sie könnten warten, bis ich tot bin, bevor sie über mein Grab reden!"

„Oh, ich bin sicher, daß sie das Grab für die Kuh meinten", sagte Jane. „Und ich bin sicher, sie werden für dich ein wunderschönes Begräbnis organisieren. Ich denke, Dad wird einen herrlichen Nachruf auf dich schreiben, wenn ich ihn darum bitte."

„Oh, schon gut, schon gut. Genug davon! Ich will nicht beerdigt werden, bevor ich tot bin! Haben sie dir ordentliches Abendessen gegeben? Nettie hat ein gutes Herz, aber sie ist nicht die beste Köchin der Welt. Ich war eine gute Köchin. Ach, die Mahlzeiten, die Mahlzeiten, die ich zu meiner Zeit gekocht habe, Jane!"

Jane verpaßte eine ausgezeichnete Gelegenheit, Tante Elmira zu versichern, daß sie noch viele Mahlzeiten kochen würde. „Das Abendessen war sehr gut, Tante Elmira, und wir haben uns so gut amüsiert. Ding-Dong hat Reden gehalten, und wir sind aus dem Lachen nicht mehr herausgekommen."

„Sie lachen, während ich im Sterben liege!" sagte Tante Elmira bitter. „Und schleichen auf Zehenspitzen hier herum, mit langen Gesichtern, und tun so, als ob es ihnen leidtäte. Was waren es für schleifende Geräusche, die ich den ganzen Vormittag gehört habe?"

„Mrs. Bell und Brenda haben die Möbel im Wohnzimmer umgeräumt. Ich nehme an, sie bereiten es für die Hochzeit vor."

„Hochzeit? Hast du Hochzeit gesagt? Wessen Hochzeit?“

„Nun, Brendas. Sie heiratet Jim Keyes. Ich dachte, das wüßtest du.“

„Natürlich wußte ich, daß sie irgendwann heiraten würden … aber nicht, wenn ich im Sterben liege! Willst du damit sagen, daß sie es trotzdem jetzt machen?“

„Nun ja, es ist so unpraktisch, eine Hochzeit zu verschieben. Es braucht dich gar nicht zu kümmern, Tante Elmira. Du bist hier oben, ganz allein, und …“

Tante Elmira setzte sich im Bett auf. „Gib mir meine Zähne“, befahl sie. „Sie liegen da drüben auf der Kommode. Ich esse jetzt zu Abend, und dann stehe ich auf, und wenn es mich umbringt. Sie sollen nicht glauben, daß sie mich um eine Hochzeit betrügen können. Es kümmert mich nicht, was der Doktor sagt. Ich habe sowieso nie geglaubt, daß ich auch nur halb so krank war, wie er behauptet hat. Wertvolles Vieh stirbt, Kinder haben Blutvergiftung, und rote Pforten werden weiß gestrichen! Es ist Zeit, daß jemand ihnen zeigt, wo es langgeht!“

37. Der Löwe

Bisher war Janes Leben auf Lantern Hill recht unspektakulär verlaufen. Sogar als man sah, wie sie barfuß Dachziegeln auf ein Scheunendach nagelte, war es nur eine örtliche Sensation, und niemand außer Mrs. Solomon Snowbeam sprach viel darüber. Mrs. Snowbeam war schockiert. Sie sagte wieder einmal, daß dieses Kind vor nichts zurückschreckte.

Und dann machte Jane plötzlich Schlagzeilen. Die Zeitungen von Charlottetown widmeten ihr für zwei

Tage ihre Titelseiten, und sogar die Tageszeitungen von Toronto schrieben ein paar Zeilen über sie, mit einem Bild von Jane und dem Löwen (irgendeinem Löwen, den man hineinkopiert hatte). Die Sensation in Gay 60 kann man sich vorstellen.

Großmutter fand bittere Worte – „Wie ein Zirkusmädchen“ – und sagte, genau das sei zu erwarten gewesen.

Mutter dachte – sagte es aber nicht –, niemand habe erwarten können, zu hören, daß Jane auf Prince Edward Island Löwen an der Mähne führte.

Es gab schon seit einigen Tagen Gerüchte über den Löwen. Ein kleiner Zirkus war nach Charlottetown gekommen, und es wurde getuschelt, daß sein Löwe ausgebrochen sei. Jedenfalls bekamen die Leute, die in den Zirkus gingen, keinen Löwen zu sehen. Es herrschte große Aufregung. Einmal war ein Affe aus einem Zirkus ausgebrochen, aber was war das schon gegen einen Löwen? Es schien nicht sicher, daß irgend jemand den Löwen wirklich gesehen hatte, aber von mehreren Leuten wurde behauptet, daß sie ihn gesehen hätten … hier, dort und anderswo, alle Orte lagen meilenweit auseinander. Kälber und Ferkel sollten verschwunden sein. In einer Geschichte hieß es sogar, eine kurzsichtige alte Dame aus dem Gemeinderat habe ihm den Kopf getätschelt und gesagt: „Süßes Hündchen!“ Aber dieses Gerücht wurde nie bestätigt. Die Mitglieder des Gemeinderats verwahrten sich empört dagegen, daß irgendwelche Löwen frei herumliefen. Solche Gerüchte waren schlecht für den Tourismus.

„Ich habe keine Gelegenheit, ihn zu sehen“, sagte Mrs. Louisa Lyons bekümmert. „Das kommt davon, wenn man bettlägerig ist. Man verpaßt alles.“

Mrs. Louisa war seit drei Jahren Invalide, und es hieß, sie sei die ganze Zeit über nicht ohne Hilfe aufgestanden, aber niemand hatte gedacht, daß sie viel von dem verpaßte, was in The Corners und Queen's Shore und Harbour Head vor sich ging.

„Ich glaube nicht, daß hier ein Löwe unterwegs ist", sagte Jane. Sie hatte in The Corners eingekauft und schaute bei Mrs. Lyons vorbei. Mrs. Lyon mochte Jane sehr gern und hatte nur eins gegen sie – daß sie nie etwas über ihren Vater, ihre Mutter und Lilian Morrow aus ihr herausbekam. Und es lag nicht daran, daß sie es nicht versucht hatte.

„Dieses Mädchen ist stumm wie eine Auster, wenn sie will", klagte Mrs. Louisa.

„Wie hat das Gerede dann angefangen?" fragte sie Jane.

„Die meisten Leute glauben, daß der Zirkus nie einen Löwen hatte … oder daß er gestorben sei … und das wollen sie vertuschen, weil die Leute, die wegen des Löwen in den Zirkus gehen, enttäuscht und ärgerlich wären."

„Aber sie haben eine Belohnung versprochen."

„Nur fünfundzwanzig Dollar! Wenn sie wirklich einen Löwen verloren hätten, würden sie mehr bieten."

„Aber er wurde gesehen!"

„Ich glaube, die Leute haben sich nur eingebildet, daß sie ihn gesehen hätten", sagte Jane.

„Und ich kann es mir nicht einmal einbilden", stöhnte Mrs. Louisa. „Und es hat keinen Sinn, mir einzureden, daß ich es mir eingebildet hätte. Jeder weiß, daß kein Löwe hinauf in mein Zimmer kommen würde. Wenn ich ihn sehen könnte, würde mein Name wahrscheinlich in der Zeitung erscheinen. Martha Tollings Name stand dieses Jahr zweimal in der Zeitung. Manche Leute haben einfach Glück."

„Martha Tollings Schwester in Summerside ist letzte Woche gestorben."

„Was habe ich dir gesagt?“ sagte Mrs. Louisa in klagendem Ton. „Nun wird sie Trauer tragen. Ich habe nie eine Chance, Trauer zu tragen. In unserer Familie ist seit Jahren niemand mehr gestorben. Und schwarz stand mir immer gut. Ach ja, Jane, auf dieser Erde muß man eben nehmen, was man bekommt, das habe ich immer gesagt. Danke, daß du vorbeigekommen bist. Ich habe immer zu Mattie gesagt: ‚Jane Stuart hat etwas an sich, das mir gefällt, sag, was du willst. Wenn ihr Vater auch seltsam ist – es ist nicht ihre Schuld.‘ Denk an die Biegung der Treppe, Jane. Ich bin über ein Jahr nicht mehr hinuntergegangen, aber irgendwann wird sich jemand dort den Hals brechen.“

Es geschah am nächsten Tag … einem goldenen Augustnachmittag, an dem Jane, Polly, Shingle, Caraway, Punch, Min, Ding-Dong, Penny und Young John gemeinsam in den Wäldern von Harbour Head Blaubeeren gepflückt hatten. Auf dem Rückweg nahmen sie eine Abkürzung über die Weiden hinter den Höfen von The Corners. In einem kleinen waldigen Tal voller Goldruten, wo Martin Robbin seinen alten Heuschober hatte, standen sie dem Löwen Auge in Auge gegenüber.

Er stand mitten in den Goldruten und im Schatten der Fichten direkt vor ihnen. Für einen Moment blieben sie alle wie angewurzelt stehen. Dann schrien sie alle wie aus einem Mund … Jane brüllte am lautesten … ließen ihre Eimer fallen, rannten kopflos durch die Goldruten und in die Scheune. Der Löwe trottete hinter ihnen her. Noch mehr Gebrüll. Keine Zeit, die baufällige alte Tür zuzuknallen. Sie flohen eine wacklige Leiter hinauf, die einstürzte und umkippte, als Young John sich mit einem Klimmzug in Sicherheit brachte. Er saß neben den anderen auf dem Kreuzbalken und war zu sehr außer Atem, um noch einmal zu schreien.

Der Löwe kam zur Tür, stand eine Minute im Sonnenschein und schlug träge mit dem Schwanz. Jane fand ihre Fassung wieder und sah, daß er etwas räudig und mager war, aber in dem schmalen Türrahmen bot er doch einen imposanten Anblick, und kein vernünftiger Mensch konnte leugnen, daß es wirklich ein Löwe war.

„Er kommt rein!“ stöhnte Ding-Dong.

„Können Löwen klettern?“ keuchte Shingle.

„Ich … ich … glaube nicht“, sagte Polly mit klappernden Zähnen.

„Katzen können es… und Löwen sind große Katzen“, sagte Punch.

„Oh, redet lieber nicht“, flüsterte Min. „Es könnte ihn wütend machen. Wenn wir ganz still sind, geht er vielleicht weg.“

Der Löwe schien nicht die Absicht zu haben, zu gehen. Er kam herein, sah sich um und legte sich auf einen sonnenbeschienenen Platz. Er sah aus wie ein Löwe, der reichlich Zeit hatte.

„Er scheint nicht wütend zu sein“, murmelte Ding-Dong.

„Vielleicht hat er keinen Hunger“, sagte Young John.

„Reizt ihn nicht“, bat Min.

„Er beachtet uns gar nicht“, sagte Jane. „Wir hätten nicht rennen müssen … ich glaube nicht, daß er uns etwas getan hätte.“

„Du bist genauso schnell gerannt wie wir“, sagte Penny Snowbeam. „Ich wette, du hast genauso viel Angst wie wir.“

„Natürlich! Es kam so plötzlich. Young John, hör auf zu zittern! Du fällst noch vom Balken!“

„Ich … ich … habe Angst!“ Young John heulte schamlos.

„Du hast mich gestern abend ausgelacht und gesagt, ich hätte Angst, ein Bündel Kohlköpfe weiterzureichen“, sagte Caraway gehässig. „Nun sieh dich selbst an!“

„Spuck nicht so große Töne! Ein Löwe ist kein Kohlkopf“, wimmerte Young John.

„Oh, ihr reizt ihn“, jammerte Min verzweifelt.

Plötzlich gähnte der Löwe.

Ach, dachte Jane, er sieht genauso aus wie der nette alte Löwe im Kino-Vorspann! Sie schloß die Augen.

„Betet sie?“ flüsterte Ding-Dong.

Jane dachte nach. Sie mußte unbedingt bald nach Hause, wenn sie Dads Lieblingsgericht – Kartoffelgratin – machen wollte.

Young John war grün im Gesicht. Vielleicht wurde ihm schlecht?

Jane glaubte, daß der Löwe nur ein müdes, harmloses altes Tier war. Die Zirkusleute hatten gesagt, er sei lammfromm. Sie öffnete die Augen. „Ich bringe den Löwen nach The Corners und schließe ihn in George Tanners leerstehender Scheune ein“, sagte sie. „Es sei denn, ihr kommt alle mit mir nach unten, dann können wir uns hinausschleichen und ihn hier drin einschließen.“

„Oh, Jane … du wirst doch nicht … du kannst nicht ..“

Der Löwe schlug ein- oder zweimal mit dem Schwanz auf den Boden … und die Proteste erstarben in erstickten Jammerlauten.

„Ich mache es“, sagte Jane, „ich sage euch, er ist ganz zahm. Aber bleibt ihr ruhig hier, bis ich ihn weggebracht habe. Und schreit nicht!“

Mit hervorquellenden Augen und angehaltenem Atem beobachtete die ganze Gruppe, wie Jane den Balken hinunterrutschte und leichtfüßig nach unten kletterte. Sie marschierte auf den Löwen zu und sagte: „Komm."

Der Löwe kam.

Fünf Minuten später schaute Jake MacLean aus der Tür seiner Schmied und sah, wie Jane Stuart vorbeiging und einen Löwen an der Mähne führte … „Einen Katzensprung entfernt", wie er später ernst berichtete. Als Jane und der Löwe – die bestens miteinander auszukommen schienen – hinter der nächsten Biegung verschwunden waren, setzte sich Jake auf einen Block und wischte sich mit einem Tuch den Schweiß von der Stirn. „Ich weiß, daß ich manchmal verrückt bin, aber ich habe nicht geahnt, daß es so schlimm ist", sagte er.

Julius Evans, der aus dem Fenster seines Ladens schaute, traute seinen Augen ebenfalls nicht. Es konnte nicht sein … es war einfach nicht wahr. Er träumte … oder er war betrunken … oder verrückt. Ja, das war es … verrückt. War der Cousin seines Vaters nicht in einer Anstalt gewesen? Solche Dinge lagen in der Familie … man konnte es nicht leugnen. Alles war leichter, als zu glauben, daß er gesehen hatte, wie Jane Stuart mit einem Löwen im Schlepptau an seinem Laden vorbeiging.

Mattie Lyons rannte zu ihrer Mutter nach oben. Sie schrie und schnappte nach Luft.

„Was ist los?" fragte Mrs. Louisa. „Du kreischst wie eine Wahnsinnige!"

„Oh, Ma, Ma, da ist Jane Stuart mit einem Löwen!"

Mrs. Louisa sprang aus dem Bett und war gerade noch rechtzeitig am Fenster, um den Schwanz des Löwen hinter der Hausecke verschwinden zu sehen.

„Ich muß sehen, was sie vorhat!" Mrs. Louisa ließ die arme Mattie händeringend am Bett stehen, verließ das Zimmer und marschierte die Treppe mit der gefährlichen Biegung hinunter wie in ihren besten Tagen.

Mrs. Parker Crosby, die nebenan wohnte und ein schwaches Herz hatte, starb beinahe vor Schreck, als sie Mrs. Louisa durch ihren Hinterhof stapfen sah.

Mrs. Louisa sah gerade noch, wie Jane und der Löwe auf dem Weg zu der Scheune Mr. Tanners Weide überquerten. Sie stand da und sah, wie Jane die Tür öffnete, den Löwen hineinlotste und die Tür schloß und verriegelte. Dann sank sie auf das Rhabarberbeet, und Mattie mußte die Nachbarn holen, damit sie sie wieder ins Bett trugen.

Jane ging auf dem Rückweg in den Laden und bat Julius Evans, der immer noch kreidebleich über seiner Sammlung schmuddeliger Kannen auf der Theke hing, in Charlottetown anzurufen und den Zirkusleuten zu sagen, daß ihr Löwe sicher in Mr. Tanners Scheune war.

In der Küche von Lantern Hill traf sie ihren Dad an. Er sah ziemlich seltsam aus.

„Jane, du siehst einen gebrochenen Mann vor dir“, sagte er, und seine Stimme klang hohl.

„Dad … was ist los?“

„Was ist los, sagt sie, ohne ein Zittern in der Stimme. Du weißt nicht … und ich hoffe, du wirst es nie erfahren … wie ist es, wenn man zufällig aus dem Küchenfenster schaut, während man mit Mrs. Davy Gardiner über die schändlich niedrigen Eierpreise diskutiert, und seine Tochter sieht … seine einzige Tochter … die seelenruhig mit einem Löwen durch die Landschaft stolziert. Man glaubt, man sei plötzlich verrückt geworden … und fragt sich, was in dem Glas Himbeerlikör war, das man von Mrs. Gardiner bekommen hat. Arme Mrs. Davy! Sie sagte in jämmerlichem Tonfall zu mir, der Anblick habe sie bis ins Mark erschüttert. Sie erholt sich vielleicht wieder, Jane, aber ich fürchte, sie wird nie wieder die Alte.“

„Es war nur ein zahmer alter Löwe“, sagte Jane ungeduldig. „Ich weiß nicht, warum die Leute so ein Theater machen.“

„Jane, meine geliebte Jane – um der Nerven deines armen Vaters willen, führe keine Löwen mehr durch die Gegend, zahm oder nicht.“

„Aber das ist eine Sache, die wahrscheinlich nicht noch einmal passieren wird, Dad“, sagte Jane vernünftig.

„Das stimmt“, sagte Dad, offenkundig erleichtert. „Ich nehme an, daß es wahrscheinlich nicht zur Gewohnheit wird. Nur, Janelet, wenn du eines Tages auf die Idee kommst, einen Ichthyosaurus als Haustier anzuschaffen, warne mich bitte vorher. Ich bin nicht mehr so jung, wie ich einmal war.“

Jane verstand nicht, warum die Geschichte so eine Sensation war. Sie fühlte sich kein bißchen als Heldin.

„Zuerst hatte ich Angst vor ihm“, erzählte sie den Jimmy Johns. „Aber nicht mehr, nachdem er gegähnt hatte.“

„Du wirst vor lauter Stolz nicht mehr mit uns reden, nehme ich an“, sagte Caraway Snowbeam wehmütig, als Janes Bild in den Zeitungen erschien.

Jane, die Scheune und der Löwe waren einzeln fotografiert worden. Jeder, der sie gesehen hatte, wurde wichtig. Und Mrs. Louisa Lyons war im siebten Himmel. Auch von ihr war ein Bild in der Zeitung – und eins von dem Rharbarberbeet.

„Jetzt kann ich glücklich sterben“, sagte sie zu Jane. „Wenn ein Bild von Mrs. Parker Crosby in der Zeitung gewesen wäre und keins von mir, hätte ich es nicht ertragen. Ich weiß wirklich nicht, wozu *ihr* Bild unbedingt dabeisein mußte. Sie hat dich und den Löwen nicht gesehen … sie hat nur mich gesehen. Ja, manche Leute sind nur zufrieden, wenn sie im Rampenlicht stehen.“

Jane würde in die Geschichte von Queen's Shore als das Mädchen eingehen, das nichts dabei fand, mit ein oder zwei Löwen als Begleitung spazierenzugehen.

„Ein Mädchen ohne jede Furcht", sagte Step-a-yard und prahlte überall damit, daß er sie kannte.

„Ich habe auf den ersten Blick erkannt, daß sie ein Genie ist", sagte Onkel Tombstone.

Mrs. Snowbeam erinnerte jeden daran, daß sie immer gesagt habe, Jane Stuart sei ein Kind, das vor nichts zurückschreckte.

Als alte Männer würden Ding-Dong Bell und Punch Garland zueinander sagen: „Weißt du noch, wie Jane Stuart und wir den Löwen in die Tanner-Scheune gejagt haben? Hatten wir nicht Mumm in den Knochen?"

38. Was wird aus Jody?

Ein tränenverschmierter Brief von Jody bescherte Jane Ende August eine schlaflose Nacht. Es ging darum, daß sie nun wirklich in ein Waisenhaus geschickt werden sollte.

„Miss West wird ihr Mietshaus im Oktober verkaufen und sich zur Ruhe setzen", schrieb Jody. „Ich habe geweint und geweint, Jane. Ich hasse den Gedanken, ins Waisenhaus zu kommen, und ich werde Dich nie wieder sehen, Jane, und oh, Jane, das ist nicht fair. Ich sage nicht, daß Miss West nicht fair ist, aber *etwas* ist nicht fair."

Jane hatte auch das Gefühl, daß etwas nicht fair war und daß Gay 60 ohne ihre Treffen im Hinterhof noch unerträglicher sein würde als je zuvor. Aber das war nicht so wichtig wie der Kummer der armen Jody. Jane dachte, daß Jody es in einem Waisenhaus vielleicht leichter haben würde als jetzt als unbezahltes kleines Dienstmädchen in Gay 58, aber trotzdem gefiel ihr die Vorstellung ebensowenig wie Jody. Sie sah so niedergeschlagen aus, daß Step-a-yard es merkte, als er ihr frische Makrelen brachte, die er gerade gefangen hatte.

„Das ist für dein Abendessen morgen, Jane."

„Morgen gibt es Corned Beef und Kohl", sagte Jane. Es klang, als brächten die Makrelen sie völlig aus der Fassung. „Aber wir essen sie übermorgen, dann ist sowieso Freitag. Danke, Step-a-yard."

„Bedrückt dich etwas, Fräulein Löwenbändigerin?"

Jane schüttete ihm ihr Herz aus. „Du kannst dir nicht vorstellen, was die arme Jody für ein Leben führt", schloß sie.

Step-a-yard nickte. „Überarbeitet und herumgeschubst, nehme ich an. Armes Kind."

„Und niemand liebt sie außer mir. Wenn sie ins Waisenhaus kommt, sehe ich sie nie wieder."

„Nun ja." Step-a-yard kratzte sich nachdenklich am Kopf. „Wir müssen die Köpfe zusammenstecken, Jane, und sehen, was wir tun können. Wir müssen scharf nachdenken, Jane, scharf nachdenken."

Jane dachte scharf nach, kam aber zu keinem Ergebnis, doch Step-a-yards Überlegungen brachten mehr.

„Ich habe überlegt", erzählte er Jane am nächsten Tag, „was für ein Jammer es ist, daß die Damen Titus Jody nicht adoptieren können. Sie wollen schon seit einem Jahr ein Kind adoptieren, aber sie können sich nicht darauf einigen, was für ein Kind sie wollen. Justina will ein Mädchen und Violet einen Jungen, obwohl sie beide am liebsten Zwillinge hätten, egal, ob Jungen oder Mädchen. Aber geeignete Zwillinge, die Eltern brauchen, sind selten, also haben sie die Idee aufgegeben. Violet will ein dunkelhaariges Kind mit braunen Augen, und Justina will ein blondes mit blauen

Augen. Violet will ein zehnjähriges und Justina ein siebenjähriges Kind. Wie alt ist Jody?“

„Zwölf, wie ich.“

Step-a-yard blickte düster drein. „Ich weiß nicht. Das klingt zu alt für die beiden. Aber es schadet ja nicht, es ihnen vorzuschlagen. Man weiß nie, was die beiden Mädels machen.“

„Ich gehe gleich heute nach dem Abendessen zu ihnen“, beschloß Jane.

Sie war so aufgeregt, daß sie Salz in die Apfelsoße streute und niemand etwas davon essen konnte. Sobald das Geschirr abgewaschen war … und an diesem Abend waren die Teller nicht stolz darauf, wie sie abgewaschen wurden … war Jane verschwunden.

Am Hafen sah man einen prachtvollen Sonnenuntergang, und Janes Wangen waren vom Wind gerötet, als sie die schmale duftende Titus-Allee erreichte, in der es schien, als wollten die Bäume einen anfassen. Am Ende der Straße stand das gütige, einladende alte Haus, das das Licht von hundert Sommern gesehen hatte, und die Titus-Damen saßen in ihrer Küche vor einem Feuer aus Buchenholz. Justina strickte, und Violet schnitt Sahnebonbons von einem langen, silbrigen Strang ab – das Rezept hatte Jane ihr nie entlocken können.

„Komm herein, Liebes. Wir freuen uns, dich zu sehen“, sagte Justina ebenso freundlich wie ehrlich, obwohl sie Jane etwas besorgt über die Schulter sah, als fürchte sie, ein Löwe lauere im Schatten. „Es ist so ein kühler Abend, daß wir ein Feuer gemacht haben. Setz dich, Liebes. Violet, gib ihr ein Sahnebonbon! Sie wird sehr groß, nicht wahr?“

„Und hübsch“, sagte Violet. „Mir gefallen ihre Augen – dir nicht auch, Schwester?“

Die Titus-Damen hatten die seltsame Angewohnheit, in Janes Beisein über sie zu reden, als sei sie nicht da.

Es störte Jane nicht … obwohl sie nicht nur Komplimente machten.

„Mir sind blaue Augen lieber, wie du weißt", sagte Justina, „aber sie hat schöne Haare."

„Zu hell für meinen Geschmack", sagte Violet, „ich fand immer schwarzes Haar am schönsten."

„Wirklich schön sind nur lockige, rotgoldene Haare", sagte Justina. „Ihre Wangenknochen sind ziemlich hoch, aber ihre Fußrücken sind bewundernswert."

„Sie ist sehr braun gebrannt", seufzte Violet. „Aber es heißt, das sei heute in Mode. Wir haben als Mädchen sehr auf unseren Teint geachtet. Erinnerst du dich – unsere Mutter hat immer darauf bestanden, daß wir Sonnenhüte trugen, wenn wir nach draußen gingen … rosa Sonnenhüte."

„Rosa Sonnenhüte! Sie waren blau", sagte Justina.

„Rosa", sagte Violet entschieden.

„Blau", sagte Justina genauso entschieden.

Sie stritten sich zehn Minuten lang über die Farbe der Sonnenhüte. Als Jane sah, daß sie sich immer mehr ereiferten, erwähnte sie, daß Miranda Garland in zwei Wochen heiraten würde. Die Titus-Damen vergaßen die Sonnenhüte vor Aufregung.

„Zwei Wochen? Das geht sehr schnell, nicht wahr? Natürlich heiratet sie Ned Mitchell. Ich habe gehört, sie seien verlobt … sogar das erschien mir sehr verfrüht, da sie sich nur sechs Monate kannten… aber ich hatte keine Ahnung, daß sie so bald heiraten würden", sagte Violet.

„Sie will nicht riskieren, daß er sich in ein dünneres Mädchen verliebt", sagte Justina.

„Sie heiraten früher, als eigentlich geplant war, damit ich Brautjungfer werden kann", erklärte Jane stolz.

„Sie ist erst siebzehn", sagte Justina mißbilligend.

„Neunzehn, Schwester“, sagte Violet.

„Siebzehn“ sagte Justina.

„Neunzehn“, sagte Violet.

Jane erstickte den Streit über Mirandas Alter, der wahrscheinlich wieder zehn Minuten gedauert hätte, im Keim, indem sie sagte, sie sei achtzehn.

„Oh, nun ja, es ist leicht, zu heiraten“, sagte Justina. „Heutzutage scheint es schwieriger zu sein, verheiratet zu bleiben.“

Jane zuckte zusammen. Sie wußte, daß Justina sie nicht hatte kränken wollen. Aber ihr Vater und ihre Mutter waren nicht verheiratet geblieben.

„Ich finde“, sagte Violet und kam in Fahrt, „daß Prince Edward Island in dieser Hinsicht eine sehr gute Bilanz aufzuweisen hat. Nur zwei Scheidungen seit der Kanadischen Konföderation … also seit fünfundsechzig Jahren.“

„Nur zwei echte“, räumte Justina ein. „Aber dafür eine ganze Menge … mindestens ein halbes Dutzend … künstliche. Die Leute gehen in die Staaten und lassen sich dort scheiden. Und es werden wahrscheinlich noch mehr.“

Violet warf Justina einen warnenden Blick zu, den Jane – zum Glück für ihren Seelenfrieden – nicht sah. Jane war zu dem Schluß gekommen, daß sie den Grund für ihren Besuch jetzt erwähnen mußte, wenn sie je dazu kommen wollte. Es hatte keinen Sinn, auf eine Gelegenheit zu warten … man mußte die Gelegenheit selber erschaffen.

„Ich habe gehört, daß Sie ein Kind adoptieren wollen“, sagte sie, ohne um den heißen Brei herumzureden.

Wieder tauschten die Schwestern einen Blick.

„Wir reden schon seit ein paar Jahren darüber“, bekannte Justina.

„Wir haben uns dahingehend geeinigt, daß wir ein kleines Mädchen wollen“, sagte Violet mit einem Seufzer. „Ich hätte lieber einen Jungen gehabt … aber, wie Justina zu Recht sagt, wissen wir beide nicht, wie wir einen Jungen anziehen sollen. Es würde viel mehr Freude machen, ein kleines Mädchen anzukleiden.“

„Ein kleines Mädchen von sieben Jahren, mit blauen Augen und hellblonden Locken und einem Mund wie eine Rosenknospe“, sagte Justina bestimmt.

„Ein kleines Mädchen von zehn Jahren mit pechschwarzem Haar und schwarzen Augen und cremeweißer Haut“, sagte Violet mit der gleichen Bestimmtheit. „Ich habe nachgegeben, was das Geschlecht betrifft, Schwester. Du bist an der Reihe, nachzugeben, wenn es um das Alter und den Teint geht.“

„Beim Alter vielleicht, aber nicht beim Teint.“

„Ich weiß genau das richtige Mädchen für Sie“, sagte Jane vorlaut. „Sie ist meine Freundin in Toronto, Jody Turner. Ich weiß, daß Sie sie lieben werden. Lassen Sie mich von ihr erzählen.“

Und Jane erzählte. Sie ließ nichts aus, das die beiden für Jody einnehmen konnte. Als sie alles gesagt hatte, schwieg sie. Jane wußte immer, wann man am besten den Mund hielt.

Die Titus-Damen schwiegen ebenfalls. Justina strickte weiter, und Violet, die mit den Sahnebonbons fertig war, nahm ihre Häkelarbeit wieder auf. Dann und wann hoben sie den Blick, sahen sich an und schlugen die Augen wieder nieder. Das Feuer knisterte gemütlich.

„Ist sie hübsch?“ fragte Justina schließlich. „Wir wollen kein häßliches Kind.“

„Sie wird sehr schön sein, wenn sie groß ist“, sagte Jane ernst. „Sie hat wunderhübsche Augen. Sie ist nur jetzt so dünn … und hat keine schönen Kleider.“

„Sie ist doch nicht zu zappelig, oder?“ sagte Violet. „Ich mag keine zappeligen Mädchen.“

„Sie ist gar nicht zappelig“, sagte Jane. Aber das war ein Fehler, denn …

„Ich mag ein bißchen Gezappel“, sagte Justina.

„Sie wird doch keine Hosen tragen wollen, oder?“ sagte Violet. „Das tun heutzutage soviele Mädchen.“

„Ich bin sicher, daß Jody nichts tragen will, das Ihnen nicht gefällt“, antwortete Jane.

„Ich hätte nicht soviel gegen Mädchen, die Hosen tragen, wenn sie sie nur nicht *pants* nennen würden“, sagte Justina. „Aber keinen Pyjama … niemals einen Pyjama.“

„Ganz bestimmt keinen Pyjama“, sagte Violet.

„Was passiert, wenn wir sie zu uns nehmen und sie nicht liebgewinnen?“ sagte Justina.

„Sie müssen Jody einfach liebgewinnen“, sagte Jane warm. „Sie ist ein Schatz.“

„Ich nehme an“, zögerte Justina, „sie wird nicht … es besteht keine Gefahr … daß sie … daß sie … Ungeziefer hat?“

„Natürlich nicht“, sagte Jane entsetzt. „Sie wohnt doch in der Gay Street!“ Zum erstenmal im Leben verteidigte Jane die Gay Street. Sogar der Gay Street mußte man Gerechtigkeit widerfahren lassen. Jane war sicher, daß es in der Gay Street kein Ungeziefer gab.

„Und wenn … wenn sie welches haben sollte … es gibt ja einen Kamm mit feinen Zähnen“, sagte Violet heldenhaft.

Jane zog ihre schwarzen Augenbrauen zusammen.

„So ein Gegenstand war in unserer Familie niemals nötig, Violet.“

Wieder strickten und häkelten sie und tauschten Blicke. Schließlich sagte Justina: „Nein.“

„Nein“, sagte Violet.

„Sie ist zu dunkel“, sagte Justina.

„Sie ist zu alt“, sagte Violet.

„Und nun, da das geklärt ist, möchte Jane vielleicht etwas von der Devonshire-Creme, die ich heute gemacht habe“, sagte Justina.

Trotz der Devonshire-Creme und dem großen Strauß Stiefmütterchen, den Violet ihr unbedingt geben mußte, war Jane auf dem Nachhauseweg das Herz schwer wie Blei vor Enttäuschung. Sie wunderte sich, daß Step-a-yard ganz zufrieden war.

„Wenn sie dir gesagt hätten, daß sie sie nehmen, würdest du wahrscheinlich morgen die Nachricht bekommen, daß sie es sich anders überlegt haben. Nun wird es umgekehrt sein.“

Trotzdem war Jane sehr überrascht, als sie am nächsten Tag eine Nachricht von den Titus-Damen bekam, in der es hieß, daß sie sich entschieden hatten, Jody zu adoptieren, und sie solle zu ihnen kommen und ihnen helfen, alles Nötige zu arrangieren.

„Wir haben beschlossen, daß sie nicht zu alt ist“, sagte Violet.

„Oder zu dunkel“, sagte Justina.

„Sie werden sie lieben, das weiß ich“, sagte Jane glücklich.

„Wir werden danach streben, ihr die besten und gütigsten Eltern zu sein“, sagte Justina. „Wir müssen ihr natürlich Musikstunden geben. Weißt du, ob sie musikalisch ist, Jane?“

„Sehr“, sagte Jane und dachte an Jody und das Klavier in Nr. 58.

„Denk daran, ihren Strumpf zu Weihnachten zu füllen“, sagte Violet.

„Wir brauchen eine Kuh“, sagte Justina. „Sie muß jeden Abend ein Glas warme Milch bekommen.“

„Wir müssen das kleine Zimmer im Südwesten für sie einrichten“, sagte Violet. „Ich glaube, ich möchte einen hellblauen Teppich, Schwester.“

„Sie darf nicht erwarten, hier die Aufregungen des modernen Lebens zu finden“, sagte Justina ernst, „aber wir werden versuchen, daran zu denken, daß junge Leute Gesellschaft und der Gesundheit zuträgliche Freuden brauchen.“

„Wird es nicht herrlich sein, ihr Pullover zu stricken?“ sagte Violet.

„Wir müssen die kleinen Holzenten hervorholen, die unser Onkel uns geschnitzt hat, als wir klein waren“, sagte Justina.

„Es wird schön sein, einen jungen Menschen im Haus zu haben, den man lieben kann“, sagte Violet. „Schade nur, daß sie kein Zwilling ist.“

„Nach reiflicher Überlegung“, sagte Justina, „wirst du mir sicher zustimmen, daß es klüger für uns ist, herauszufinden, wie wir mit einem Kind zurechtkommen, bevor wir uns an Zwillinge heranwagen.“

„Wird sie eine Katze haben dürfen?“ fragte Jane. „Sic licbt Katzen.“

„Ich glaube nicht, daß wir etwas gegen eine einzelne Katze einzuwenden haben“, sagte Justina vorsichtig.

Es wurde schließlich vereinbart, daß Jane nach ihrer Rückkehr nach Toronto jemanden ausfindig machte, der auf die Insel fuhr und Jody mitbrachte, und Justina überreichte Jane mit feierlicher Miene sorgfältig abgezähltes Geld für Jodys Reise und Kleider, die für eine solche Reise geeignet waren.

„Ich schreibe sofort an Miss West und sage es ihr, aber ich werde sie bitten, Jody noch nichts zu erzählen, bis ich wieder da bin. Ich will es ihr erzählen… ich will ihre Augen sehen.“

„Wir sind dir sehr verpflichtet, Jane“, sagte Justina. „Du hast uns unseren Lebenstraum erfüllt.“

„Vollkommen“, sagte Violet.

39. Das Ferngespräch

„Wenn wir nur den Sommer verlängern könnten“, seufzte Jane.

Aber das war unmöglich. Es war September, und bald mußte sie aufhören, Jane zu sein, und wieder Victoria werden. Aber erst, wenn Miranda Jimmy John verheiratet war. Jane war so damit beschäftigt, den Jimmy Johns bei den Hochzeitsvorbereitungen zu helfen, daß Lantern Hill sie kaum noch zu sehen bekam. Sie kam eigentlich nur noch, um Dad etwas zu essen zu machen. Und als Brautjungfer hatte sie Gelegenheit, das herrliche Kleid aus rosarotem Organdy mit den aufgestickten blauen und weißen Punkten zu tragen, das sie von Mutter bekommen hatte. Aber wenn die Hochzeit vorbei war, würde Jane sich wieder von Lantern Hill verabschieden müssen … von dem windigen Silber des Golfs … von dem Teich … von Big Donalds Allee … die leider gefällt werden sollte, damit man dort pflügen konnte … von dem Garten, in dem für sie nie Winter war, weil sie ihn nur im Sommer sah … von dem Wind, der in den Fichten sang, und von den Möwen, die weiß über dem Hafen kreisten … von Bubbles und Happy und First Peter und Silver Penny. Und von Dad.

Aber obwohl sie traurig war, verspürte sie nicht die Verzweiflung, die ihr im vorigen Jahr das Herz zerrissen hatte. Sie würde nächsten Sommer wiederkommen … das stand jetzt fest. Sie würde Mutter wiedersehen … sie hatte auch nichts dagegen, wieder nach St.

Agatha's zu gehen … sie hatte Jody, auf die sie sich freuen konnte … und Dad würde sie bis Montreal begleiten.

Tante Irene kam am Tag vor Janes Abreise nach Lantern Hill und schien etwas sagen zu wollen, für das sie nicht die richtigen Worte fand. Als sie ging, nahm sie Janes Hand und sah sie sehr bedeutungsvoll an. „Wenn du vor dem nächsten Frühling Neuigkeiten hörst, Schätzchen …"

„Was für Neuigkeiten soll ich hören?" fragte Jane mit der schrecklichen Direktheit, die Tante Irene immer so zu schaffen machte.

„Oh … das kann man nie sagen … wer weiß, was für Veränderungen eintreten können?"

Jane fühlte sich für einige Augenblicke unbehaglich, aber dann zuckte sie die Achseln. Tante Irene machte immer geheimnisvolle Andeutungen über irgend etwas, die hängenblieben wie Spinnenweben. Jane hatte gelernt, sich nicht über Tante Irene aufzuregen.

„Ich kann das Kind wirklich nicht so sehr ins Herz schließen, wie ich gern würde", klagte Tante Irene einer Freundin. „Sie hält einen irgendwie auf Abstand. Die Kennedys sind alle hart … zum Beispiel ihre Mutter … wenn man sie anschaut, sieht man nur Schönheit und Liebenswürdigkeit. Aber hinter der Fassade, meine Liebe … ist sie hart wie Stein. Sie hat das Leben meines Bruders ruiniert und alles getan … alles, soviel ich weiß … um sein Kind gegen ihn aufzuhetzen."

„Jane scheint ihren Vater jetzt sehr zu lieben", sagte die Freundin.

„Oh, ich bin sicher, daß sie es tut … soweit sie jemanden lieben kann. Aber Andrew ist ein sehr einsamer Mann. Und ich fürchte, daß er das auch für immer bleiben wird. In letzter Zeit frage ich mich …"

„… ob er sich endlich dazu durchringen wird, sich in den Vereinigten Staaten scheiden zu lassen und Lilian Morrow zu heiraten“, sagte die Freundin unumwunden. Sie hatte reichlich Erfahrung darin, Irenes Sprechpausen zu füllen.

Tante Irene war entsetzt über diese direkten Worte. „Oh, das würde ich nicht sagen … ich weiß nicht recht … aber natürlich hätte er Lilian heiraten sollen statt Robin Kennedy. Sie haben soviel gemeinsam. Und obwohl ich eigentlich nicht für Scheidungen bin … ich finde sie schockierend … dennoch … es gibt besondere Umstände …“

Jane und Dad machten einen herrlichen Ausflug nach Montreal.

„Was für ein schöner Gedanke, daß wir jetzt eine Stunde jünger sind als vorher“, sagte Dad, als er in Campbellton seine Uhr zurückstellte. Er sagte auf der ganzen Reise solche Dinge.

Am Bahnhof von Montreal klammerte sich Jane fest an ihn. „Liebster Dad … aber nächsten Sommer bin ich wieder da!“

„Natürlich“, sagte Dad. Dann fügte er hinzu: „Jane, hier ist Geld für dich. Ich glaube nicht, daß du in Gay 60 viel Taschengeld bekommst.“

„Ich bekomme gar keins … Aber kannst du dir das leisten, Dad?“ Jane schaute auf die Banknoten, die er ihr in die Hand gedrückt hatte. „Fünfzig Dollar? Das ist furchtbar viel Geld, Dad!“

„Es war ein gutes Jahr für mich, Jane. Die Verleger waren großzügig. Und irgendwie … wenn du da bist, schreibe ich mehr … Im letzten Jahr ist mein alter Ehrgeiz wieder erwacht.“

Jane hatte ihre Belohnung für den Löwenfang schon ausgegeben – für Lantern Hill, und außerdem hatte sie den Kindern Geschenke gemacht, die mit der Löwengeschichte zu tun gehabt hatten. Sie steckte das Geld in ihre Tasche. Sie dachte, daß sie es zu Weihnachten brauchen würde.

„Leben, geh behutsam mit ihr um … Liebe, laß sie nie im Stich“, sagte Andrew Stuart, als er dem Zug nachsah, der nach Toronto abdampfte.

Jane stellte fest, daß Großmutter ihr Zimmer neu eingerichtet hatte. Als sie hineinging, entdeckte sie statt der alten Düsternis eine herrliche Pracht aus Rosa und Grau. Ein silbriger Teppich … schimmernde Gardinen … Stühle mit Chintz-Bezug … cremefarbene Möbel … eine Bettdecke aus rosa Seide. Das alte Bärenfell … das einzige, was sie wirklich gemocht hatte … war verschwunden. Die Wiege war auch weg. Der große Spiegel war durch einen runden ohne Rahmen ersetzt worden.

„Wie gefällt es dir?“ fragte Großmutter und beobachtete sie genau.

Jane dachte an ihr kleines Zimmer auf Lantern Hill mit seinem kahlen Fußboden und dem Schaffell und dem weißen Bett mit den gedrechselten Pfosten und der Patchwork-Decke. „Es ist sehr schön, Großmutter. Vielen Dank.“

„Glücklicherweise“, sagte Großmutter, „habe ich keine allzu große Begeisterung erwartet.“

Nachdem Großmutter hinausgegangen war, kehrte Jane der Pracht den Rücken und ging ans Fenster. Das einzig Heimatliche waren die Sterne. Sie fragte sich, ob Dad sie jetzt gerade ansah … nein, er würde natürlich noch nicht zu Hause sein. Aber sie würden alle da sein, jeder an seinem Platz … der Polarstern über dem „Watch Tower“, und über Big Donalds Hügel würde Orion funkeln.

Und Jane wußte, daß sie nie wieder auch nur einen Funken Angst vor Großmutter haben würde.

***

„Oh, Jane“, sagte Jody. „Oh, Jane!“

„Ich weiß, du wirst bei den Titus-Damen glücklich sein, Jody. Sie sind etwas altmodisch, aber sie sind sehr gütig … und sie haben den schönsten Garten! Du brauchst keine verwelkten Blumen mehr in den Sand zu stecken, um einen Garten anzulegen. Du wirst die berühmte Kirschbaumallee in voller Blüte sehen … die habe ich nie gesehen.“

„Das klingt wie ein schöner Traum“, sagte Jody. „Aber – oh, Jane, ich hasse es, dich zu verlassen.“

„Wir sind nun eben im Sommer zusammen statt im Winter. Das ist der einzige Unterschied. Und es wird noch viel schöner. Wir werden schwimmen gehen … ich bringe dir Kraulen bei. Mutter sagt, daß ihre Freundin, Mrs. Newton, dich bis Sackville mitnimmt, und Miss Justina Titus holt dich dort ab. Und Mutter bringt dir Kleider für die Reise mit.“

„Ich frage mich, ob es so sein wird, wenn ich in den Himmel komme“, sagte Jody atemlos.

***

Jane vermißte Jody, aber das Leben war trotzdem reichlich ausgefüllt. Sie liebte St. Agatha's. Sie mochte Phyllis, und Tante Sylvia sagte, sie habe nie ein Kind so aufblühen sehen wie Victoria. Onkel William konnte sie nicht mehr mit seinen Fragen nach Hauptstädten aus der Fassung bringen. Er begann zu denken, daß doch etwas in Victoria steckte, und Jane stellte fest, daß sie Onkel William eigentlich ganz gern mochte. Und Großmutter … nun, Mary erzählte Frank, wie sehr es sie freute, daß Miss Victoria sich gegenüber der alten Dame behauptete.

„‚Behaupten‘ ist eigentlich nicht das richtige Wort. Aber die Madam kann sie nicht mehr so herumkommandieren wie früher. Nichts, was sie sagt, scheint Miss Victoria noch irgend etwas auszumachen. Und das macht sie rasend! Ich habe gesehen, wie sie ganz weiß vor Wut wurde, als sie etwas wirklich Gehässiges gesagt hat und Miss Victoria einfach in ihrem respektvollen Ton geantwortet hat – das ist, als würde sie sagen, daß es sie nicht im geringsten kümmert, was irgendeiner von den Kennedys zu ihr sagt."

„Ich wünschte, Miss Robin würde diesen Kniff auch lernen", sagte Frank.

Mary schüttelte den Kopf. „Es ist zu spät für sie. Sie stand zu lange unter der Fuchtel der alten Dame. Hat sich nie gegen sie aufgelehnt – außer einmal, und das hat sie bereut, heißt es. Und sie ist auch aus anderem Holz geschnitzt als Miss Victoria."

Eines Abends im November fuhr Mutter wieder nach Lakeside Gardens, um ihre Freundin zu besuchen, und nahm Jane mit. Jane freute sich darauf, ihr Haus wiederzusehen. Würde es verkauft sein? Unglaublich – es war nicht verkauft! Jane atmete erleichtert auf. Sie hatte so gefürchtet, daß es verkauft sein würde. Sie konnte kaum fassen, daß es nicht der Fall war, weil sie es so herrlich fand. Sie wußte nicht, daß der Bauherr entschieden hatte, daß es falsch gewesen war, ein kleines Haus in Lakeside Gardens zu bauen. Leute, die in Lakeside Gardens wohnen konnten, wollten größere Häuser.

Obwohl Jane sich freute, daß ihr Haus nicht verkauft worden war, machte es sie traurig, daß darin kein Licht und kein Feuer brannte. Wegen des Hauses dachte sie mit Schrecken an den kommenden Winter. Es würde erfrieren! Sie saß auf den Stufen und sah zu, wie die Lichter in Lakeside Gardens ausgingen, und sie wünschte sich, in ihrem Haus wäre auch eins. Wie die toten braunen Blätter, die sich immer noch an die Eichen klammerten, in der windigen Nacht raschelten! Wie die Lichter am Ufer des Sees zwischen den Bäumen der Schlucht funkelten! Und sie haßte – ja, haßte – den Mann, der dieses Haus kaufen würde!

„Es ist einfach nicht fair“, sagte Jane. „Niemand wird es je so lieben wie ich. Es gehört in Wirklichkeit mir.“

In der Woche vor Weihnachten kaufte Jane mit dem Geld von Dad die Zutaten für einen Obstkuchen und buk ihn in der Küche. Dann schickte sie ihn als Eilpaket an Dad. Sie fragte niemanden um Erlaubnis. Mary hielt den Mund, und Großmutter erfuhr nichts davon. Aber Jane hätte es auch so getan.

Eine Sache machte den Weihnachtstag für Jane in diesem Jahr unvergeßlich. Kurz nach dem Frühstück kam Frank herein und meldete ein Ferngespräch für Miss Victoria. Jane ging mit verständnisloser Miene in die Halle … wer in aller Welt konnte sie anrufen? Sie nahm den Hörer.

„Lantern Hill an die geniale Jane! Fröhliche Weihnachten und danke für den Kuchen“, sagte Dads Stimme so deutlich, als sei er im gleichen Zimmer.

„Dad!“ keuchte Jane. „Wo bist du?“

„Hier auf Lantern Hill. Das ist mein Weihnachtsgeschenk für dich, Janelet. Drei Minuten – über eine Entfernung von tausend Meilen!“

Wahrscheinlich haben nie zwei Menschen mehr aus drei Minuten gemacht. Als Jane wieder ins Eßzimmer kam, waren ihre Wangen rosig, und ihre Augen glänzten wie Sterne.

„Wer hat dich angerufen, Victoria?“ fragte Großmutter.

„Dad“, sagte Jane.

Mutter stieß einen kleinen erstickten Schrei aus.

Großmutter fuhr wütend zu ihr herum. „Vielleicht“, sagte sie eisig, „findest du, daß er *dich* hätte anrufen sollen.“

„Das hätte er tun sollen“, sagte Jane.

40. Mutters Erzählung

Am Ende eines blau-silbernen Märztages saß Jane in ihrem Zimmer über den Hausaufgaben und war glücklich. Sie hatte am Morgen einen begeisterten Brief von Jody bekommen … Jodys Briefe waren alle begeistert … voll interessanter Neuigkeiten aus Queen's Shore … sie hatte letzte Woche Geburtstag gehabt und war nun ein langbeiniger Teenager … und sie hatte am Nachmittag zwei schöne Erlebnisse gehabt. Tante Sylvia hatte sie und Phyllis zum Einkaufen mitgenommen, und Jane hatte zwei schöne Sachen für Lantern Hill gefunden … eine schöne alte Kupferschale und einen lustigen Türklopfer aus Messing für die Tür mit der Glasscheibe. Es war ein Hundekopf mit heraushängender Zunge und einem echten Hundelachen im Blick.

Die Tür ging auf und Mutter kam herein, angezogen für einen Abend im Restaurant. Sie trug ein herrliches Etuikleid aus elfenbeinfarbenem Taft mit einer saphirblauen Samtschleife und einer kleinen blauen Samtjacke über den anmutigen Schultern. Ihre Schuhe waren blau mit schmalen goldenen Absätzen, und sie hatte eine neue Frisur … einen glatten Bubykopf und ein paar kleine Löckchen, die sich um den Nacken ringelten.

„Oh, Mum, du bist wunderschön“, sagte Jane und sah sie bewundernd an. Und dann fügte sie etwas hinzu, das sie nie hatte sagen wollen … etwas, das ihr über die Lippen rutschte und ganz von allein kam: „Ich wünschte, Dad könnte dich jetzt sehen.“ Jane brach erschrocken ab. Man hatte ihr gesagt, daß sie Dad niemals Mutter gegenüber erwähnen sollte … und nun hatte sie es getan.

Und Mutter sah aus, als habe man sie ins Gesicht geschlagen. „Ich glaube nicht“, sagte Mutter bitter, „daß es ihn interessieren würde.“

Jane sagte nichts. Es schien, als gäbe es nichts zu sagen. Woher sollte sie wissen, ob es Dad interessieren würde oder nicht? Und doch … und doch … sie war sicher, daß er Mutter immer noch liebte.

Mutter setzte sich auf einen der Chintz-Stühle und sah Jane an. „Jane“, sagte sie, „ich werde dir jetzt etwas über meine Ehe erzählen. Ich weiß nicht, was du von der anderen Seite gehört hast … natürlich gab es eine andere Seite … aber ich will, daß du meine Sicht der Dinge hörst. Es ist besser, wenn du es weißt. Ich hätte es dir früher erzählen sollen … aber … es tat mir so weh.“

„Erzähl es nicht, wenn es dir wehtut, Mutter“, sagte Jane ernst (und dachte dabei: *Ich weiß schon mehr, als du glaubst*.)

„Ich muß. Es gibt ein paar Dinge, die du verstehen sollst … ich will nicht, daß du mir die ganze Schuld gibst …“

„Ich gebe dir gar keine Schuld, Mutter.“

„Oh, ich hatte viel Schuld … ich weiß es jetzt, da es zu spät ist. Ich war so jung und dumm … einfach eine sorglose, glückliche kleine Braut. Ich … ich bin von zu Hause weggelaufen, um deinen Vater zu heiraten, Jane.“

Jane nickte.

„Wieviel weißt du, Jane?“

„Nur, daß du ausgerissen bist und zu Anfang sehr glücklich warst.“

„Glücklich? Oh, Jane Victoria, ich war … ich war … so glücklich. Aber es war wirklich … eine sehr unglückliche Ehe, Liebling.“

(Das klingt wie etwas, das Großmutter gesagt hat.)

„Ich hätte Mutter nicht so behandeln sollen… ich war alles, was sie noch hatte, nachdem mein Vater gestorben war. Aber sie hat mir verziehen…"

(Und alles getan, um Unfrieden zwischen dir und Dad zu stiften.)

„Aber das erste Jahr waren wir glücklich, Jane Victoria. Ich habe Andrew vergöttert … sein Lächeln … du kennst sein Lächeln…"

(Kenne ich es?)

„Wir hatten soviel Spaß miteinander …wir haben Gedichte gelesen, als wir unten am Hafen am Feuer saßen … es war ein Ritual, diese Feuer aus Treibholz anzuzünden … das Leben war herrlich. Ich habe mich damals auf jeden neuen Tag so gefreut, wie mir jetzt davor graut. Wir hatten in dem ersten Jahr nur einen einzigen Streit … ich weiß nicht mehr, um was es ging … irgendeine Kleinigkeit … ich habe die Falte auf seiner Stirn geküßt, und alles war wieder gut. Ich wußte, daß es keine Frau auf der Welt gab, die so glücklich war wie ich. Wenn es nur so geblieben wäre!"

„Warum ist es nicht so geblieben, Mutter?"

„Ich … ich weiß es eigentlich nicht. Natürlich war ich keine allzu gute Hausfrau, aber ich glaube nicht, daß es daran lag. Ich konnte nicht kochen, aber unser Dienstmädchen konnte es recht gut, und die kleine Tante Em kam oft und hat geholfen. Sie war ein Schatz. Und ich konnte keine Haushaltsbücher führen … ich habe eine Spalte achtmal ausgerechnet und jedesmal ein anderes Ergebnis bekommen. Aber Andrew hat nur darüber gelacht. Dann wurdest du geboren …"

„Und das war der Grund für all den Ärger", rief Jane, denn diesen bitteren Gedanken war sie nie losgeworden.

„Nicht sofort … oh, Jane Victoria, Liebling, nicht sofort. Aber Andrew wurde danach anders …"

(Ich frage mich, ob nicht du anders wurdest, Mutter.)

„Er war eifersüchtig auf dich, weil ich dich so liebhatte … das war er, Jane Victoria."

(Nicht eifersüchtig... nein, nicht eifersüchtig. Ein bißchen gekränkt ... er wollte für dich nicht an zweiter Stelle stehen, nachdem er an erster Stelle gestanden hatte ... er dachte, er sei nur noch der Zweitbeste.)

„Er sagte immer ‚dein Kind' und ‚deine Tochter', als seist du nicht auch seine gewesen. Und er hat sich über dich lustig gemacht. Einmal sagte er, du habest ein Gesicht wie ein Affe."

(Und kein Kennedy versteht Spaß.)

„Das stimmte nicht… du warst so ein niedliches kleines Ding. Ach, Jane Victoria, Liebling, du warst jeden Tag ein Wunder. Es war schön, dich abends zu Bett zu bringen … und dir beim Schlafen zuzusehen."

(Und du warst selbst ein liebes, großes Kind, Mutter.)

„Andrew war böse, weil ich nicht mehr so oft mit ihm ausgehen konnte wie früher. Wie konnte ich? ich konnte dich nicht mitnehmen und dich auch nicht alleinlassen. Aber es hat ihn auch nicht gekümmert … nie, nur zu Anfangs ein bißchen. Sein Buch war ihm viel wichtiger als ich. Er hat sich tagelang damit eingeschlossen und mich ganz vergessen."

(Und du denkst, er *sei eifersüchtig gewesen!)*

„Ich glaube, ich war einfach nicht fähig, mit einem Genie zusammenzuleben. Natürlich war ich nicht klug genug für ihn. Irene hat mich fühlen lassen, daß sie das dachte. Und er hat sie mehr geliebt als mich …"

(Oh, nein, das hat er nicht ... nie!)

„Sie hatte viel mehr Einfluß auf ihn als ich. Er hat ihr alles früher erzählt als mir …"

(Weil sie immer versucht hat, ihm alles aus der Nase zu ziehen, bevor er es überhaupt jemandem erzählen wollte.)

„Er hielt mich für ein solches Kind, daß er sie immer, wenn er etwas vorhatte, vor mir um Rat gefragt hat. Irene hat dafür gesorgt, daß ich mich in meinem eigenen Haus wie ein ungebetener Gast gefühlt habe. Sie wollte mich demütigen, denke ich. Sie war immer freundlich und hat die ganze Zeit gelächelt…"

(Natürlich!)

„… aber sie hat mir das Wasser abgegraben. Sie war so herablassend zu mir…"

(Das kann ich mir vorstellen!)

„‚Das habe ich schon gemerkt', sagte sie immer. Es kam mir vor, als würde sie mir die ganze Zeit nachspionieren. Andrew sagte, ich sei unvernünftig … aber das war ich nicht … aber er hat immer ihre Partei ergriffen. Irene hat mich nie gemocht. Sie wollte, daß Andrew ein anderes Mädchen heiratet … Sie hat von Anfang an gesagt, daß unsere Ehe scheitern würde."

(Und ihr Bestes dafür getan.)

„Sic hat sich zwischen uns gedrängt … hier ein bißchen … da ein bißchen. Ich war hilflos."

(Wenn du nur etwas Rückgrat gehabt hättest, Mummy.)

„Andrew hat es mir übelgenommen, daß ich sie nicht mochte, aber er hat auch meine Familie gehaßt. Er konnte Mutter nicht erwähnen, ohne sie zu beleidigen … er wollte nicht, daß ich sie besuchte … oder Geschenke von ihr bekam … Geld … oh, Jane Victoria, das letzte Jahr war schrecklich. Andrew hat mich nicht einmal mehr angesehen, wenn er es irgendwie vermeiden konnte."

(Weil es ihm zu wehtat.)

„Es kam mir vor, als sei ich mit einem Fremden verheiratet. Wir haben uns ständig Gemeinheiten an den Kopf geworfen …“

(Dieser Vers, den ich gestern abend in der Bibel gelesen habe – „Tod und Leben steht in der Zunge Gewalt“ – er ist wahr – er ist wahr!)

„Dann hat Mutter mir geschrieben und mich gebeten, zu einem Besuch nach Hause zu kommen. Andrew hat gesagt: ‚Geh, wenn du willst…‘ Einfach so. Irene sagte, so könnten die Wunden verheilen …“

(Ich kann mir vorstellen, wie sie dabei gelächelt hat.)

„Also bin ich gefahren. Und … und … Mutter wollte, daß ich bei ihr bleibe. Sie sah, daß ich unglücklich war …“

(Und hat die Gelegenheit beim Schopf ergriffen.)

„Ich konnte nicht weiter mit einem Menschen leben, der mich haßte, Jane Victoria … ich konnte nicht … also habe ich … ihm geschrieben, daß es besser für uns beide wäre, wenn ich nicht zurückkommen würde. Ich … ich weiß nicht … nichts erschien mir wirklich … wenn er geschrieben hätte, daß ich zurückkommen sollte … aber das hat er nicht getan. Ich habe nie wieder von ihm gehört … bis zu dem Brief, in dem er nach dir gefragt hat.“

Jane hatte ihrer Mutter wortlos zugehört und sich zwischendurch ihr Teil gedacht, aber jetzt konnte sie nicht länger schweigen. „Er *hat* dir geschrieben … er hat dir geschrieben und dich gebeten, zurückzukommen … und du hast nicht geantwortet … du hast nicht geantwortet, Mutter.“

Mutter und Tochter sahen einander in der Stille des großen, schönen, unfreundlichen Zimmers an.

Nach einer Weile flüsterte Mutter: „Ich habe den Brief nie bekommen, Jane Victoria.“

Sie sprachen nicht mehr darüber. Beide wußten nur zu gut, was mit dem Brief passiert war.

„Mutter, es ist noch nicht zu spät…"

„Doch, es ist zu spät, Liebling. Es steht zuviel zwischen uns. Ich kann nicht wieder mit Mutter brechen … sie würde mir nicht noch einmal verzeihen … und sie liebt mich so. Ich bin alles, was sie hat …"

„Unsinn!" Jane war direkt wie alle Stuarts. „Sie hat Tante Gertrude und Onkel William und Tante Sylvia."

„Das ist … nicht dasselbe. *Deren* Vater hat sie nicht geliebt. Und … ich kann mich nicht gegen sie durchsetzen. Außerdem will er mich nicht mehr. Wir sind Fremde. Und oh, Jane Victoria, das Leben entgleitet mir … durch die Finger. Je mehr ich es festhalten will, desto schneller entgleitet es mir. Ich habe dich verloren …"

„Nie, Mutter!"

„Doch, du gehörst inzwischen mehr zu ihm als zu mir. Ich mache dir keinen Vorwurf … du kannst nichts dafür. Aber du wirst jedes Jahr etwas mehr zu ihm gehören … für mich wird nichts mehr bleiben."

Großmutter kam herein. Sie sah sie beide argwöhnisch an. „Hast du vergessen, daß du ausgehen wolltest, Robin?"

„Ja, das habe ich wohl", sagte Mutter. Es klang seltsam. „Aber keine Sorge … es ist mir wieder eingefallen. Ich … ich werde es nicht wieder vergessen."

Großmutter wartete einen Moment, nachdem Mutter gegangen war. „Was hast du gesagt, das deine Mutter aufgeregt hat, Victoria?"

Jane sah Großmutter ruhig an. „Was ist mit dem Brief passiert, den Vater Mutter vor langer Zeit geschrieben hat – in dem er sie gebeten hat, zu ihm zurückzukommen, Großmutter?"

Großmutters kalte grausame Augen funkelten plötzlich. „Das ist es also? Meinst du, daß dich das etwas angeht?"

„Ja, das meine ich, denn ich bin ihr Kind."

„Ich habe das einzig Richtige getan … ich habe ihn verbrannt. Sie hatte ihren Fehler eingesehen … sie war zu mir zurückgekommen. Ich wußte immer, daß sie das tun würde … ich wollte nicht, daß sie wieder auf Abwege gebracht wird. Fang nicht an, Intrigen zu spinnen, Victoria. Noch kann ich es mit dir aufnehmen."

„Niemand spinnt Intrigen", sagte Jane. „Ich will dir nur eins sagen, Großmutter. Mein Vater und Mutter lieben sich immer noch … ich *weiß* es."

Großmutters Stimme war eisig. „Das tun sie nicht. Deine Mutter war all diese Jahre glücklich, bis du angefangen hast, alte Erinnerungen aufzurühren. Laß sie in Ruhe. Sie ist meine Tochter … und kein Außenstehender soll sich je wieder zwischen uns drängen … weder Andrew Stuart noch du oder irgend jemand sonst. Merk dir das!"

41. Ungewißheit

Die Briefe kamen am letzten Tag im März.

Jane war nicht in der Schule … sie hatte am Tag davor Halsschmerzen gehabt, und Mutter hatte es besser gefunden, daß sie zu Hause blieb. Aber heute war es besser, und Jane war recht glücklich. Es war fast April … wenn es auch noch nicht Frühling war, so bestand doch zumindest die Hoffnung auf Frühling. Nur noch etwas über zwei Monate, dann war Juni und sie wieder auf Lantern Hill. Bis dahin plante sie einige Ergänzungen für ihren Garten … zum Beispiel eine Reihe ritterlicher Stockrosen auf dem Wall. Sie würde die Samenkörner im August einpflanzen, und sie würden *nächsten* Sommer blühen.

Großmutter, Tante Gertrude und Mutter waren alle zu Mrs. Morrisons Bridge- und Teegesellschaft gegangen, und so brachte Mary Jane die Nachmittagspost.

Jane freute sich über drei Briefe, die für sie waren. Einer von Polly … einer von Shingle … und einer … Jane erkannte Tante Irenes makellose Handschrift. Sie las Pollys Brief zuerst … es war ein guter Brief, lustig und mit vielen typischen Lantern Hill-Witzen. Es standen auch ein paar Neuigkeiten über Dad darin … er plante, bald in die Staaten zu reisen … nach Boston oder New York oder irgendwohin … Pollys Auskünfte waren recht ungenau. Und der Brief endete mit einem Absatz, der Jane zum Lachen brachte … es war ihr letztes Lachen für eine ganze Weile, und wenn sie in späteren Jahren zurückblickte, erschien es ihr immer als das letzte Lachen ihrer Kindheit.

Polly schrieb: „Mr. Julius Evans war letzte Woche ganz außer sich, weil eine Ratte in seinem Faß mit frischem Ahornsirup ertrunken war, und er hat ein Riesentheater gemacht wegen der Verschwendung. Aber Dad sagt, er ist nicht sicher, daß da etwas verschwendet wurde, also bekommen wir unseren Sirup von Joe Baldwin, damit wir auf der sicheren Seite sind."

Jane lachte noch darüber, als sie Shingles Brief öffnete. Ein Absatz auf der zweiten Seite sprang ihr ins Auge. „Alle sagen, Dein Vater würde eine Yankee-Scheidung einreichen und Lilian Morrow heiraten. Wird sie dann Deine Mutter sein? Wie findest du das? Ich denke, sie wird Deine Stiefmutter sein … aber das klingt so komisch, weil Deine eigene Mutter noch lebt. Bekommst du dann einen anderen Namen? Caraway sagt nein … aber in den Staaten machen sie so seltsame

Sachen. Nun ja, ich hoffe, daß Du trotzdem im Sommer nach Lantern Hill kommst.“

Jane fühlte sich ganz krank, und ihr wurde eiskalt. Sie ließ den Brief fallen und schnappte sich den von Tante Irene. Sie hatte sich gefragt, was Tante Irene ihr schreiben würde … jetzt wußte sie es. In dem Brief stand, daß Tante Irene den Verdacht hatte, daß ihr Bruder Andrew in die Staaten gehen und dort so lange bleiben wollte, daß er sich nach dem Recht der Vereinigten Staaten scheiden lassen konnte.

„Natürlich muß es nicht unbedingt stimmen, Schätzchen. Er hat es mir nicht erzählt. Aber die Spatzen pfeifen es von den Dächern, und wo Rauch ist, da ist auch Feuer, und ich denke, Du solltest vorbereitet sein, Schätzchen. Ich weiß, daß mehrere seiner Freunde ihm schon vor langer Zeit geraten haben, sich scheiden zu lassen. Aber weil er nie mit mir darüber gesprochen hat, habe ich ihm keinen diesbezüglichen Rat gegeben. Aus irgendeinem Grund, den ich nicht verstehe, hat er mich die letzten zwei Jahre nicht mehr ins Vertrauen gezogen. Aber ich habe das Gefühl, daß dieser Zustand ihn schon lange stört. Ich bin sicher, Du wirst Dir deswegen keine Sorgen machen … sonst hätte ich es Dir nicht erzählt. Du bist zu vernünftig … ich habe oft bemerkt, wie reif Du für Dein Alter bist. Aber wenn es stimmen sollte, wird es Dich natürlich betreffen. Er könnte wieder heiraten.“

Wer gesehen hat, wie eine Kerze ausgeblasen wird, weiß, wie Jane aussah, als sie blind zum Fenster ging. Es war ein dunkler Tag mit heftigen Regenschauern.

Jane schaute auf die grausame, häßliche, gnadenlose Straße hinaus, aber sie sah sie nicht. Sie hatte sich noch nie so elend gefühlt. Aber ihr war, als hätte sie es wissen müssen. Es hatte letzten Sommer ein oder zwei Hinweise gegeben … sie erinnerte sich an Lilian Morrows liebevolles „’Drew“ und daran, daß Dad gern mit ihr zusammen war. Und nun … wenn diese schreckliche Sache stimmte, würde sie nie wieder einen Sommer auf Lantern Hill verbringen. Würden sie es wagen, auf Lantern Hill zu wohnen? Lilian Morrow ihre Mutter! Unsinn! Niemand konnte ihre Mutter sein außer Mutter. Es war undenkbar. Aber Lilian Morrow würde Vaters Frau sein. Es hatte sich alles in diesen letzten Wochen angebahnt, in denen sie so glücklich gewesen war und sich auf den Juni gefreut hatte.

Ich glaube, ich werde nie wieder froh sein, dachte Jane müde. Plötzlich war alles sinnlos … sie fühlte sich, als sei sie weit weg von allem … als würde sie das Leben und die Leute und die Dinge durch das große Ende von Timothy Salts Teleskop sehen. Es schien Jahre her zu sein, daß sie über Pollys Geschichte von Mr. Evans’ verschwendetem – oder nicht verschwendetem – Ahornsirup gelacht hatte.

Für den Rest des Nachmittags ging Jane in ihrem Zimmer auf und ab. Sie brachte es nicht fertig, sich einen Moment hinzusetzen. Solange sie sich bewegte, ging der Schmerz neben ihr, und sie konnte ihn ertragen. Wenn sie stehenblieb, würde er sie zerschmettern.

Aber gegen Abend began Janes Verstand wieder zu funktionieren. Sie mußte die Wahrheit erfahren und wußte, was zu tun war. Und es mußte sofort geschehen. Sie zählte das Geld, das von Vaters Geschenk noch übrig war. Ja, es reichte gerade für eine Fahrkarte auf die Insel. Es war nichts übrig für etwas zu essen oder einen Schlafwagen, aber das spielte keine Rolle. Jane wußte, daß sie weder essen noch schlafen konnte, bevor sie Gewißheit hatte.

Sie ging hinunter zum Abendessen, das Mary im Frühstücksraum für sie gedeckt hatte, und versuchte etwas zu essen, damit Mary nichts merkte.

Aber Mary merkte etwas. „Sind Ihre Halsschmerzen schlimmer geworden, Miss Victoria?“

„Nein, viel besser“, sagte Jane. Ihre Stimme klang in ihren eigenen Ohren merkwürdig … als gehöre sie jemand anderem. „Wissen Sie, wann Mutter und Großmutter nach Hause kommen, Mary?“

„Erst später, Miss Victoria. Ihre Großmutter und Tante Gertrude sind zum Abendessen bei Ihrem Onkel William und treffen ein paar Freunde Ihrer Großmutter aus dem Westen, und Ihre Mutter geht auf eine Feier. Sie wird nicht vor Mitternacht zu Hause sein, aber Frank holt die alte Dame um elf Uhr ab.“

Der *International Limited* fuhr um zehn. Jane hatte alle Zeit, die sie brauchte. Sie ging nach oben und packte eine kleine Handtasche mit ein paar Sachen und einer Schachtel Ingwerkekse, die auf ihrem Nachttisch stand.

Die Dunkelheit schien von draußen drohend durchs Fenster hineinzuschauen. Der Regen spuckte an die Scheiben. Der Wind klang einsam in den kahlen Ulmen. Einst hatte Jane den Regen und den Wind für ihre Freunde gehalten, aber jetzt kamen sie ihr wie Feinde vor. Alles tat ihr weh. Alles in ihrem Leben schien entwurzelt und zerstört zu sein. Sie setzte ihren Hut auf und zog den Mantel an, nahm ihre Tasche, ging in Mutters Zimmer, legte eine kurze Nachricht auf ein Kissen und schlich die Treppe hinunter. Mary und Frank aßen in der Küche zu Abend, und die Tür war zu.

Sehr leise bestellte Jane über das Telefon ein Taxi und wartete draußen, bis es kam. Zum letzten Mal ging sie die Stufen von Gay 60 hinunter und durch die grimmige Eisenpforte.

„Zur Union Station“, sagte sie dem Taxifahrer.

Sie sausten über die nassen Straßen, die aussahen wie ein schwarzer Fluß mit ertrunkenen Lichtern.

Jane wollte die Wahrheit von dem einzigen Menschen hören, der sie ihr sagen konnte … ihrem Vater.

42. Die Antwort

Jane verließ Toronto am Mittwochabend. Am Freitagabend kam sie auf der Insel an. Der Zug sauste durch die aufgeweichte Landschaft. Ihre Insel war nicht mehr schön. Sie war so häßlich wie jeder andere Ort zu Beginn des Frühlings. Schön waren nur die schmalen weißen Birken auf den dunklen Hügeln.

Jane hatte während der ganzen Reise kerzengerade gesessen, Nacht und Tag, und ein paar Ingwerkekse hinuntergewürgt. Sie hatte sich kaum gerührt, sich aber gefühlt, als wäre sie die ganze Zeit gerannt … gerannt … und habe versucht, jemanden auf einer Straße einzuholen … jemanden, der sich immer weiter von ihr entfernte.

Sie fuhr nicht bis Charlottetown. Sie stieg in West Trent aus, einer kleinen Ortschaft, wo der Zug anhielt, wenn ein Passagier es wollte. Von dort waren es nur fünf Meilen bis Lantern Hill. Jane konnte das Meer in der Ferne rauschen hören. Früher hätte sie hingerissen gelauscht … auf jene klingende Musik, die in der dunklen windigen Nacht an der alten Nordküste ertönte. Jetzt bemerkte sie es nicht einmal. Es hatte geregnet, aber aufgehört. Die Straße war hart und rauh und voller Pfützen. Jane stapfte ohne weiteres hindurch. Die dunklen Zweige der Fichten zeichneten sich vor dem hell aufgehenden Mond ab. Die Wasserlachen auf der Straße glänzten silbern. Die Häuser, an denen sie vorbeiging, sahen fremd aus … weit weg … als hätten sie die Türen vor ihr verschlossen. Die Fichten schienen ihr die kalte Schulter zu zeigen. In der Ferne sah sie im Mondlicht einen waldigen Hügel mit einem Haus, das sie kannte und in dem ein Licht brannte. Würde auf Lantern Hill ein Licht brennen, oder würde Dad nicht zu Hause sein? Ein Hund, den sie kannte, blieb stehen, um sich mit ihr zu unterhalten, aber sie ignorierte ihn. Ein Auto fuhr an ihr vorbei, blendete sie mit seinen Scheinwerfern und bespritzte sie von Kopf bis Fuß mit Matsch. Joe Weeks, ein Cousin von Mrs. Meade, hatte einen Tick, der in der Familie lag – er sprach gern Wörter mit Absicht falsch aus. Er erzählte seiner skeptischen Frau beim Nachhausekommen, daß er entweder Jane Stuart oder ihre Geiß auf der Straße gesehen hatte. Jane fühlte sich wie ein Geist. Es kam ihr vor, als sei sie schon ewig unterwegs … und müßte ewig weiterlaufen … durch diese gespenstische Welt aus kaltem Mondlicht. Dort stand Little Donalds Haus, im Wohnzimmer brannte Licht. Die roten Gardinen waren zugezogen, und das Licht schimmerte rosa hindurch. Dann kam Big Donalds Licht und schließlich der Weg nach Lantern Hill. In der Küche brannte Licht! Jane zitterte, als sie die matschige Straße hinauf und über den Hof ging, durch den öden und matschigen Garten, in dem sich einst die seidigen Weidenkätzchen vor dem Fenster im Wind gewiegt hatten. Was für eine jämmerliche Heimkehr – ganz anders, als sie es geplant hatte! Sie schaute hinein. Dad saß am Tisch und las. Er trug seine abgewetzte alte Tweedweste und die schöne Kravatte mit kleinen roten Punkten, die Jane ihm letzten Sommer ausgesucht hatte. Er hatte die „Old Contemptible“ im Mund und hatte die Beine auf das Sofa gelegt, wo zwei Hunde und First Peter schliefen. Silver Penny reckte sich auf dem Schreibtisch bis zu dem warmen Fuß der Petroleumlampe. In der Ecke türmte sich schmutziges

Geschirr. Selbst in diesem Moment gab der Anblick Jane einen Stich.

Einen Augenblick später starrte ein entgeisterter Andrew Stuart seine Tochter an, die vor ihm stand… mit nassen Füßen, mit Schlamm bespritzt, mit bleichem Gesicht und so unglücklicher Miene, daß ihm ein schrecklicher Gedanke durch den Kopf schoß. War ihre Mutter …?

„Du lieber Himmel, Jane!“

Buchstäblich krank vor Angst stieß Jane die Frage hervor, für deren Beantwortung sie so weit gereist war. „Vater, willst du dich scheiden lassen und Miss Morrow heiraten?“

Dad starrte sie einen Moment lang an. „Nein!“ rief er laut. Und wieder: „Nein … nein … nein! Jane, wer hat dir solche Sachen erzählt?”

Jane atmete tief durch und versuchte zu begreifen, daß der lange Alptraum vorbei war. Sie konnte es nicht … jedenfalls nicht sofort. „Tante Irene hat mir geschrieben. Sie sagte, du würdest nach Boston gehen. Sie sagte …“

„Irene! Irene setzt sich immer Unsinn in den Kopf. Sie meint es gut, aber … Jane, hör zu, ein für allemal: Ich bin der Mann einer Frau und werde nie etwas anderes sein.“ Dad brach ab und starrte Jane an. Jane, die nie weinte, tat es jetzt. Dad zog sie in die Arme. „Jane, du lieber kleiner Dummkopf! Wie konntest du so etwas glauben? Ich mag Lilian Morrow … ich habe sie immer gemocht. Aber ich könnte sie nicht in tausend Jahren lieben … Nach Boston gehen? Natürlich gehe ich nach Boston. Ich habe gute Nachrichten für dich, Jane. Mein Buch wurde angenommen. Ich gehe nach Boston, um die Einzelheiten mit meinem Verleger zu besprechen. Liebling, willst du mir sagen, daß du von West Trent zu Fuß hergekommen bist? Was für ein Glück, daß ich den

Mond aufgehängt hatte! Aber du bist ja triefend naß. Du brauchst einen heißen Kakao, und den mache ich dir jetzt. Macht freundliche Gesichter, Hunde. Schnurr, Peter. Jane ist nach Hause gekommen."

43. Mum und Dad

Am nächsten Tag schickte Andrew Stuart nach dem Arzt, und ein paar Stunden später kam die Krankenschwester. In Queen's Shore und The Corners sprach es sich in Windeseile herum, daß Jane Stuart schwer an einer gefährlichen Lungenentzündung erkrankt war.

Jane konnte sich später nie mehr deutlich an die ersten Tage erinnern. Sie phantasierte beinahe von Anfang an. Verschwommene Gesichter kamen und gingen … Dad in schrecklicher Angst … der Arzt ernst und besorgt … eine Krankenschwester mit weißer Haube … schließlich noch ein Gesicht … aber *das* mußte ein Traum sein … Mutter konnte nicht da sein … nicht einmal, als Jane den leichten Duft ihres Haares wahrnehmen konnte, glaubte sie daran. Mutter war im fernen Toronto. Wo sie selbst war, wußte Jane nicht … sie wußte nur, daß sie ein abgerissenes Blatt im Wind war und ein Wort suchte, das für immer verloren war. Erst, wenn sie das Wort gefunden hatte, konnte sie wieder Jane Stuart sein.

Einmal war ihr, als höre sie eine Frau verzweifelt weinen und jemanden sagen: „Es besteht noch Hoffnung, Liebste, es besteht noch etwas Hoffnung."

Und wieder … viel später: „Es wird eine Wendung geben … in eine Richtung oder eine andere … heute abend."

„Und dann“, sagte Jane so klar und deutlich, daß alle im Raum entgeistert waren, „werde ich mein verlorenes Wort finden.“

Jane wußte nicht, wie lange es danach noch dauerte, bis der Tag kam, an dem ihr klar wurde, daß sie wieder Jane war und kein verlorenes Blatt im Wind mehr. „Bin ich tot?“ fragte sie sich. Sie hob matt die Arme und sah sie an. Sie waren furchtbar dünn geworden, und sie konnte sie nur eine Sekunde lang heben, aber sie kam zu dem Schluß, daß sie am Leben war. Sie war allein … nicht in ihrem eigenen kleinen Zimmer auf Lantern Hill, sondern in Vaters Zimmer. Durch das Fenster konnte sie den Golf schimmern sehen und den Himmel mit seinem sanften, ätherischen Blau über den windzerzausten Dünen. Jemand … Jane fand später heraus, daß es Jody gewesen war … hatte die ersten Maiblumen gepflückt und sie in eine Vase auf ihren Nachttisch gestellt. Ich bin … sicher … daß das Haus … zuhört, dachte Jane. Wem hörte es zu? Zwei Menschen, die draußen auf der Treppe zu sitzen schienen. Jane hatte das Gefühl, daß sie wissen sollte, wer sie waren, aber sie kam nicht darauf. Bruchstücke von Sätzen drangen in ihr Bewußtsein, obwohl sie gedämpft gesprochen wurden. Zu diesem Zeitpunkt wurde Jane nicht klug aus ihnen, aber sie erinnerte sich an sie … für immer.

„Liebling, ich habe kein Wort von den furchtbaren Dingen gemeint, die ich gesagt habe …“

„Wenn ich deinen Brief bekommen hätte …“

„Mein armer kleiner Liebling …“

„Hast du in all den Jahren jemals an mich gedacht?“

„Frag lieber, ob ich an etwas anderes gedacht habe, Liebling …“

„Als dein Telegramm kam … Mutter sagte, ich dürfe nicht kommen … sie war schrecklich … als ob irgend etwas mich von Jane fernhalten könnte …“

„Wir waren beide furchtbar dumm … ist es zu spät, klug zu sein, Robin?“

Jane wollte die Antwort auf diese Frage hören … wollte es unbedingt … irgendwie hatte sie das Gefühl, daß es für die ganze Welt von enormer Wichtigkeit war. Aber ein Windstoß kam von der See und ließ die Tür zufallen.

„Jetzt werde ich es nie erfahren“, flüsterte sie jämmerlich der Krankenschwester zu, die hereinkam.

„Was erfahren, Liebes?“

„Was sie gesagt hat … die Frau auf der Treppe … ihre Stimme klang wie die von Mutter …“

„Es *war* deine Mutter, Liebes. Dein Vater hat ihr ein Telegramm geschickt, als ich kam. Sie war hier… und wenn du artig bist und dich nicht aufregst, darfst du sie heute abend kurz sehen.“

„Dann“, sagte Jane schwach, „muß Mutter sich ausnahmsweise gegen Großmutter durchgesetzt haben.“

Aber es dauerte noch mehrere Tage, bis Jane zum ersten Mal richtig mit Vater und Mutter reden durfte. Sie kamen gemeinsam herein, Hand in Hand, und schauten auf sie herunter. Jane wußte, daß drei überglückliche Menschen im Raum waren. Noch nie hatte sie einen der beiden so gesehen. Sie schienen ein Lebenselixier getrunken zu haben und waren dadurch wieder jung und verliebt geworden.

„Jane“, sagte Dad, „zwei dumme Menschen haben etwas Weisheit gelernt.“

„Es ist meine Schuld, daß wir es nicht viel früher gelernt haben“, sagte Mutter. In ihrer Stimme schwang ein Weinen und ein Lachen mit.

„Ach, Frau!“ Was für eine schöne Art Dad hatte, „Frau“ zu sagen!

Und Mutters Lachen … war es ein Lachen oder der Klang von Glöckchen?

„Ich lasse nicht zu, daß du meine Frau beleidigst. Deine Schuld? Ich will nicht, daß man mir ein Stückchen Schuld abnimmt. Sieh sie dir an, Jane … meine kleine, goldene Schönheit. Wie konntest du das Glück haben, dir so eine Mutter auszusuchen, Jane? In dem Augenblick, als ich sie gesehen habe, habe ich mich wieder Hals über Kopf in sie verliebt. Und nun wollen wir gemeinsam zehn verlorene Jahre nachholen."

„Und werden wir hier auf Lantern Hill wohnen?" fragte Jane.

„Immer – wenn wir nicht woanders wohnen. Ich fürchte, mit zwei Frauen um mich herum werde ich mein Epos über das Leben von Methusalem niemals fertig bekommen, Jane. Aber ich werde dafür entschädigt werden. Ich glaube, auf uns warten neue Flitterwochen. Sobald du wieder auf dem Damm bist, geniale Jane, machen wir einen kleinen Ausflug nach Boston. Ich muß mich um mein Buch kümmern, weißt du. Dann ein Sommer hier, und im Herbst … Ja, Jane, mir wurde die Stelle als Mitarbeiter der Redaktion des *Saturday Evening* angeboten – mit einem ordentlichen Gehalt. Ich wollte eigentlich ablehnen, aber jetzt muß ich es wohl annehmen. Was sagst du dazu, Jane? Die Winter in Toronto … und die Sommer auf Lantern Hill?"

„Und wir müssen nie wieder Abschied nehmen. Oh, Dad! Aber …"

„Aber, aber – kein Aber! Wo drückt der Schuh, Liebling?"

„Wir … wir müssen nicht in Gay 60 leben?"

„Auf keinen Fall! Ein Haus müssen wir natürlich haben. *Wie* man wohnt, ist viel wichtiger, als *wo* man wohnt … aber wir brauchen ein Dach über dem Kopf."

Jane dachte an das kleine Backsteinhaus in Lakeside Gardens. Es war noch nicht verkauft. Sie würden es kaufen. Es würde leben … sie würden ihm Leben einhauchen. In seinen kalten Fenstern würde einladendes Licht scheinen. Großmutter, die wie eine verbitterte alte Königin durch Gay 60 stolzierte und in deren Augen Gehässigkeit funkelte, die je nach Laune verzieh oder nicht, konnte ihnen nie wieder Schwierigkeiten machen. Es würde keine Mißverständnisse mehr geben. Sie, Jane, verstand beide und konnte zwischen ihnen vermitteln. Und ein Auge auf den Haushalt haben. Alles paßte, als sei es schon seit Ewigkeiten geplant.

„Oh, Dad", rief die glücklichste aller Janes, „ich weiß genau, welches Haus wir nehmen."

„Natürlich", sagte Dad.

LUCY MAUD MONTGOMERY

ANNE IM RAINBOW VALLEY

7. BAND VON ANNE OF GREEN GABLES

VERLAG 28 EICHEN

LUCY MAUD MONTGOMERY

KILMENY IM OBSTGARTEN

ROMAN

VERLAG 28 EICHEN